酒店管理服务研究

刘晓刚 著

吉林出版集团股份有限公司 | 全国百佳图书出版单位

图书在版编目（CIP）数据

酒店管理服务研究 / 刘晓刚著 . -- 长春：吉林出版集团股份有限公司，2020.11
ISBN 978-7-5581-9403-0

Ⅰ.①酒… Ⅱ.①刘… Ⅲ.①饭店—商业企业管理—研究 Ⅳ.① F719.2

中国版本图书馆 CIP 数据核字 (2020) 第 243564 号

酒店管理服务研究

JIUDIAN GUANLI FUWU YANJIU

作　　者：	刘晓刚　著
出 版 人：	吴文阁
责任编辑：	陈佩雄　孙　璐
装帧设计：	艺恒文艺
开　　本：	787mm×1092mm　1/16
字　　数：	360 千字
印　　张：	15.25
版　　次：	2020 年 11 月第 1 版
印　　次：	2021 年 05 月第 1 次印刷
出　　版：	吉林出版集团股份有限公司
发　　行：	吉林音像出版社有限责任公司
地　　址：	长春市净月区福祉大路 5788 号出版大厦 A 座 13 层
电　　话：	0431- 81629660
印　　刷：	定州启航印刷有限公司

ISBN 978-7-5581-9403-0　　定　价：49.00 元

前　言

现代酒店，是一个集食、宿、行、游、购娱为一体的综合性服务企业，是一个充分体现现代科技文明、物质文明、精神文明的经济实体。不仅要强调一定的学科理论性和科学性，还要注重酒店实践应用中的实用性和可操作性；既能使学生学到酒店管理的基础知识，又能在技术和方法上适应现代酒店管理实践运作的需要。

面对酒店业良好的发展态势，酒店人才的需求与培育已成为酒店业界和高校教育界亟待解决的问题，酒店人才培养成为高等院校的核心重点。从酒店管理人才培养情况来看，自全国本科院校首次开设酒店管理专业，相对于旅游管理专业的开办而言，起步酒店是旅游业的重要组成部分。随着酒店竞争的加剧，对高质量人才的需求相应增加，网络时代带来的顾客消费需求和消费方式的改变也对酒店提出了新要求。全书以新时代背景下酒店管理为主导，适应新时代的需求，希望对酒店从业者和在校学生提供专业指导。

本书是为适应现代旅游酒店业飞速发展的需要，大力培养旅游酒店经营管理人才，提高现代旅游酒店经营管理水平而编写的一本旅游管理专业教材。本书共分九章，分别介绍了酒店管理概述、酒店组织与管理制度、酒店计划与经营管理决策、酒店直接对客部门的业务管理、酒店间接对客部门的业务管理、酒店的服务质量管理、酒店人力资源管理、酒店市场营销管理、酒店财务管理、酒店发展管理系统等内容。

在酒店教育新背景、新形势和新需求下，编写一套有特色、高质量的酒店管理专业教材是一项复杂的系统工程，需要专家学者、业界、出版社等的广泛支持与集思广益。本书在组织策划和编写出版过程中，得到了酒店业内专家、学者以及业界精英的广泛支持与积极参与，在此一并表示衷心的感谢！希望本书能够满足酒店管理新形势下的新要求，能够为中国酒店管理建设的开拓创新贡献力量。

目　　录

第一章　绪论 1
　第一节　研究背景 1
　第二节　研究目的和意义 1
　第三节　研究内容和方法 2

第二章　理论基础与文献综述 4
　第一节　文献综述 4
　第二节　酒店管理的理论基础 7

第三章　新时代背景下酒店管理 24
　第一节　酒店及酒店业 24
　第二节　酒店管理的内容 27
　第三节　传统酒店的变革与创新 42
　第四节　数字经济实现酒店转型 44
　第五节　酒店营销管理 47
　第六节　酒店人力资源管理 55
　第七节　酒店伦理与道德管理 77
　第八节　酒店沟通管理 87

第四章　酒店业务管理 98
　第一节　前厅运营与管理 98
　第二节　客房运营与管理 113
　第三节　餐饮运营与管理 121

第五章　酒店服务心理与服务质量管理 146
　第一节　酒店服务心理概述 146
　第二节　酒店服务心理 155
　第三节　酒店服务员的职业心理素质 157
　第四节　饭店顾客心理与消费行为 164
　第五节　酒店服务质量管理方法 164
　第六节　酒店服务质量管理的方法与评价 166
　第七节　酒店服务质量实施 172
　第八节　酒店信息化与服务质量管理 186

第六章　酒店发展趋势与可持续发展 189
　第一节　酒店业经营管理的发展趋势 189

1

  第二节 酒店经营的发展趋势……………………………………190
  第三节 酒店管理的发展趋势……………………………………194
  第四节 大数据在酒店经营管理中的应用………………………199

第七章 酒店管理新理念……………………………………………201
  第一节 员工第一…………………………………………………201
  第二节 顾客不是"上帝"…………………………………………202
  第三节 为一线员工充分授权……………………………………203

第八章 酒店创新管理………………………………………………205
  第一节 酒店创新管理的时代背景………………………………205
  第二节 酒店创新管理概述………………………………………207
  第三节 酒店产品和服务创新……………………………………210

第九章 特色酒店发展趋势…………………………………………216
  第一节 特色酒店的兴起…………………………………………216
  第二节 绿色酒店的发展…………………………………………221
  第三节 低端市场的开拓…………………………………………226
  第四节 产权式酒店的崛起………………………………………230
  第五节 房车营地的流行…………………………………………233

参考文献……………………………………………………………………239

第一章 绪 论

第一节 研究背景

随着近几年我国经济和旅游业的迅速崛起,酒店业也一直保持高速领先的势头,它作为我国服务业的重要支柱,在社会发展和人民生活中发挥着重要作用,同时也是最具魅力、最具吸引力的行业之一,发展前景十分广阔。特别是从 2010 年开始,此行业呈现出高速增长的有利态势,它的成功是源于天时、地利、人和等多方面综合优势的组合。由于经济体制的对外开放,各国的酒店行业从此站在同一起跑线上。回顾过去的 20 年,中国酒店业从最初的茫然无措到突然启动再回归到现在的生机盎然,服务对象越来越广泛,消费者的消费经验越来越丰富,消费观念和风格越来越变幻莫测,除了追求物质,更在乎精神的满意,逐渐呈现了个性和文化的特征。酒店业作为没有专利权的行业,不可避免地要经历被模仿的过程,发明出的新产品和开发出的经营方法都会被超越,还没等本人沾沾自喜就已经被抄袭,更别提"以不变应万变"了,那是没有自己特色的经营行为。本文基于以上背景进行研究,归根结底就是要让酒店行业在激烈的竞争中独领风骚,保持基业常青,持续不断的创新、自我否定、设法创造和勇于实行,以变制变,做出自己的特色,让别人望而却步。

第二节 研究目的和意义

在物质十分丰富的现代社会,消费者更多的是希望得到精神满足而不是单单是物质,这就是酒店业管理和服务方面要不断创新的目的。不能说谁的产品质量最好,消费者就购买谁的,不是简单的以物易物,而是想买一个服务、一个创新、一个放心,不用再担心以后会出现各种后续问题,或者千篇一律,是更加注重长远考虑。服务业的创新指的是创意外加市场价值,也就是说在酒店业中的各种创新行为、创新活动和创新价值,通过提供不同的服务理念、管理理念和方式流程等,向顾客提供更高效、周到、准确、满意、令人惊喜的服务产品,实现其效益最大化。如果酒店不能在管理和服务中开拓创新,就很难在现在激烈的竞争中生存发展。因此,本文研究的目的在于通过对我国酒店行业管理和服务创新方面的现状和问题进行分析,总结我国酒店业在这些方面存在的问题和弊端,得出自创的创新管理理论和战略,让酒店经营以特色取胜,持续良好发展,这是本文的研究目的。

本文选择研究我国酒店管理与服务创新意识的研究,有一定的现实意义。随着经济全球化、一体化进程的加快,酒店行业作为我国最早与国际接轨的行业之一,正在面临着外界和内部的激烈竞争,传统的管理方式和服务模式已经不能满足目前酒店行业的发展，也不能满足市场竞争的需要。这就迫使酒店在传统管理和服务的基础上做出必要的创新，逐步提高创意意识和能力来满足顾客衣食住行方面的需求，从而提升酒店管理服务方面的质量水准，争取用创新的管理思想将酒店业开创成为旅游、娱乐、商务为一体的管理战略。

  在一个酒店环境中，时时有创新，时时有发展，才会使酒店充满活力和人文气息。酒店这个大家庭的管理者要根据酒店自身发展的要求和内外部环境的变化，培养自己创新的习惯，包括管理方面和员工服务方面，不断转变自己的想法、认识，不断更新自己的理念，不断进行创新技能的训练和科学指导，这样才会使员工对自己的前途充满憧憬和信心，对酒店服务特性感到激情和满足，掌握领导传授的创新方法、技巧，从而对酒店有归属感和凝聚力。因此，创新是我国酒店管理和服务中必须要走的一条路，对提高酒店的现代化经营水平起着积极的促进作用。从实践方面看，由于我国酒店在快速发展中面临着机会与挑战，研究酒店管理与服务创新方面有助于我国酒店管理和服务质量的提升，使之能够得到长远稳定的发展。同时，本文在创新意识对酒店业各个阶段的发展和管理研究的基础上，找出现在存在的不足和问题，进而提出改进建议，对我国国民经济的发展以及酒店行业健康运行都有极其重大的现实意义。

  我国酒店行业是目前发展最迅猛的商业群体代表，同时也是潜力最大、需求最大的群体，因此对酒店的发展、管理以及服务方面的创新力进行研究很有必要。目前我国对酒店业的研究主要集中于管理经营战略和一般服务策略方面，并没有对管理与服务创新进行完善的研究，这就是本文研究的目的所在。本文对我国酒店行业的各个阶段，包括饭店转向商业、信息时代和现状问题进行了研究，丰富了对我国酒店行业管理和创新思想的研究，希望能够为我国酒店业目前存在的诸多问题提供切实可行的理论支撑，从核心问题出发，为酒店业的创新管理战略提供理论指导和建议。

第三节　研究内容和方法

一、本文的研究内容

  本文以我国的酒店业为研究对象，在对酒店业相关理论和创新意识对酒店管理和服务的影响关系的文献进行综述的基础上，结合我国酒店行业管理和服务创新的现状及问题分析，运用 SWOT 等相关理论和工具，结合酒店业的内部服务和市场环境，确立作业成本管理思想（Activity-based costing）、本土文化（Brand of Local culture），个性化服务"（Customer service），商务、旅游、娱乐为一体的家的体验（Dreamhouse）四条酒店管理创新对策在我国酒店业的应用做了详细分析为主的创新管理理念在我国酒店业的应用。本文的具体内容安排如下：

  第一章，绪论。简述本文的研究背景、研究目的和意义、研究内容和方法、技术路线和创新点等。

  第二章，相关理论综述。主要内容是酒店业的相关理论、酒店管理和服务创新内涵、企业创新意识和绩效的关系等。

第三章，新时代背景下酒店管理对于其管理的影响关系分析。包括酒店业的管理项目，数字经济下酒店管理及营销的转型等其在提升酒店管理服务当中的作用以及对现在信息时代的创新意识进行详细描述。

第四章，从服务心理层面分析理在酒店服务行业里，服务心理对员工个人已经消费者的影响，以及服务质量的影响。

第五章，新时代背景下酒店的发展趋势，以及可持续发展理念的实践应用。本文主要采用以下研究方法：

（1）理论与实际相结合的方法。本文在对酒店业相关理论和创新意识对酒店管理和服务的影响关系的文献进行综述的基础上，结合我国酒店行业管理和服务创新的现状及问题分析，运用SWOT等相关理论和工具，结合酒店业的内部服务和市场环境，确立以ABCD为主的创新管理理念在我国酒店业的应用。

（2）SWOT战略分析工具。本文主要运用了战略分析的SWOT分析工具，对酒店管理和服务发展的战略进行全面的梳理及把握，以期构建具有创新意识的目标和实施。

（3）文献查阅法、案例研究法

第一，文献查阅法。在工作之余，在大学图书馆、中国知网、百度等平台，查阅相关研究文献，通过梳理总结理论概述，为文章研究奠定理论基础；

第二，案例研究法。做实地调研，到一些国际大酒店进行实地研究，考察酒店实际运营情况，掌握一手数据资料，为分析酒店管理、发展战略提供实际数据支撑。

二、本文的创新点

本选题的创新点总结归纳为四条创新管理模式应用于我国酒店业，针对我国酒店业目前的现状和存在的切实问题进行分析探讨，以解决我国酒店行业在管理和发展过程中存在的诸多问题，和从前单纯理论研究的论文相比，具备极大的实用性和创新性。

第二章 理论基础与文献综述

第一节 文献综述

从第一章的分析可以看出，目前我国酒店行业正处于生机盎然的时期，面对激烈的内外部竞争环境，酒店业急需对创新意识对其的影响关系进行分析，对管理和服务中的创新问题现状和问题进行阐述，对其存在的创新意识问题进行重新审视，确立以作业成本管理思想（Activity-based costing），本土文化（Brand of Local culture），个性化服务（Customer service），商务、旅游、娱乐为一体的家的体验（Dream house）创新管理理念为支撑酒店的可持续发展。为此，本章将重点论述酒店的管理服务创新以及以创新意识为基础的发展战略变革理论，为我国酒店业未来的理论战略分析和战略变革目标确立和实施奠定基础。

一、酒店业的相关理论

目前，国内外的学者从不同的视角对酒店管理与服务的创新意识进行了大量的研究。从现有的研究状况来看，主要集中在酒店业的内涵与特征、酒店管理创新、酒店服务创新、管理与服务的本质和企业创新的关系、创新能力对酒店发展战略选的影响等方面。本文重点研究酒店的管理和服务创新，故文献综述主要从酒店管理的内涵与特征、酒店管理创新、酒店服务创新、管理与服务的本质等方面进行。

（一）酒店业的内涵

对于酒店业的内涵，不同的学者从不同的视角给出了不同的概念，且在大多数的文献里，对其内涵并没有做出严格的定义，因为服务的提供者和接受者角度不同，对其理解也不同，所以比较难界定。比较具体的酒店内涵是：酒店指的是在一个或者相连的一群建筑物里，向公众（主要是旅游者、商务人员）提供住宿、餐饮、娱乐和商务等一系列相关服务的特殊企业，具有非常丰富的含义。从酒店来说，客人通过临时租用客房来满足休息、休整的核心需求，即酒店在"吃、住、行、游、购、娱"六大要素中，主要的功能是解决住宿，兼备旅游、购物、娱乐、办公等。

（二）酒店业的类别和特征

我国的酒店一般在装修前就要选定它的发展方向，确定其分类，本文按其等级和规模等具体分类如下：

1.按酒店等级分类

①商务型酒店。此酒店的特点是客流量一年四季无太大浮动，设施设备齐全，服务功能非常完善。专门为从事商务活动的客人准备，便于其在此进行商务活动，故一般坐落于城区或者商业中心区等较为发达地段。②会议型酒店。此酒店的特点是办公设备设施齐全，包括投影仪、不同规模会议室、同盛传译设备、录像摄影、娱乐设施等，也包

括旅游服务，主要目的是以接待会议旅客和出差旅客为主，除了食宿和以上提到的项目，还提供站点接送和资料打印等人性化服务，基本可以作为多数单位或者公司常年使用的酒店。③度假型酒店。此酒店的特点是季节性较强，夏季营业额高于冬季。因为它以接待休假的客人为主，供人们休闲娱乐，所以要求有较完善的娱乐设备以便客人舒缓心情，多兴建在海滨、风景区、温泉、滑雪场附近。④观光型酒店。此酒店的经营特点是不仅要满足旅游者食宿的需要，还要求有公共服务设施，最好是大型的，以满足其休息、娱乐、购物的精神和物质综合享受，目的是希望旅游者能够在此放松身心，充分享受。观光型酒店类似度假型酒店，多数建造在旅游点或者有纪念意义的地区。⑤长住型酒店。此酒店的目的是为租居者提供较长时间的食宿服务，它不同于以上几类短期酒店，既提供一般酒店的服务，又提供一般家庭的服务，所以此类酒店无季节分别，常年客流量均等。常长住型酒店的特点是为租居者提供家庭式结构，以套房为主的房间服务，大小不同。大到可供家庭使用的套房，休闲、娱乐、学习一体，小到仅供一人使用的单人房间，设施设备十分齐全。⑥经济型酒店。经济型酒店的特点是价格低廉，服务方便快捷，节奏较快。多为出差者准备，少数旅游者也会居住，增加了酒店住宿的舒适性、安全性、卫生性等，提供了更加人性化的服务，同时在交通、预定方式、性价比等方面体现的是住宿者和商家互利的模式，非常受中低收入者的欢迎。以此类酒店大多处于交通较繁华的地理位置，无淡季，常年供客人居住。⑦连锁酒店。连锁酒店作为经济型酒店的精品，现在占有的市场份额是越来越大，例如如家等知名品牌酒店，在大连、青岛等地营业状况非常好。⑧公寓式酒店。公寓式酒店是集住宅、酒店、会所多功能于一体的模式，吸引懒人和忙人酒店式服务公寓，即酒店式的服务、公寓式的管理。既有酒店的经营性质，又有个人的临时住宅；既能享受酒店提供的殷勤服务，又能享受居家的快乐。最独特的是房间内有独立的衣帽间，客人可以在房间里自己烹饪，也可以打电话叫餐。地点主要集中在市中心的高档住宅区内，租住的价格与其他酒店相比相对较高。

2.按酒店建筑规模（房间数量）分类

①小型酒店。客房数量在300间以下，这个类型的酒店由于受建筑设施和经济实力等方面的限制，在综合服务和设施等方面的竞争力较弱，适合经济实力差的客人。②中型酒店。客房数量在300～600间之间，此酒店的设备设施相对来说较为齐全，能够提供舒适方便的客房、餐厅、酒吧、健身设施等服务，是一般旅游者理想的休息娱乐场所，适合一般经济型客人。③大型酒店。客房数量在600间以上，设备设施和服务项目十分齐全，基本上有各种大小规格的会议厅、宴会厅和健身设施、娱乐设施、购物场所等，适合经济实力雄厚的客人。

3.按酒店星级分类

①一星饭店。顾名思义，是级别最低的饭店，经济实惠，适合经济能力差点的旅游者需求。设备设施简，单但具备食宿两个最基本功能和一般的服务，能满足客人最简单的旅行居住需要。②二星饭店。适合经济能力是中下等的旅游者的需要。设备设施一般，除了具备一星基本的服务外，还有理发、超市、淋浴等综合服务设施，服务质量较好。以法国波尔多市阿加特的一个二星旅馆为例，共有148个小型房间，每个房间有两到三张床，房间内有冷热风设备、电话、简单家具等，还有一个卫生间，配置了抽水马桶、洗澡盆及淋浴喷头，收费低廉，经济实惠。③三星饭店。适用于经济能力是中产以上旅

游者的需要。设备设施齐全，除了食宿服务，还有会议室、酒吧间、咖啡厅、美容室等综合服务设施。房间内家具齐全，服务质量较好，收费标准较高，是目前国际上最受欢迎、数量较多的饭店。④四星饭店。这个等级的饭店国际上通常称为一流水平的饭店，收费一般很高，适用于经济地位较高的上层旅游者和公费旅行者的需要。综合服务设施和项目都很完善，质量优良，服务优质，室内环境和精神享受都很到位。⑤五星（或四星豪华）饭店。这是旅游饭店的最高等级。主要是满足上层资产阶级、政府官员、社会名流、大企业公司的管理人员、工程技术人员、参加国际会议的官员、专家、学者的需要，收费标准最高。设备设施最豪华，相比四星级更加完善，各种各样的餐厅，规模较大的宴会厅、会议厅等，环境优美，是一个集社交、会议、消遣、娱乐和购物等活动为一体的上流社会。

　　综合以上的研究和分类可以看出，从不同的视角出发，对酒店业有不同的分类界定。这些界定大多各有侧重，但不乏共性。自从我国加入WTO后，众多优秀的世界连锁酒店纷纷涌入，酒店业从此形成新的竞争格局。与世界的大型连锁酒店集团相比，我国酒店业存在小、弱、散等特点，这说明我国顾客已经不是单纯追其吃住上的满足，更多追求个性化和感情需求的满足。基于近几年我国酒店业的快速发展，已经摆脱了小、弱、散的特点，逐渐呈现出如下几个方面的特征：

　　（1）劳动密集型产业。截至2018年末，全国共有星级酒店15 706家，其中五星级酒店654家，四星级酒店2201家、三星级酒店5545家及一、二星级酒店3306家，共提供客房超过157万间，床位350多万张，员工320多万人，是一个劳动密集型的行业，同时文化程度逐渐增高。

　　（2）开放度较高产业。酒店业的管理和服务一直以国际水平为行业标准，与国际接轨程度较高，使用国际上实力和质量超好的设备设施，即酒店产品的质量要求符合国际水准。

　　（3）产品特性明显。酒店业是客人的一种心理享受，从服务过程的评价到最后的回味。同时，由于这个特性产品没有固定的质量评判标准，酒店业也是有形设施和设备和无形服务的有机结合的美好体现。

　　（4）低污染性产业。酒店业与化学工业和重工业相比属于低污染行业，只有少数比较容易处理的污染物。

　　（5）文化性产业。我们所说的酒店业文化性指的是由建筑设计、功能设计、装饰设计、环境烘托、企业文化、服务理念等因素组合而成的大文化。既包括语言地域在内的知识，也包括思想、信仰、风俗、习惯、礼仪等其他有关的文化，这些文化内容在酒店的各个方面各个角度都会充分地表现出来，进而使酒店具有业务上的强文化性。

　　（6）信息智能性产业。现代科技加速我国酒店业向以连锁经营和智能信息技术为主的服务性新型酒店转型，能够提供宽带上网、远程预定、光线自动调节等个性化服务，将酒店业提升到一个新的层次。

（三）酒店管理创新

　　创新，也叫创造。它的定义是个体根据一定的目的和任务，运用一切已知的条件，产生新颖有价值的成果，包括五方面的内容：采用新的组织形式、利用新的原材料、引进一种新的产品、采用一种新的生产方式、开辟一个新的市场。酒店管理和服务的创新指的是对其传统观念和思维模式的改变和创造。

创新，这个并不新鲜的话题在当今发达的信息化时代，也就成为了企业要想获取巨额财富的发展趋势。世界著名的企业，例如 IPOD、IBM 等为众人所知，最成功的竞争策略在于企业的创新意识和产品本身的概念设计。所以企业要持续发展，要保持领先。就必须强化有创新意识的人才培养，把提高创新意识和技术创新变成企业的首要任务，克服传统定向。内外部协助相结合，重新整合企业的创新建设，加快企业的发展。

（四）酒店管理和服务的本质

每个酒店都有自己的经营宗旨，旨在说明酒店存在的目的和其本质，就像一个航标，指引着酒店不断前行。

（1）酒店管理的本质就是领导者对酒店的内部所有资源进行的有效整合，从而满足消费者的物质和精神需求。内部资源的有效整合包括了降低酒店经营成本，提高酒店的工作效率，从而提高酒店营业利润，在竞争中占据一席之地。

（2）酒店服务的本质：服务是酒店赖以生存的法宝。对于服务的定义，不同角度的人有不同的理解，专家认为服务是满足顾客需要的一系列特性的总和；管理人员认为服务就是酒店出售的一项产品，它没有固定的格式，优质就是好的；员工认为服务就是他每天的工作内容，包括客房和餐厅等；消费者则认为服务就是我消费后该享受的东西。综合以上分析，总体来说，酒店服务的本质都是一样的，那就是酒店利用自身的装潢、设备设施、服务流程、规范体系和文化等方面为消费者包括旅游者和商务人员提供一定价值的需求。服务的特性是：不可储存、不会消失、可依赖。具体解释为：西方的酒店业对服务的本质认识非常清楚，他们认为酒店服务是易逝性，即一定要在最快的时间内为顾客提供需求服务，一旦这个时间没有把握住，服务产品的价值将永远失去，那么会产生的最坏结果就是客人下次甚至是永远都再也不会光临；而且服务是一次性的，顾客一次性付费，酒店提供一次性服务，无法事后弥补。

第二节 酒店管理的理论基础

一、酒店管理的基础理论

（一）古典管理理论

1.泰罗的科学管理理论

20 世纪初，在西方工业国家影响最大、推广最普遍的"科学管理"包括了一系列关于生产组织合理化和生产作业标准化的科学方法及理论依据，因其最初由美国机械工程师泰罗首先提出并极力推广，因此也被称为"泰罗制"。19 世纪末 20 世纪初，机器和机器体系在工业生产中的广泛运用，一方面使企业的生产规模越来越大，复杂程度不断提高；另一方面也使生产技术越来越多地掌握在工人手中，资本家无法完全控制工人的作业方法和作业时间。因此，凭经验和判断来进行的传统管理方式不再适应机器化大生产的要求，企业管理逐渐要求从传统的经验管理走向科学管理。

（1）泰罗其人

弗雷德里克·温斯洛·泰罗（Frederick Winslow Taylor，1856—1915），又译作弗雷德里克·温斯洛·泰勒，美国古典管理学家，1856年出生于美国费城，1878年开始在米德瓦尔钢铁公司工作。由于他工作刻苦、表现突出，很快便从一名普通工人先后被提升为工长、机修车间主任、总机械师、总工程师。在此期间，泰罗推行了一套科学的管理方法，这些早年实践及其后来的进一步研究被人们称之为"泰罗制"，在其1911年出版的《科学管理原理》一书中得到了很好的阐释。

（2）泰罗制及其具体内容

泰罗认为，实施科学管理的核心问题是要求管理人员和工人双方在精神上和思想上进行彻底变革，双方都把注意力从盈利的分配转到增加盈利数量上来。因此，科学管理的根本目的应是谋求最高工作效率，这是工厂主和工人共同达到富裕的基础。而要达到最高工作效率的关键是用科学的管理方法代替旧的经验管理。

据此，泰罗提出了以下四个方面管理制度：

①改进操作方法，合理利用工时，提高工效

具体做法是把生产过程中每个环节的每项操作分解成许多动作，继而把动作细分为动作要素，根据每项动作要素的必要性和合理性对其加以删除、改进或组合，以形成标准的作业方法。在此基础上进一步为标准作业方法规定标准作业时间，确定工人的劳动定额。另外，为使工人能够以标准方法进行操作，完成较高的劳动定额，还必须根据作业方法的要求，使工人的作业环境以及工具、设备、材料等作业条件标准化。

②根据工作要求，对工人进行科学的挑选和培训

泰罗认为，要提高工人的劳动生产率，首先要根据不同工人的不同特长来分配工作，然后根据标准的作业方法集中培训工人，既可以保证受训者掌握的是科学的操作方法，也可以提高培训的速度和效率。

③改进分配方法，实行差别计件工资制

要刺激工人提供更多的产量，工资标准应该随着产量的增加而提高。对完成和超额完成工作定额的工人以较高的工资率支付工资，而对完不成定额的工人按较低的工资率支付工资。

④改进生产组织，加强企业管理

泰罗主张在企业中设立专职的计划部门，把计划职能和执行职能分开。由计划部门负责收集和整理工人的操作经验，进行作业研究和时间研究，确定工时定额依据，并在此基础上制订作业方法、时间定额和工资标准。这一做法为管理理论系统的形成奠定了基础。

（3）泰罗制的优缺点

泰罗的科学管理理论将科学引进了管理领域，促进了生产效率的提高，适应了资本主义经济在这个时期的发展需要。但是泰罗制把工人看成会说话的机器、纯粹的"经济人"，使其成为资本家最大限度地压榨工人的手段。另外，泰罗的管理理论研究范围较窄，主要针对作业方法或现场监督，而对企业的人事、财力等其他活动基本上没有涉及。

2.法约尔的一般管理理论

（1）法约尔其人

亨利·法约尔（Hemy Fayol），法国科学管理专家，管理学先驱之一，实业家，出生于土耳其伊斯坦布尔，长时间在法国的一家大型煤矿公司担任高层领导职务，积累了丰富的大企业管理经验，侧重于从中高层管理者的角度去剖析管理问题。出版的《工业管理与一般管理》是其毕生管理经验与管理思想的总结，除了可应用于工商业之外，还适用于政府、教会、慈善团体、军事组织以及其他各种事业。

（2）一般管理理论的内容

法约尔认为经营和管理是两个不同的概念，管理只是经营的一部分，本身由计划、组织、指挥、协调、控制等一系列职能构成。除了管理，经营还包括技术活动、商业活动、财务活动、安全活动以及会计活动五个方面。经营的这五个方面的活动以不同方式、不同程度地存在于任何组织的任何层次中，因此组织中不同层次的工作人员都应根据任务的特点拥有相应的知识和能力。法约尔指出，要适应企业经营的需要，必须加强管理教育，"尽快建立一种管理理论"，建立"一种得到公认的理论：包括为普遍的经验所验证过的一套原则、规则、方法和程序"。法约尔根据自己的经验总结了14条管理原则：

①劳动分工。通过劳动专业化分工提高雇员的工作效率，提高劳动生产率。

②权力与责任。权力是指挥和要求别人服从的力量，出色的管理者要用个人权力来补充制度权力。为保证权力的正确使用，必须"规定责任的范围，然后制定奖惩的标准"，实现责权对等。

③纪律。纪律的实质"是对协定的尊重"，任何组织活动的有效进行，都必须有统一的纪律来规范人们的行为，使管理者和员工都对组织规章有明确的理解并进行公平的奖惩。

④统一指挥。它是一条基本的管理原则，是指"一个下属人员只应接受一个领导人的命令"，如果这条原则被打破，"权力将受到损害，纪律将受到危害，秩序将被扰乱，稳定将受到威胁"。

⑤统一领导。对于达到同一目标的全部活动，只能有一个领导人和一项计划，这是统一行动、协调组织中一切努力和力量的必要条件。法约尔指出，统一领导和统一指挥的区别在于："人们通过建立完善的组织来实现一个社会的统一领导；而统一指挥则取决于人员如何发挥作用。统一指挥不能没有统一的领导而存在，但并不来源于它。"

⑥个人利益服从整体利益。任何员工个人或集体的利益，不能超越组织的整体利益。

⑦报酬。法约尔认为，报酬是人们"服务的价格应该合理，并尽量使企业和所属人员满意"，报酬方式可以对企业的生产发展产生重大影响。合理的报酬方式必须符合3个条件：a.能保证报酬公平；b.能奖励有益的努力和激发热情；c.不应导致超过合理限度的过多报酬。

⑧集权。作为管理的两种制度，管理权力集中与分散本身无所谓好坏，不同程度地同时存在，"问题在于找到适合企业的最适度"。法约尔指出，影响权力集中程度的因素主要有：组织规模、领导者与被领导者的个人能力和工作经验、环境的特点等。

⑨等级链。等级制度是指组织的最高权力机构直至最低管理人员的领导系列，它是组织内部命令传递和信息反馈的正常渠道。法约尔认为应把尊重等级制度与保持行动迅

速结合起来，为此，他设计了一种"联系板"的方法，以便使组织中不同等级线路中相同层次的人员能在有关上级同意的情况下直接联系。

⑩秩序。包括"物的秩序"和"人的秩序"，不仅要求物归其位，也要求根据工作要求和人的特点来分配工作。

⑪公平。公平是由善意与公道产生的，为了鼓励下属忠实地执行职责，管理者应友善和公正地对待下属。

⑫人员的稳定。人员的稳定对于工作的正常进行、活动效率的提高是非常重要的，应制订规范的人事计划，保证组织所需人员的供应。

⑬首创精神。首创精神是指人们在工作中的主动性和创造性，对企业是一股巨大的力量，因此应鼓励和发展员工的这种精神。

⑭人员的团结。全体人员的和谐和团结是企业发展的巨大力量，强调团结协作可以促进组织内部的和谐统一。

法约尔提出的许多概念、术语和原理为管理理论研究构建了基本的框架体系，在现代管理学中被普遍继承和运用。孔茨甚至认为法约尔是"现代管理理论的真正创始人"。

（二）行为科学理论

1.人际关系论

（1）梅奥其人

乔治·埃尔顿·梅奥（George Elton Mayo），行为科学的奠基人，美国管理学家，原籍澳大利亚，早期的行为科学——人际关系学说的创始人，美国艺术与科学院院士。埃尔顿·梅奥在美国宾夕法尼亚大学沃顿管理学院任教期间，曾从心理学角度解释产业工人的行为，这为他后来将组织归纳为社会系统奠定了一定的理论基础。梅奥应邀参加了开始于1924年但中途遇到困难的霍桑实验。

（2）人际关系论的主要内容

行为科学的发展始自人际关系论，梅奥等人在美国芝加哥郊外的西方电气公司的霍桑工厂进行了引起管理学界重视的霍桑实验。霍桑实验结束后，梅奥等人对实验结果进行了总结，构建了人际关系论。该理论的主要观点如下：

①企业职工是"社会人"，而非"经济人"

霍桑实验表明，物质条件的改变不是劳动生产率提高或降低的决定性原因，甚至计件制的刺激工资对于产量的影响也不及生产集体所形成的一种自然力量大。因此，梅奥等人创立了"社会人"的假说，即认为企业的员工并非单纯追求金钱收入，他们还有社会、心理方面的需求，追求人与人之间的友情、安全感、归属感和被尊重感等。

②企业中存在着一种"非正式组织"

企业员工在共同工作、共同生产中，必然会产生相互之间的人群关系，加深相互了解，产生共同的感情，自然形成一种行为准则或惯例，逐渐发展成一种相对稳定的"非正式组织"。"非正式组织"必然存在，与正式组织相互依存，而且通过影响工人的工作态度来影响企业的生产效率和目标的达成。

③新的领导力在于提高职工满足程度的能力

梅奥等人根据霍桑实验得出结论，生产效率的高低主要取决于工人的士气，而"士气"的高低取决于安全感、归属感等社会、心理方面的需要的满足程度，家庭、社会生活的影响以及企业中人与人之间的关系。因此，新型的领导方法要求管理者转变管理观念，重视"人的因素"，认真分析职工的需求特点，不仅要解决工人生产技术或物质生活方面的问题，还要掌握他们的心理状况，了解他们的思想情绪，以采取措施提高士气，促进协作，达到提高生产效率的目的。

人群关系理论是"行为科学"学派的早期管理思想，只强调要重视人的行为。自此以后，诸多管理学家、社会学家、心理学家从行为的特点、行为的环境、行为的过程以及行为的原因等多种角度展开了对人的行为的研究，使行为科学成为现代人本管理理论的一个重要流派。

2.需求层次理论

（1）马斯洛其人

亚伯林罕·马斯洛（A.H.Maslow），美国社会心理学家，人格理论家，人本主义心理学的主要发起者，出生于美国纽约的一个犹太家庭，是一个智商高达194的天才。马斯洛对人的动机持整体的看法，他的动机理论被称为"需求层次论"。

（2）需求层次理论的主要内容

马斯洛于提出的"需求层次理论"有两个基本点：一是人的需要取决于他已经得到了什么，尚缺少什么，只有尚未满足的需要才能够影响行为；二是人的需要都有轻重层次，某一层需要得到满足后，另一层需要才会出现。马斯洛认为大多数人的需要可以分为以下五类：

①生理的需要。这是人类最原始的基本需要，包括基本的生活要求，如衣、食、住、行等。

②安全的需要。这是继生理需要得到满足后产生的高一层需要，分为两类：一是现在安全的需要，即要求自己现在的社会生活的各个方面的安全均能有所保证，如就业安全、生产过程中的劳动安全、社会生活中的人身安全等；二是对未来的安全的需要，即希望未来的生活能有所保障，如病、老、伤、残后的生活保障等。

③社交的需要。社交的需要包括人与人之间的友谊、忠诚、爱情、归属感等各方面的需要。人们的生活和工作是在一定的社会环境中进行的，希望在社会生活中受到别人的注意、接纳、关心、友爱和同情，从属于一个小群体。社交的需要比生理和安全的需要更细致，需要的程度也因每个人的性格、经历、受教育程度不同而有所差异。

④尊重的需要。尊重包括自尊和受人尊重。自尊是指在自己取得成功时的自豪感；受人尊重是指当自己做出贡献时能得到他们的上司和同事等的较好的评价和赞扬，一定的社会地位、名望、个人能力及成就得到社会认可。

⑤自我实现的需要。这是最高层次的需要，即希望在工作上有所成就，在事业上有所建树，实现个人理想抱负。自我实现的需要通常表现在胜任感和成就感两方面，马斯洛认为这种需要就是"人希望越变越完美的欲望，人要实现他所能实现的一切欲望"。

马斯洛的需求层次理论发表后，在实际工作中得到了广泛应用，但它并没有注意到工作和工作环境的关系，而且只说明了需要与激励之间的一般关系，没有考虑到不同的人对相同的需要的反映方式往往是不同的。

3.双因素理论

双因素理论是一种激励模式理论，由美国心理学家弗雷德里克·赫茨伯格（Frederick

Herzberg）在广泛调查的基础上，出版的《工作与激励》一书中正式提出。赫茨伯格认为，影响人们行为的因素主要有保健因素和激励因素两类。

保健因素是指那些与人们的不满情绪有关的因素，处理得不好会引发对工作不满情绪的产生；处理得好可以预防或消除这种不满，但不起激励作用，只能起到保持人的积极性、维持工作现状的作用。保健因素主要有：企业的政策与行政管理、监督、与上级的关系、与同事的关系、与下级的关系、工资、工作安全、个人生活、工作条件、地位。

激励因素是指那些与人们的满意情绪有关的因素。与激励因素有关的工作处理得当，能够使人们产生满意情绪；如果处理不当，其不利效果只是没有满意情绪，而不会导致不满。激励因素主要包括：工作上的成就感、受到重视、提升、工作本身的性质、个人发展的可能性、责任。

从上述两类因素可以看出，激励因素是以工作为中心的，保健因素则与工作的外部环境有关，属于保证工作完成的基本条件。这一理论的启示是：要调动和维持员工的积极性，首先要做好与保健因素相关的工作，防止不满情绪的产生，但更重要的是要利用激励因素去激发员工的工作热情。赫茨伯格的双因素理论对需要层次论做了补充，划分了激励因素和保健因素的界限，分析出各种激励因素主要来自工作本身，这就为激励工作指明了方向。

4.X—Y 理论

美国社会心理学家、麻省理工学院教授道格拉斯·麦格雷戈（Douglas McGregor）提出了"X—Y"理论，在发表的《企业的人的方面》一文中对两种理论进行了比较。

麦格雷戈所指的 X 理论对人的本性的假设是：一般人都有好逸恶劳、尽可能逃避工作的特性。因此，对大多数人来说，仅用奖赏的办法不足以战胜其厌恶工作的倾向，必须以强制、监督、指挥并惩罚进行威胁；一般人都胸无大志，愿意接受别人的指挥或领导，而不愿主动承担责任；人生来就以自我为中心，对组织的要求和目标漠不关心；人是缺乏理性的，一般不能控制自己，易受外界或他人的影响。

与 X 理论相反的 Y 理论是较为传统的 X 理论的合理替换物。Y 理论对人的本性的假设是：人并不是生来就懒惰，他们对工作的喜欢和憎恶取决于这份工作对他是一种满足还是一种惩罚；正常情况下，一般人不但会接受责任，而且会追求责任。逃避责任、缺乏雄心壮志以及强调安全感是经验造成的，而非源于人的本性；人们都热衷于发挥自己的才能和创造性。

对比 X 理论和 Y 理论可以发现，其差别在于对工人的需要看法不同，因此采用的管理方法也不相同。按 X 理论来看待工人的需要，管理者就要采取严格的控制、强制方式；而按 Y 理论看待工人的需要，管理者就要创造一个能多方面满足工人需要的环境，使人们的智慧、能力得以充分的发挥，以更好地实现组织和个人的目标。

（三）当代管理理论

1.权变管理理论

权变管理理论产生于 20 世纪 70 年代的美国。当时西方各国社会动荡，发生持续的经济危机，面对复杂、剧变的社会经济环境，企业迫切需要一种新的管理理论作为指导，以提高自身竞争力，权变管理理论在这种历史背景下应运而生。它强调在管理中要根据组织所处的内外条件随机应变，针对不同情况寻求不同的、最适合的管理模式、方案或方法，反对千篇一律的通用管理模式。

权变管理理论的核心内容认为在环境变量与管理变量之间存在一种函数关系，把环境对管理的作用具体化。其中，环境变量分为外部环境变量和内部环境变量。外部环境变量既包括由社会的、经济的、政治的、法律的和技术的力量组成的，对组织系统有巨大、间接影响的一般外部环境变量，也包括由供应商、顾客、竞争者组成的，对正式组织系统有直接影响的特殊环境变量。内部环境变量则是指组织系统，包括组织结构、组织决策、内部信息交流以及管理流程的控制过程等。权变管理理论认为并不存在一种适用于各种情况的普遍的管理原则和方法，管理人员的任务就是研究组织外部的经营环境和内部的各种因素，理清这些因素之间的关系及其发展趋势，从而决定采用哪些适宜的管理模式和方法。

由于由各个相互联系的部分组成的系统之间和系统内部存在着相互联系、相互作用的关系，企业在不同条件下的权变管理必须系统化，且要通过大量细致的调查研究和全面深入的科学分析来把握独立的环境变量同从属的管理变量之间的关系实质，企业内外部环境的不断变化也要求权变管理应富于创新性、创造性。

2.战略管理理论

"战略"一词来源于希腊语 Strategos，意思是将军指挥作战的艺术和科学。因此，战略原本是军事范畴的概念。近代以来，战略逐渐从军事学延伸到政治、经济、科技及社会领域。20 世纪中期，"战略"一词被引入管理学，不同学者赋予"战略"不同的含义。亨利·明茨伯格（Henry Mintzberg）指出，人们在生产经营活动中不同的场合以不同的方式赋予组织战略不同的内涵，在此基础上，他从五个方面对战略进行了定义，即战略是计划（Plan）、计谋（Ploy）、模式（Pattern）、定位（Position）、观念（Perspective）。

战略管理就是组织确定其使命，根据对组织外部环境和内部经营条件的分析，确定组织的经营宗旨和战略目标，为保证目标的正确落实和实现进行谋划，并依据组织内部能力将这种谋划和决策付诸实施，以及实施过程中进行控制的一个动态过程。战略管理理论的研究焦点是组织的战略决策问题，其研究从开始到现在，已形成了较为完整的理论体系，并先后形成了诸多理论学派，分别是设计学派、计划学派、定位学派、企业家学派、认知学派、学习学派、权力学派、文化学派、环境学派和结构学派。

3.学习型组织理论

学习型组织理论是由麻省理工学院组织化学习中心的负责人彼得·圣吉（Peter M.Senge）出版的《第五项修炼—学习型组织的艺术与实务》一书中首先提出，之后很快风靡全球，引起企业界的热烈反响并得到普遍推崇，被誉为"朝向 21 世纪的管理圣经""21 世纪的金矿"。

学习型组织是指通过培养弥漫于整个组织的学习气氛，充分发挥员工的创造性思维能力而建立起来的一种有机的、高度柔性的、扁平的、符合人性的、能够持续发展的组织。学习型组织是具有持续创新能力、能不断创造未来的组织、能在内部建立起完善的学习机制，将成员与工作持续结合起来，使组织在个人、工作团队及整个系统三个层次上得到共同发展，形成"学习—持续改进—建立竞争优势"这一良性循环。

圣吉认为，企业组织持续发展的精神基础是持续学习，要使企业茁壮成长，必须建立学习型组织，以增强企业的整体能力，提高整体素质。要建立学习型组织需进行五项修炼，即自我超越、改善心智模式、建立共同愿景、团队学习、系统思考。通过完善学习型组织的工作氛围和企业文化，引领人们不断学习、不断进步、不断调整新观念，从而使组织更具有长盛不衰的生命力。

学习型组织更适用于团队性、项目性和创新性的工作，有利于员工的相互影响、沟通和知识共享，有利于企业的知识深化和更新，从而增强企业的竞争力及其对环境的适应能力。目前，酒店客人的需求及酒店服务人员的工作能力均处于变化之中，学习型组织是酒店更好地创新服务、创造体验价值的必然选择。酒店创建学习型组织可以通过快速学习、吸收改造、超越自我，构筑自己的核心能力，应对各种激烈的市场竞争环境。

二、酒店管理的基本职能

（一）计划职能

酒店管理的计划职能是指酒店通过对内外部环境进行周密科学的调查研究和分析预测，确定未来某一时期内酒店的发展目标，并规定实现目标的具体途径与方法的管理活动。

科学合理的计划对酒店经营管理的作用主要体现在以下四个方面：

（1）确定酒店统一行动的目标

酒店的经营管理是一个长期的过程，涉及多个层面和部门，通过计划管理可以确定酒店的经营管理目标，以及各阶段酒店的整体目标和各部门的分目标，将分属于不同部门、环节和领域的酒店管理者和员工联结起来，为其工作或行动指明方向、明确责任，促进相互之间的沟通与协调，以保证酒店目标的实现。

（2）充分调配和利用酒店资源

酒店的经营活动是对一定人力、物力、财务、信息、时间等资源的加工和转换。为使酒店的目标活动以尽可能低的成本顺利进行，必须在规定的时间内提供经营活动所需的规定数量的各种资源。酒店的计划管理职能就是在时空上分解酒店经营活动，对各种资源进行优化组合和科学调配，以有效地减少各种资源的浪费，实现酒店的效益最大化。

（3）有效增强酒店应变能力

计划职能在充分调研、分析和预测酒店内外部环境变化及趋势的基础上明确酒店目标，确定实现目标的策略、路径、方法和对策，从而使酒店能在市场竞争日益激烈、顾客需求日趋多元的环境中获得更强的适应能力和应变能力。

（4）为酒店经营活动的检查与控制提供依据

由于酒店管理人员和员工的素质和能力有差异，并且酒店各部门在经营活动中所面对的环境特点可能与目标制订之时并不吻合，因此酒店目标实现过程中很可能出现有悖于酒店计划和决策的偏差，影响酒店经营目标的实现，甚至威胁酒店的生存。酒店的计划职能为酒店不同部门、不同成员在不同时期的活动情况提供了客观的标准和依据，有助于酒店对经营管理的实际情况进行检查，以及时发现可能存在的偏差并采取有效的措施进行控制。

（二）组织职能

酒店管理的组织职能是指将实现酒店计划目标所需进行的各项活动和工作进行划分和归类，正确划分酒店各部门和岗位，确定适当的职责和权力，委派适当的人员，有效配置人力、物力、财务、信息等资源,及时协调各部门、各岗位、各员工之间的关系的一系列管理活动。酒店管理的组织职能可以使酒店根据客人的需求有效地组合和调配酒店设施设备、服务水平、环境气氛等各种资源,保证酒店的业务按计划有序地进行,提升酒店的接待能力。

实现酒店管理的组织职能,首先是进行组织结构设计,即根据酒店的经营目标、市场细分、等级标准、业务范围等划分横向的酒店部门和纵向的管理层次,形成有效的组织结构。其次是进行人员配备,即根据各部门的要求以及员工的特点配备相应的人员,既保证酒店经营的正常运转,也使每个员工的知识和能力得到充分发挥。此外,当酒店经营的内外部环境发生变化时,酒店还需根据其经营管理的需要对组织结构进行调整、改革和再设计,以增强酒店的适应能力,保持酒店的竞争力。

（三）领导职能

酒店管理的领导职能是指酒店管理者运用组织权限,发挥领导权威,指导员工的工作,统一员工的思想和行动,协调和解决部门之间与员工之间相互合作中产生的各种矛盾和冲突,激励每个酒店员工自觉地为实现酒店目标共同努力的管理活动。酒店管理的领导职能立足于酒店发展的整体布局和发展目标,要求管理者能对面临的经营管理问题进行科学决策,善于发现人才和合理使用人才,能通过各种激励手段调动员工积极性,协调酒店内各部门的业务活动,引导酒店全体工作人员为实现酒店目标而努力,保证酒店经营活动的顺利进行。

（四）控制职能

酒店管理的控制职能是指酒店管理者根据计划目标和预定标准,对酒店运营的各方面进行监督检查,防止计划目标和实际结果之间出现差异,并在发现问题后及时采取纠正偏差的措施,以保证酒店经营目标顺利实现的管理活动。在酒店经营过程中,酒店内部和外部环境的不断变化,酒店员工的工作态度和工作技能的差异等均需通过酒店的控制职能进行调整和规范,以保证服务质量和工作效率,实现酒店目标计划。酒店在业务经营过程中,计划目标的完成程度、酒店的服务质量水平、员工的工作效率、计划与实际是否一致等都离不开控制职能。

（五）创新职能

酒店管理的创新职能是指酒店及其成员根据酒店内部和外部不断变化的宏、微观环境及客观情况,运用新理念、新思想不断调整酒店的组织结构、管理模式、工作方法、酒店产品及服务等,以不断适应环境变化,获得竞争优势及进一步发展的管理活动。

在酒店业市场竞争日趋激烈的环境下,酒店一方面要对管理制度、组织机构、管理模式和手段、经营理念、营销模式等进行创新,以提升酒店的管理层级和水平,增强酒店核心竞争力并获取持续竞争优势;另一方面,酒店也要进行产品与服务的创新,实现特色经营。这要求酒店要根据自身的优势确立细分的目标市场,在分析掌握市场需求的基础上,运用创新思维,不断在环境、设施、产品、服务、餐饮、文化等方面进行创新,以增强酒店的吸引力和竞争力。

三、酒店管理的理念与方法

（一）酒店管理的理念

1.战略管理理念

酒店战略着眼于酒店的使命，指引酒店经营管理的方向，是酒店健康发展的前提和基础。酒店实施战略管理一方面可以通过制订酒店的发展目标，正确认识其内外部的发展环境，审时度势地整合相关资源，调整发展方向，以提高酒店综合素质，发挥竞争优势；另一方面通过把酒店的战略目标和当前工作紧密结合，极大地调动员工的积极性，加强全体管理人员和员工对酒店的责任感。另外，战略管理也是考核、评价酒店中、长期经营效果的重要工具，有利于对酒店的发展进行正确的评估、调整和决策。随着我国酒店业的日趋成熟和国外酒店集团的全方位进入，酒店业的竞争日益激烈，战略管理已成为酒店更好地提升竞争能力、谋求持续发展的重要武器。酒店管理者必须比以往更有意识地关注市场环境的细微变化和供求趋势，关注酒店业客源市场的变化，注重品牌竞争和顾客忠诚度的竞争，从而更为主动地运用、调整经营战略。

战略管理可以使企业更好地明确自己的目标，提高综合素质和生命力，发挥竞争优势。战略制订的过程也提供了激励员工的机会，加强了全体管理人员和员工对企业的责任感。因此，在市场竞争日益激烈的条件下，企业实施战略管理十分必要。

2.人本管理理念

酒店是为客人提供住宿、餐饮及其他所需服务的劳动密集型企业。员工是面向客人提供服务的最终对象，员工的态度和形象是宾客对酒店的第一印象，员工所掌握的知识、技能、信息及其所持有的价值观、理念和道德观念等也是酒店竞争力的基础。国际假日集团的创始人凯蒙·威尔逊先生曾说："没有满意的员工就没有满意的宾客；没有令员工满意的工作环境，就没有令顾客满意的享受环境"，酒店业中"宾客至上"的要求使员工成为酒店经营管理活动的中心。树立人本管理理念，就是要在物质上和精神上尽量满足员工的需求，以稳定员工队伍，保证酒店的服务质量水平，提升酒店的整体竞争力。

酒店实施人本管理理念，要做好以下五个方面：

（1）融入情感管理

人本管理理念强调酒店所有员工的平等地位，要求管理者尊重员工、理解员工、关心员工，善于沟通，以提高员工的创造力为手段，以提高员工的工作生活质量为目标，在劳动分工的基础上互相尊重和密切协作。情感管理为员工提供轻松、愉快、和谐、充满人情味的工作环境，为员工提供更大的个性发展空间，从而使员工工作时拥有良好的心情，主动、愉悦地为客人提供发自内心的微笑服务、尽善尽美的个性化服务以及物超所值的服务。

（2）建立人性化的柔性人力资源管理体制

根据酒店生命周期变化和市场需求变化进行人力资源的需求定位。管理者要充分考虑每个员工的个性需求，通过酒店内部人力资源的优化配置，把每位员工安排在与自身条件相符的岗位上，并主张尽可能地为员工提供宽松的工作环境及良好的工作氛围和人文环境。

（3）减少管理层次，实施服务授权

酒店应授予接待人员适度的权利，一方面可以使员工在职权范围内更快、更高效地解决客人遇到的问题，维护酒店形象；另一方面也为员工创造参与酒店管理的机会，增强其责任心和使命感，满足其精神上高层次的需求。曾获得美国企业最高质量奖的丽思卡尔顿饭店平时给每个员工 2000 美元的授权，通过授予员工上一级管理人员的权利，为员工营造自由空间，激发并释放他们的潜能，使他们能够快速成长的同时也提高了酒店的经济效益。

（4）实施民主管理

管理者做出决策前，应广泛听取员工的意见。酒店可以设立总经理信箱或总经理接待日，给员工一对一提意见、建议的机会，也可设立"员工建议奖"，鼓励员工提合理化建议，重视员工所提建议。此外，管理者要深入基层，切实体会员工的意愿和需要。这不仅有利于提高决策的正确性，还能提高员工的士气，使决策更易于贯彻执行，更易于让员工接受。

（5）重视员工交叉培训，提升其综合素质

交叉培训是一种让员工通过接受额外服务技巧的培训来满足不止一个工作岗位需要的培训方式，已被越来越多的酒店作为保持人员素质优势、提高服务质量及竞争力的重要手段。实施交叉培训，使员工一专多能，不仅有利于增强员工的集体主义观念和协作精神，有利于提高工作效能，增加宾客的满意度，而且也有助于增加员工工作的新鲜感，提高员工综合素质，利于其职业发展。

深圳威尼斯大酒店提出"关注员工——我们承诺通过综合人才梯队计划和奖励体系以培训和发展员工；团队合作—我们将通过在各个级别上积极参与式的领导作风而创造一个开放沟通、彼此合作、相互信任、承担责任的工作环境"，这一价值观很好地体现了其人本管理的理念。

3. 市场竞争理念

酒店市场的竞争越来越激烈。要想在激烈的竞争中留住顾客，有效地吸引顾客，酒店必须树立市场竞争理念，不断地探索顾客的需求，并根据自身的特点最大限度地满足顾客需求。要进行有效的市场竞争，酒店一方面要根据自身特点制订合理价格，创新体验，注重文化，努力打造酒店的自主品牌，而不是进行低价竞争；另一方面也要不断引导消费，不断创新服务理念、服务方式、服务项目和产品，培育和创造新的市场，与相关企业建立竞争合作关系，实现协作共赢。除此之外，酒店还必须根据竞争环境及自身发展的需要，运用先进的营销理念和营销策略，进行全方位、立体化、多层次的营销活动，全面展示酒店的品牌和特色，提高酒店的市场知名度和美誉度。

4. 诚信经营理念

诚信经营是酒店生存的基础，也是酒店经营管理必备的理念之一。诚信的基本含义是守诺、践约、无欺。酒店在应对市场竞争的过程中，不仅要追求产品与服务的创新性与特殊性，更要注重最基本的诚信经营，做到"言必行，已诺必诚"，否则会降低客人对酒店的忠诚度，损害其在行业中的品牌形象和社会声誉，对酒店的经营造成致命的打击。

酒店应重视自身的诚信建设，制订诚信经营的目标，培育和传播酒店诚信文化，对员工进行诚信教育，使诚信经营的理念渗透员工心里，落实到日常工作中，并监督促进酒店的诚信建设。同时，酒店应重视并满足客人对酒店产品与服务知情的权利，自觉接受消费者的监督，让顾客在酒店明明白白地消费，使其真切地感受到酒店给予的优质服务与真诚用心，从而提升客人对酒店的忠诚度。诚信经营还要求酒店在经营过程中遵守相关法律法规所规定的原则和义务，依法经营，公平竞争，重合同守信誉。

5.国际化理念

酒店行业是我国开放最早的行业之一，诸多世界知名的酒店集团进驻我国酒店市场，提高了酒店行业竞争的程度和层次。因此，现代酒店管理必须树立国际化理念，具备宽广的国际视野。国际化理念要求酒店以多元化视角和全球化战略眼光观察国际酒店业的发展特点和趋势，认真剖析国际酒店业的成功经验，将国际酒店业的先进水平作为标杆，立足自身酒店的发展实际和需求进行定位，创新服务与产品。

酒店可通过特许经营、管理模式、战略联盟等形式进行国际化经营，以获取在规模经济、市场营销、风险扩散、融资等方面的竞争优势，利用电子预订、网络预订、电子信息和电子结算等现代信息技术，促进酒店管理和服务的水平，培养酒店专业人才。

6."顾客为本"的理念

酒店管理中要树立以顾客为本的理念，其中的顾客不仅仅指酒店外部顾客，也包括了酒店内部其他的业务部门和员工。以顾客为本的酒店管理是用服务至上的酒店管理哲学，制订以顾客为导向的酒店管理模式，实施让顾客满意的酒店管理实践。在了解顾客需求的基础上，酒店管理部门通过制订一系列适当的规则来规范服务的提供者（员工）和服务的受用者（酒店客人）之间的交流活动，以更好地服务于客人。这样既支持配合了酒店的长远发展，也从根本上突出了酒店管理的价值。酒店要以坚持顾客价值为导向，优化服务项目设计与服务流程，制定明确、具体的服务标准和服务质量管理体系来控制酒店服务产品的质量，以确保为客人提供优质的服务和消费体验，提高客人满意度及其对酒店的忠诚度。同时，酒店也应加强人力资源管理和培训，不断提高员工素质和技术技能，增强其"宾客为本"的理念，以适应酒店发展和对客服务的需要。

（二）酒店管理的方法

酒店是一种综合性的企业，不同部门有其各自的业务特点。因此，酒店管理应针对不同管理对象的特点，采用灵活多样的管理方法。总体而言，酒店管理的基本方法有以下八种：

1.制度管理法

制度管理法是指酒店根据国家的各种法律、法令、条例、规定等将酒店管理中一些比较稳定和具有规律性的管理事务，运用规章和制度的形式规定下来，以保证酒店经营活动正常进行的管理方法。酒店制度高度规范，一旦形成并颁布实施便不能随意改动，要求酒店员工必须遵守。制度管理可以起到自动调节的作用，使酒店各项业务活动有章可循。但制度管理缺乏灵活性，须与其他管理方法配合使用，以避免影响各部门及员工的积极性和主动性。

目前，国内酒店业通行的做法是基于岗位责任制基础上的制度化管理，一些著名的酒店集团也总结和推出了自己成熟的酒店管理制度和规范。酒店在进行制度管理时，不应机械移植其他酒店的管理制度与规范，而是要建立一种基于问题管理的机制，针对酒店业务中最重要的问题环节,在酒店管理制度设计中加以系统解决。这一机制的核心在于注重细节,解决问题,并鼓励全员参与酒店制度化管理,将制度化管理延伸到了办公服务营销、后勤等第一线前沿。

2. 经济管理法

经济管理法是指酒店根据客观经济规律,运用各种经济手段(如工资、利润、税收、资金和罚款等经济杠杆及经济合同、经济责任等)对酒店员工进行引导和约束的管理方法。经济管理方法以经济手段协调酒店各部门之间以及员工之间的物质利益关系,间接干预和控制员工的行为,充分调动酒店内各部门及每个员工的积极性、主动性和创造性。但是经济管理法必须与其他管理方法相配合,避免出现只顾及经济效益、忽视社会效益的不良倾向。同时,还要注意各种经济杠杆的综合运用和不断完善,重视整体上的协调配合。

3. 行政管理法

行政管理法是指根据酒店各级行政组织的行政命令、指示、规定、制度等有约束性的行政手段来管理酒店的方法,包括制订酒店经营管理的方针、政策,颁布行政命令、指示,下达指令性计划任务等。行政管理要求下级对上级的行政命令、指示必须无条件地遵守并执行,有利于酒店在总经理的领导下实行集中统一的管理和领导。行政管理的使用要求酒店根据自身的实际情况建立合理的组织机构,形成合理的行政层次或等级。

4. 教育管理法

教育管理法是指通过说服教育、引导启发提高员工素质,激发员工工作积极性和创造性,从而达到管理目的的方法,主要包括酒店员工的爱国主义和集体主义教育,人生观及道德教育,民主、法制、纪律教育,科学文化教育,工作技能培训等。教育管理法相对灵活,应根据不同员工的不同情况有针对性地采用多样的方法,并长期不懈地努力维持员工良好的思想和行为。

5. 情感管理法

情感管理法是通过对员工的思想、情绪、爱好、愿望、需求及行为等进行研究分析,采取适当的引导措施满足其合理需求,以实现酒店预期目标的方法。情感管理要求管理者尊重员工,善待员工,加强与员工的沟通,不仅要关心员工的工作,也要关心其生活,为其提供各种方便。如管理者高度重视员工宿舍、员工餐厅的建设,为员工提供各种文体活动场所,丰富员工的业余精神生活;在节日、员工生日的时候送上贺卡、礼物等祝福;为有家庭方面后顾之忧的员工提供托儿与家庭关照服务等。情感管理法通过对员工进行"感情投资",建立酒店管理者与员工之间的良好关系,激发员工的工作热情,调动员工的积极性,自觉主动地为实现酒店目标而努力。

6. 目标管理法

目标管理法是以酒店目标为导向,以酒店员工为中心,以成果为标准,将酒店最高层制订的目标进行有效的分解,转变成各个部门和各个员工的分目标,管理者根据分目标的完成情况对下级进行考核、评价和奖惩,以保证目标实现的一种管理办法。目标管理法的核心是酒店各部门、各班组、各员工分别根据酒店的总体目标、各自的分目标及实际情况制订具体的行动计划,实现根据目标对自我绩效的管控。

7. 表单管理法

表单管理法是通过设计制作实用的表单,及时准确地传递处理各种信息来控制酒店业务经营活动的一种方法。表单管理法要求酒店设计一套科学完善的表单体系，包括上级部门向下级部门发布的各种业务指令、各部门之间传递业务的表单，以及下级部门向上级呈递的各种报表。酒店管理者通过检查、阅读、分析各种工作报表来掌握和督促下属工作，了解并控制酒店的经营活动。

8. 现场管理法

现场管理法也称"走动管理法"，是酒店管理者深入现场，加强巡视检查，调节酒店业务经营活动中的各方面关系，及时发现酒店员工在工作和服务过程中思想、态度及服务技能等方面存在的问题并加以纠正的管理方法。服务是酒店产品的重要组成部分，服务提供与服务消费的同时性要求酒店管理者进行现场管理，以保证酒店员工的服务质量。

管理是一种理念，是酒店经营者的一种商业哲学和思维方法。酒店在选择管理方法时要从本酒店的需要出发，在充分了解本酒店的发展状况和具体条件的前提下，针对酒店的内外部环境（如酒店规模、产品、档次、市场、资金、股东利益等）及实际需要，在充分发挥员工创造力的基础上综合运用合适的管理理论和方法进行配套管理。同时，酒店应正确理解管理方法本身的内涵和外延，避免出现理解上的断章取义、扩大化、单一化、片面化，并在运用过程中避免僵化地生搬硬套，而应创造性地引进、个性化地吸收，树立自己的标准与模式，以提高酒店适应内外部环境变化的能力。

四、酒店管理者的素质

当代酒店是从事各种经营活动的多样化、快节奏的管理行业，酒店经营管理的复杂性也随着规模的扩大而增加，这对酒店管理者，特别是高层管理者提出了更多的要求和挑战。具体而言，酒店管理对管理者的素质要求主要体现在以下五个方面：

（一）专业知识

1. 管理和经营的基本知识

酒店管理者应熟悉宏观微观经济学、市场营销学、消费行为学、投资经济学、金融货币知识、会计学、统计学、人力资源管理学、公共关系学、质量管理学等经济管理相关知识。

2. 酒店专业知识

随着酒店客人消费意识的提高和对高附加值的追求，酒店管理者只有拥有丰富的酒店管理知识和对酒店标准的高度认识，才能提高酒店管理水平、维持酒店品牌。酒店管理者需了解现代服务理念及现代服务业发展趋势，掌握酒店各部门如前厅、客房、餐饮等部门的基础知识、运作程序和管理技巧，熟知酒店管理的基本理论和基本职能、酒店管理目标与管理层次、酒店运营管理模式及发展趋势、酒店管理环境、酒店市场营销战略、酒店竞争战略、酒店产品开发、服务质量管理等。

3. 政策理论水平

国家及地方制定的有关经济及行业的相关政策在某种程度上有利于酒店明确发展方向，确定经营方针。酒店管理者要有一定的政策理论水平，能及时了解与酒店经营管理有关的政策方针，准确领会政策精神，并根据酒店实际灵活执行。

4. 扩展知识

酒店管理涉及方方面面，酒店管理者应有广泛的知识面。除上述知识外，还需具有其他使酒店管理人员开阔视野、拓展思维、提高自身修养，从而为工作增值的扩展知识，如社交礼仪、心理学、建筑装潢、设备设施工作原理及保养、美学及艺术类知识、文学知识、法律知识、卫生防疫知识、安全知识、宗教知识，以及各国历史、政治、风俗习惯等。

（二）业务素质

1.行政技能

在现代酒店管理中，编制预算，做市场营销计划、月度工作报告及各种行动计划是酒店中高级管理者正常工作内容的一部分，因此酒店管理者必须有较强的计算机操作能力、文字表达能力和人际沟通能力，掌握以电脑和网络技术应用为基础的行政技能。

2.管理经验

酒店管理者不仅要懂得一般的管理理论和酒店专业知识，还要有丰富的酒店管理实践和经验，能自如地解决酒店运营中的各种问题，应付酒店复杂多变的业务对象，并能在具体的酒店管理工作中探索新的管理模式和方法。

3.酒店业务水平

酒店业务部门繁多，岗位分工较细。酒店管理人员要进行有效管理，必须全面熟悉酒店业务，如整个酒店业务部门的划分，各部门业务的具体内容、运转过程、质量标准，以及各部门乃至全酒店的信息系统等。同时，酒店管理人员还要了解酒店业务发展的新趋势，关注新的业务内容、业务形式、设备及市场需求，以便于更好地为管理酒店业务服务。

4.外语水平

随着国际交流活动的频繁和旅游业的快速发展，酒店不仅接待日益增多的国际客人，也越来越多地参与了国际酒店行业的激烈竞争。在此背景下，酒店需要与国际化接轨的专业人才，而良好的外语水平是酒店管理者走向国际化的必备要素，既有助于他们更好地为国际客人服务，也帮助其拥有更广阔的国际视野，了解国际酒店业最新的发展趋势及借鉴先进的国际酒店管理经验。

（三）思想道德

酒店是社会性的公众企业，酒店管理者的思想和行为会对员工、酒店、社会等产生不同程度的影响。因此，强化思想道德意识是现代酒店管理人员的必修课。酒店管理人员需具备的思想道德素质主要体现在以下三个方面：

①思想道德素质。酒店管理人员要有良好的品德，为人正直，心胸宽广，处事光明磊落，待人谦逊有礼，讲原则、讲团结、识大体、顾大局，善与他人合作。

②职业道德和职业操守。酒店管理人员要忠诚于酒店、领导和员工；严守酒店的商业秘密，不做有损酒店形象和利益的事；严格履行与酒店签订的合同条款，严于律己，求真务实，忠于职守，廉洁奉公，乐于奉献。

③事业心和责任感。酒店管理人员要有强烈的事业心和责任感，自觉担负对酒店经营、服务质量、经济效益、宾客、员工、投资者、社会、环保等方面的责任；在工作中勤奋敬业，无私奉献，谦虚谨慎，团结协作。

（四）心理素质和身体素质

良好的心理素质受到人的经历、品质、观念、文化素质、工作实践和外界环境等多种因素影响，是指人的正常的健康的心理过程，是心理的认识过程和心理特征向积极方面的转化。酒店管理工作烦琐复杂，不仅有来自酒店上级、员工和外部市场的诸多压力，而且还要耗费大量的时间和精力，因此管理人员须具备良好的心理素质。具体而言，酒店管理者要能客观地、不带偏见地分析问题，克服狭隘心理；热爱工作、热爱生活、乐观豁达、充满自信；有宽广的心胸和宽容的气度，信任、尊重、善待他人，不斤斤计较个人得失；有较强的心理承受能力，并能妥善控制和稳定自己的情绪和感情。

另外，由于酒店行业的特殊性，酒店管理者还要节制烟酒和不良嗜好，加强锻炼，有良好的生活习惯，保持健康的体魄，以应对高压力的生活状态和环境。

（五）职业能力

1.创新能力

创新能力是酒店管理者的核心能力，中外优秀的酒店管理模式都贵在服务创新、管理创新、营销创新、思维创新、行为创新。作为一名优秀的酒店管理人员，必须具有创新意识和创新能力，不断学习，勇于超越传统的管理模式、思想观念，在市场开发、营销手段、经营策略、企业文化建设上大胆创新，勇于引进新的管理思路，注重观察外部市场及顾客需求的发展变化，不断根据酒店的实际情况进行调整创新，以适应市场竞争的需要和酒店行业发展的趋势。

2.决策能力

决策能力是一种综合管理能力的表现，即能够透过关系复杂的事物表象，抓住问题的本质，做出准确而有预见性的分析判断的能力。酒店管理者要根据错综复杂的市场状况，结合酒店的实际情况和远景确定酒店发展的方向和战略目标，制订有利于提高酒店经营效率和服务水平的各种具体计划方案。决策的正确与否关系到酒店经营的兴衰成败，正确的决策来源于周密细致的调查和正确而有预见性的分析和判断，来源于丰富的科学知识和实践经验，来源于丰富的集体智慧和领导者勇于负责任的精神。因此，酒店管理者要掌握丰富的科学知识和实践经验，积累有效的酒店资讯，不断培养理性素养和综合素质，才能提高自己的决策能力，领导酒店走向成功。

3.组织能力

组织能力是酒店管理者为了实现其决策，运用组织理论，把酒店的人力、财力、物力等要素和饭店各个部门、各个环节充分地调动和利用起来进行有效合理地配置的能力。在酒店管理活动中，不仅各项工作和各项活动需要组织，为酒店创造良好的人事环境、培养酒店员工的凝聚力和向心力、提高酒店员工的素质也离不开组织工作。作为酒店管理者，需要统筹全局，人尽其用，将酒店目标分解并准确地传递给不同层次的酒店员工，并通过各种方式去激励员工完成特定的工作。因此，组织能力是管理能力中最基础的部分，是酒店管理者必备的重要能力之一。

4.领导能力

领导能力是指酒店管理者按照酒店的既定目标和计划，通过下达指示命令等手段，指导和激励下属工作，以实现酒店目标的一种管理能力。酒店管理者要处理大量的酒店日常经营事务，反复与不同的下属进行互动联系，全面掌握随时出现的各种经营问题，确保下属员工成功实施酒店拟订的行动方案。因此，领导能力是酒店管理者的重要能力，在酒店管理中居于重要的地位。酒店管理者必须有统一而又权威的领导能力，才能有秩序、有节奏、有效率地开展酒店工作，顺利实施酒店的决策计划和圆满完成工作任务。

5.协调能力

协调能力是指酒店管理者从实现酒店的总体目标出发，依据正确的政策原则和工作计划，运用恰当的方式方法，及时排除各种障碍，理顺各方面关系，促进酒店组织结构正常运转和工作平衡发展的一种管理能力。

酒店管理者需要与董事会进行协调，与其他领导成员协调，与下级沟通协调，与酒店外部的有关单位、人员搞好关系，以创造良好的酒店内部和外部的关系环境，取得方方面面的支持，保证计划、决策的顺利推进和酒店目标的最终实现。在酒店管理过程中，协调工作涉及的范围相当广泛，内容十分复杂。酒店管理者具备良好的协调能力可使下属明确酒店的经营目标、方针政策和工作计划，了解酒店的新动向、新的经营思想和理念，从而实现思想认识、奋斗目标、工作计划的协调统一。

以上即为对酒店管理人员素质的要求。但需注意的是，酒店并不需要每一位管理人员都是具备上述素质要求的全能型人才，而应当根据酒店的发展阶段，以及酒店不同部门、不同管理岗位的工作职责和任职要求选择恰当的管理人员，并组建一支成熟而稳定的管理团队。具有强劲推动力和执行力的实干家，有清晰的头脑、敏锐的洞察力和超前的经营意识的谋略家，能激励和安抚下属保持和谐氛围的亲善大使都是适应酒店经营管理需要的酒店管理团队中的重要组成成员。

第三章　新时代背景下酒店管理

第一节　酒店及酒店业

一、酒店及酒店业的定义

酒店是一个以提供服务为主的综合性服务企业。酒店是指能够接待客人，为客人提供住宿、饮食、购物、娱乐和其他服务的综合性服务企业。从本质上讲，酒店生产和销售的只是一种产品——服务。酒店应由一座或数座设备完善的建筑物组成，该建筑物应有符合顾客需求的客房、餐饮、会议或会展、休闲以及修身设施，此外，还常有特色商品店和礼品店等。酒店作为企业，经政府主管部门批准，有固定的名称和经营场所，有完善的组织机构和规章制度，有独立支配的财产并承担社会责任，向公众开放，具有经营自主权，独立核算，自负盈亏，为顾客提供满意的服务。

从上述的定义，作为酒店必须同时具备以下四个条件。

①它是由建筑物及装备完好的设施组成的接待场所。

②它必须提供住宿、餐饮及其他服务。

③它的服务对象是公众，主要是外地旅游者，同时也包括本地居民。

④它是商业性的服务企业，以营利为目的，所以其使用者要支付一定的费用。

现代化的酒店的基本要求是它必须是具有现代化的、设备完善的高级建筑物。它和一般旅店的不同之处是除设施完善外，还必须提供令人满意的前厅客房服务、餐饮服务以及娱乐健身服务；必须有一定的知名度和美誉度；为了保证产品和服务的质量，必须有一套科学合理的管理体制。

二、酒店业的重要地位和作用

酒店业是旅游业的重要组成部分。酒店业从属于服务业，即第三产业，现代交通业的发达，如铁路、高速公路、航运，特别是航空事业的发达，使得地球也变小了，这就为人们外出旅游、探亲、文化交流、经商等旅行活动提供了极大的便利。人们出外要留宿、要进餐、要娱乐、要购物，酒店正好为他们提供了这样的便利，给他们以满足。随着世界旅游业发展及国际交往的增多，酒店业在世界各国的国民经济中的地位日趋重要，在一些旅游业发达的国家，它已成为国民经济的重要支柱。其对促进国民经济发展的重要作用，主要体现在以下五个方面：

①它是所在城市、地区对外交往、社会交际活动的中心，旅游者旅游活动的基地。酒店以一种特殊的商品形式，吸引着人们用较多的钱去享受在家庭和其他地方享受不到的东西；以提供贸易场地、会议场所、住宿、餐饮、康乐及娱乐等优良服务来获得盈利，这样便直接助长了国家经济的发展。

②它促进旅游业整体发展，创造旅游收入，创汇创收，增加地方财政收入并带动相关行业的发展，为所在地区带来巨大经济收益。酒店业是一个综合性的服务行业，它的大力发展必然会促进社会上其他行业的发展，如建筑业、家私业、装修业、纺织业、化工业、食品加工业等行业，对活跃国民经济起到极大的促进作用。

③促进社会消费方式和消费结构的发展变化。现代化的酒店必须要运用现代化的科学技术设备及现代化的科学管理，本国和本地区未达到的必然要向先进的国家和地区引进，其他行业可以相互学习、模仿和借鉴，这样就必然会带动社会消费方式和消费结构的发展变化。

④酒店的发展水平是旅游业发展水平和社会经济与文明程度的标志。酒店的客人来自世界各地，他们中有来自各行业、各阶层的人士，有科学家、艺术家、政治家、企业家等。他们的来访，可以促进科学技术交流、文化艺术交流、经济交流，同时也可以增进各国人民之间的相互了解和友谊。

⑤为社会创造就业机会。酒店业的发展，扩大了就业范围，给社会上的待业人员提供了大量的劳动就业机会。国外的经验表明，酒店每间客房可以为1～5人提供就业岗位。按目前我国酒店的人员配备状况，平均每间客房配备1-5-2人。同时，由于酒店的建造和经营活动的展开，需要其他的如建筑、商业、农副产品的加工以及煤、水、电等众多行业的配合，来为社会提供更多的就业机会，从而活跃劳动市场。

三、酒店的分类

酒店的分类有两大目的：一是有利于推销。它能使酒店明确推销对象和所处市场，从而更有效地制订计划，更集中地使用广告宣传费用；同时，能使客人在选择酒店时有比较明确的目标。二是便于比较。一家酒店的经营效益的好坏，要与同类型的酒店相比较才有意义。特别是当酒店企业运用酒店行业的各种统计资料分析市场的动向趋势，研究对手的营运策略、经营方针、管理模式、客源组成等来完善自己、规划自己，所以跟同类酒店的比较显得格外重要。目前，世界各地的酒店根据自己的定位，分成以下几类酒店。

（一）根据酒店市场及宾客特点分类

1. 商务型酒店

①位于城市的中心地区。
②接待商务客人、旅游客人及因为各种原因做短暂逗留的其他客人。
③适应性广，在酒店业中占有较大的比例。
④根据细分市场的需求，分为各种等级。

2. 长住型酒店

①主要接待住宿时间较长，在当地短期工作或度假的客人或家庭。
②酒店与宾客之间签订租约。
③建筑布局多采用家庭型，以套房为主，提供厨房设施，宾客自理饮食。
④服务亲切、周到、针对性强。
⑤酒店的组织、设施、管理较为简单。

3.度假型酒店
①以接待游乐、度假的宾客为主。
②地理位置多在海滨、山区、温泉、海岛、森林等地。
③开辟有各种娱乐体育项目。

4.会议型酒店
①主要接待各种会议团体。
②通常设在大都市和政治、文化中心，或交通方便的游览胜地。
③设置足够的多种规格的会议厅或大的多功能厅。
④必须具备各种规格的会议设备。
⑤提供高效率的接待服务。

5.汽车酒店
①常见于欧美国家公路干线上。
②设施、设备较为简单，规模较小。
③以接待驾车旅行者为主。

6.其他类型
除了上述五种传统的分类外，近几年，随着旅游业和经济的发展，我国酒店业出现了一系列新的类型酒店，主要有：

①主题酒店。有关专家认为，该酒店是21世纪我国大城市酒店业调整结构，向高层次发展的一个标志。我国在一些经济发达地区适当地发展主题酒店，是提升旅游市场竞争力的措施之一。

②家庭旅馆。伴随假日经济和大众化旅游的启动，我国的家庭式旅馆也应运而生。家庭旅馆的经营模式主要以便宜、简单、温馨和方便为主要特色。在人们越来越追求新体验的趋势下，家庭旅馆的发展前景也将看好。

③经济型酒店。近几年来，借鉴国外经济酒店的新颖模式，结合国内消费市场实际状况而精心打造的经济型酒店应运而生。其合理的市场定位、独特的邦营方式和各家响亮的品牌，很快赢得顾客的认可，也获得了良好的经济效益。如首都旅游集团与总部在上海的携程旅行网合资联姻，在全国范围内共同开设的"如家"品牌以及上海的"新亚之星"等。

④酒店式公寓。最近几年，酒店式公寓走俏于上海等城市。究其原因，酒站式公寓因房型、服务和区域三大优势，备受长住客的青睐。如上海新黄埔酒店公寓、浦东明城花宛酒店公寓等。

⑤青年旅馆。伴随大众化旅游活动的兴起，我国一些旅游城市出现了青年旅馆。青年旅馆以其设备简单、卫生舒适、价格低廉，备受旅游者特别是青年学生的欢迎。

第二节　酒店管理的内容

一、酒店组织管理

酒店的战略战术确定后，首先就要发挥组织效能。只有通过组织，酒店的生产要素才能组合起来，业务才能开展。组织效能关系到酒店的企业文化建设、服务质量优劣、经济效益高低和酒店目标的实现，因此，组织管理是酒店管理的重要课题。

1.酒店组织管理

①组织是指为了达到某一共同目标，由若干人分工与合作组成的，体现不同层次的权利和责任的一个系统。组织必须具备三个条件：第一，共同目标是组织存在的前提；第二，分工与合作关系是组织运行的基础；第三，组织要有不同层次的权利与责任制度，赋予每个部门乃至每一个人相应的权利与责任，是组织发展的条件。

②酒店组织就是由酒店管理人员、服务人员和其他技术人员组成的组织系统。酒店组织这一系统的构成形式，称为组织结构。组织结构是由目标、协同、人员、职位、职责、相互关系和信息这七个要素的有效排列组合构成的。

③酒店组织管理就是通过建立合理的酒店组织结构和管理制度，确定职位和人员、划分职权和责任、明确相互关系，发挥组织的整体效能，实现酒店的经营目标。

2.酒店组织管理的原则

酒店是劳动密集型组织，工种多、人员多，管理难度大。要建立科学的组织机构来保障组织目标的实现，需要遵循下列组织管理原则。

（1）目标导向原则

每个组织和这个组织的每一部分都是与特定的目标相关的，离开目标的组织毫无意义。因此，酒店的组织结构必须服从酒店的经营目标，以提高酒店的效率和效益为目的。酒店的各个岗位都应是为完成总目标而设立的，组织设计要把酒店的全体成员组成一个有机的整体，有利于发挥每个人的积极性，实现酒店的社会经济效益。

（2）等级链原则

管理学家法约尔提出了等级链的原则。每一个组织必须有一个最高权威，同时从最权威到组织的每一个人之间，要有一个明确的权利层次。特点：组织是有层次、有等级的；链条上的各环是垂直而相互联系的；这根链条是一条权力线。等级链明确了组织管理中的权力和责任、命令发布、指挥控制和信息反馈的途径。

酒店作为一个组织系统，从最高到最低的职位必须组成一个连续的等级链，各职位的权责明确、沟通渠道明晰，命令层层下达、工作层层汇报，从而形成一个连续的程式化的指挥系统。

（3）分工协作原则

分工是将各种不同性质的工作分配给专业部门去完成，同时将职工安排到与其职务有关的工作岗位上，以利于发挥每一位员工工作熟练的优势，提高工作效率。因此，无论是操作工还是管理人员，都应进行较细分工，并把相关的协作关系作出制度化规定，协调一致，才能形成整体优势，实现酒店整体利益。

（4）管理幅度原则

管理幅度是一位管理者能够有效领导、监督、指挥直接下属的人数或机构数。各酒店各级的管理幅度主要取决于酒店内部的各相关因素，如管理者的岗位、素质、业务复杂程度及酒店空间分布等因素。针对酒店组织的特点，在实践中一般是高层小于中层、中层小于基层比较合理。同时，还要建立授权和权力的制约机制。

（5）精简高效原则

酒店组织结构的设置，应在高质量完成酒店目标的前提下，用最少的人、最适宜的组织形式，达到最有效的管理。精简高效的组织反应快、应变能力强，有利于提升竞争能力。

3.酒店的组织管理制度

（1）总经理负责制

这是目前酒店管理中普遍采用的一种领导制度，是指总经理是酒店经营管理的负责人，又是酒店的法人代表。总经理根据上级主管部门或股东（职工代表）代表大会的决策，全面负责酒店的经营和业务，建立以总经理为首的组织管理体系。

（2）经济责任制

这是以酒店经营的双重效益为目标，达到国家、酒店、个人利益相统一。一方面对自身的业务活动，按照责、权、利相结合的原则，实现酒店的经济效益。另一方面，酒店要按照国家有关政策、法律和规定，承担对国家应负的经济责任，注重实现社会效益。

（3）岗位责任制

这是酒店具体规定各个工作岗位及人员的职责、作业标准、拥有的权限等的责任制度。首先，要合理设岗，明确各部门、各岗位工作量及其之间的关系；其次，明确各部门、各级管理人员、服务员的职责范围、服务程序和服务标准及要求；最后，明确规章制度，制定奖惩条例。

（4）员工手册

这是全体酒店员工应共同遵守的行为规范的条文文件。主要内容包括总则、组织管理、劳动管理、店规店纪、职工福利、奖惩规定、安全守则等。它规定了全体酒店员工的权利和义务，是酒店的"根本大法"。

二、酒店服务质量管理方法

（一）酒店服务质量管理的概念

酒店服务质量管理，是指从酒店系统的角度，把酒店作为一个整体，以最优服务为目标，以服务质量为对象，运用一整套质量管理体系、手段和方法而进行的全方位、全空间、全员、全过程的管理活动。

质量对于酒店生存具有决定性作用的原因如下：

（1）较高的顾客忠诚（higher customer loyalty）。质量是顾客满意的重要组成部分，优质产生高满意度，而高满意度又能产生忠诚的顾客。顾客的忠诚是收益提高和增长的源泉。

（2）较高的市场份额（higher market share）。忠实的顾客为企业提供了稳固的顾客基础，这些顾客口口相传的传播效应能带来新的顾客，这就创造了更大的市场份额。

（3）为投资者带来较高的投资回报（higher returns to investors）。研究表明，因其商品或服务而著称的厂商是能够盈利的厂商，因此它们的股票就会成为好的投资对象。

（4）忠实的员工（loyal employees）。如果一个企业能生产优质的商品和服务，他的员工会为自己的工作而骄傲，他们能从工作中获得较高的满意程度。满意的员工往往更加忠诚，生产效率更高。除此之外，企业中的人员流失也会少一些。

（5）较低的成本（lower costs）。优质意味着一举成功，这样企业可以用较少的钱来纠正错误或者补偿不满意的顾客。对错误的防范能提高生产率，同时降低成本。

（6）对价格竞争具有较高的抗御能力（lesser vulnerability to price competition）。酒店凭借其优质服务能够提供竞争者不能提供的东西，所以就能索要较高的价格。他们通常不必参与价格竞争，如果参与，也会因为生产率较高、成本较低而占据优势地位。

（二）酒店服务的质量要素

就酒店服务而言，质量概念与制造业有所不同，它包含了有形质量和无形质量两个质量要素。

1.酒店服务的有形质量

酒店服务的有形质量又称为技术质量，其主要包含两方面的内容：其一，酒店的设备、设施质量。酒店的设备设施质量指酒店硬件完好程度、安全程度、舒适程度和方便程度以及与酒店的档次、规模、规格的吻合程度。它覆盖了酒店各个角落和空位的有形物体，甚至包括了酒店的温度和湿度。其二，酒店的实物产品质量。它是指酒店提供的有形产品，如所购物品和餐饮产品的花色品种、外观颜色、内在质量与价格之间的吻合程度。酒店服务有形质量的高低有非常具体细致的客观衡量标准，通常是可以衡量的。

2.酒店服务的无形质量

酒店服务的无形质量又称为功能质量，也包括两方面的内容：其一，酒店的劳务质量。它是指酒店的员工向顾客提供服务时所表现出的行为方式，包括员工的服务技巧、服务方式、服务态度、服务效率、职业道德、团队精神、礼节仪表等，这些是酒店服务质量标准和程序内在体现。其二，酒店服务的环境质量。它是指酒店的自然环境和人际环境，优质的自然环境要使顾客在酒店停留期间感受到文化和绿化的高雅品位和艺术的魅力，良好的人际环境体现为酒店的管理人员、服务人员和顾客三者之间友好、和谐、理解的互动关系。无形质量的高低在很大程度上取决于员工在服务现场的心理状态和顾客接受服务时的主观感受，因此，无形质量是很难衡量的。

三、酒店财务管理

（一）酒店投资管理

1.酒店投资的分类

酒店投资是指酒店为在未来一定时期内获得经济利益而投入一定资产或让渡一定资产的经济行为。为加强投资，需要对投资进行科学的分类，按不同的分类标准，投资可分为以下类型：①按投资与生产经营的关系划分，可分为直接投资和间接投资；②按投资时间的长短划分，可以分为短期投资和长期投资；③按投资方向的不同划分，可以分为对内投资和对外投资；④按投资在生产过程中的作用划分，可分为初创投资和后续投资。

(二)酒店投资管理的主要内容

1.投资方向的决策

投资是酒店为了获取经济资源的增值而将资金投放于各种资产形态上的经济行为。依据投资的形式可将投资分为实物投资与金融投资。实物投资是对酒店生产经营实际应用的实物资产进行的投资,如购置与更新设备,兼并酒店进行生产经营规模的扩充,对新的投资项目进行的投资,以及对营运资本的投资等;金融投资是对金融性资产所进行的投资,如购买股票、债券等。酒店财务管理的任务之一就是合理确定投资方向,合理搭配不同类型的投资。

2.投资项目的评价

由于酒店拥有的经济资源具有稀缺性,有效投资、提高投资的效率,就成为投资决策首先应解决的问题。酒店财务管理的任务就是通过对投资项目财务可行性的评价,为酒店投资决策提供技术和方法上的支持,最大限度地保证投资决策的科学性。

确定一个投资项目财务可行性的重要标准是看该投资项目是否拥有正的净现值,只有投资项目能够带来正的净现值,才能够增加酒店的经济价值,才具备财务上的可行性。酒店对投资可行性的评价都是以净现值为依据的。

3.资产结构的决策

投资决策首先要考虑的问题是如何合理确定酒店资产的结构,即酒店资产负债表左方所显示的库存现金、应收账款、存货、固定资产等构成比例以及各投资项目的构成比例。

酒店的获利能力及由此相伴的风险程度是由酒店的投资结构所决定的。例如,不动固定设施等占较高比重的酒店,必须注意其资产的流动性和偿债能力的大小。因此,酒店投资结构应该是能够创造最大经济价值的资产结构,要么是在既定收益水平下承担最大收益,要么是在既定收益水平下承担最小的风险。收益与风险相均衡,是进行酒店投资决策所必须遵循的重要原则。

(三)酒店投资的管理程序

酒店投资决策需按特定的程序,运用科学的方法进行可行性分析,以选择最有利的投资方案。对酒店投资方案的评价,一般包括以下几个基本步骤。

1.提出投资方案

酒店的各级领导、各部门都可以提出投资方案。通常,战略性的投资项目由高层领导提出,战术性的投资方案由基层或中层领导提出,新产品方案通常来自营销部门,设备更新的建议来自生产部门。

2.评价投资方案

对所提出的投资方案进行评价,主要包括:计算方案的预计收入和成本,预测投资方案的现金流量;计算各项投资方案的价值指标,如净现值、内含报酬率等;将各投资方案的价值指标与可接受指标进行比较。

3.选择投资方案

根据投资方案评价结果进行决策,选择最有利的方案。投资方案的最终结果一般分为三种:接受这个方案,可以进行投资;拒绝这个方案,不能投资;方案存在不足,改进后在重新评价。

4.执行投资方案

决定对某方案进行投资后,要积极筹措资金,实现投资。在执行投资方案的过程中要进行实时控制,以确保优质方案的顺利进行。

5.对已接受的方案进行再评价

对方案的事后评价可以检验原来做出的决策是否合理、正确。出现新情况时,要根据变化的情况做出新的评价。

(四)酒店筹资管理

酒店筹资是指酒店企业根据其生产经营、对外投资,调整资金结构和其他需要,通过合理的渠道,采用适当的方式,获得所需资金的财务活动。

1.酒店筹资的意义

资金是酒店进行生产经营活动不可或缺的因素。酒店从创建时起,购置设备、材料等生产要素,支付种种费用,都需要一定数量的生产经营资金;扩大经营规模,开发新服务,革新技术,更要追加投资。筹集资金既是酒店经营运作的起点,又是决定资金流动规模和经营发展程度的重要环节。合理地选择资金的筹集方式,采用正确的来源渠道,保证资金供应,满足酒店需要,是酒店财务管理的一项重要内容。

2.酒店筹资的方式

按照资金权益特征的不同,可将酒店筹资划分为权益资金筹集和负债资金筹集两大类。

①权益资金筹集

所有者权益是指所有者在酒店资产中享有的经济利益,包括投资者投入酒店的资本及持续经营中形成的经营积累。权益资金的主要来源有国家投资、社会集资、发行股票、企业之间的兼并和重组等。所有者权益一般不用还本,因为成为自有资本。采用吸收权益资本的方式融通资金,财务风险较小,但付出的资本成本较高。

②吸收直接投资

吸收直接投资是指酒店按照"共同投资、共同经营、共担风险、共享利润"的原则直接吸收资金的一种筹资方式。吸收直接投资的种类包括:吸收国家投资、吸收法人投资和吸收个人投资。吸收直接投资中的出资方式主要包括:以现金出资、以实物出资、以工业产权出资和以土地使用权出资等。

这种筹资方式的优点是有利于增强企业信誉、尽快形成生产能力以及降低财务风险;缺点是资金成本较高,容易分散酒店的控制权。

③发行股票

股票是股份有限公司发行的用以证明投资者的股东身份和权益并据以获得股利的一种可转让的书面凭证。股票作为一种筹资工具,具有法定性、收益性、风险性、参与性、无限期性、可转让性和价格波动性等特点。

这种筹资方式的有利影响:有助于改善酒店财务状况,便于利用股票收购其他酒店,利用股票市场客观评价酒店，利用股票可激励酒店职员，提高酒店知名度，吸引更多顾客。发行股票的不利影响：使酒店失去隐私权；限制经理人员操作的自由度；公开上市需要很高的费用。

④酒店内部筹资

对股份制酒店来说，年终均要分红，这是对股东投资的回报。如果酒店发展平衡，股东也就希望有稳定的分红。但若是酒店发展迅速、资金缺口大，酒店可以考虑减少分红，把该支出的股利转化为留存收益，这就是酒店内部资金的筹集。

二、酒店收益与成本管理

（一）酒店成本的概念

酒店成本是指酒店在一定时期内的接待经营过程中，为客人提供产品和劳务所发生的各项费用的总和。

广义上包括直接原材料的耗用支出和间接费用的支出，狭义上说只指直接原材料的耗用支出，而间接费用支出则被归入费用部分。

（二）酒店成本费用的内容

1.营业成本

营业成本是指酒店在经营过程中发生的各项直接支出，包括餐饮成本、商品成本、洗涤成本和其他成本。

2.营业费用

营业费用是指各营业部门在经营中发生的人工、能源、折旧和物耗等各项间接经营费用。

3.管理费用

管理费用是指酒店为组织管理经营活动而发生的费用，以及由酒店统一承担的一些费用。它包括人工、办公差旅、摊销等。

4.财务费用

财务费用是指酒店为筹集资金而发生的费用。它包括利息、汇兑净损失、金融机构费用等。

（三）酒店成本的类型

1.按成本费用与经营业务量的关系划分

（1）固定成本

固定成本是指在较短的时间内，其总额不随酒店经营业务量的增减而变化的成本，如客房的折旧费用不会因为出租客房数量的增多或减少而发生改变。但单位固定成本会随着业务量的增减发生增减。

（2）变动成本

变动成本是指其总额随着经营业务量的变化而成比例变化的成本，如客房的出租率越高，出租房间的数量越多，客房用品的消耗也会增多。

（3）混合成本。

混合成本是指总额中既包含变动成本也包含固定成本的成本。其总额会随着经营业务量的变化而变化，但并不呈现正比例关系。在实际工作中，为了使信息更有价值，往往需要把混合成本中的固定成本和变动成本两大部分分解开,分别归入固定成本和变动成本。

2.按管理责任划分

(1)可控成本

可控成本是指在会计期间由一个责任单位有权确定开支的成本费用。

(2)不可控成本

不可控成本是指在一定期间内责任单位对成本费用的发生无法控制的成本费用。

(四)酒店成本的控制方法

1.预算控制法

预算控制法是以预算指标作为经营支出限额目标。预算控制即以分项目、分阶段的预算数据来实施成本控制。

2.主要消耗指标控制法

主要消耗指标是对酒店成本费用有着决定性影响的指标。主要消耗指标控制,也就是对这部分指标实施严格的控制,以保证成本预算的完成。

3.制度控制法

这种方法是利用国家及酒店内部各项成本费用管理制度来控制成本费用开支。成本费用控制制度还应包括相应的奖惩办法,对于努力降低成本费用有显著效果的要予以重奖,对成本费用控制不力造成超支的要给予惩罚。

4.标准成本控制法

标准成本是指酒店在正常经营条件下以标准消耗量和标准价格计算出的各营业项目的标准成本作为控制实际成本时的参照依据,也就是对标准成本率与实际成本率进行比较分析。实际成本率低于标准成本率称为顺差,表示成本控制较好;实际成本率高于标准成本率。

四、酒店经营战略管理

(一)酒店战略管理

(1)酒店战略的基本含义

酒店战略就是酒店为了持续稳定发展,在分析研究外部环境和内部条件的基础上,酒店决策者所确立的经营目标及各种经营策略的组合,是指导整个酒店在未来一个相当长时期内经营活动的总体谋划。

酒店战略不仅包括酒店的发展方向、中长期发展目标和战略方针,而且规定了战略实施阶段的划分和实现战略目标的基本途径,以及实现酒店经营环境、自身的资源状况与酒店的经营战略目标三者之间的动态平衡和统一,以使酒店或酒店集团有持久的竞争优势。

(2)酒店战略的基本特点

①全局性。酒店战略是酒店经营决策的基础,是根据酒店总体发展的需要制定的,是酒店根据自己所处的经营环境和自己的竞争实力与优势而制定的综合性决策,也是酒店经济利益与社会利益和酒店各相关利益者如股东、员工、顾客等利益的综合体现。它从总体上制约经营活动,而不是具体、局部的战术问题,所以全局性是战略的根本特征。

②长期性。酒店战略是酒店未来长期发展的谋划和对策，是酒店的经营方向和目标。酒店战略关注的是酒店的长远利益，因此具有一定的前瞻性。一般定位于未来5～10年甚至更长的时间内。评价酒店战略的重要依据之一就是能否实现长期目标。

③稳定性。酒店要实现较长时期的战略目标，酒店战略必须具有相对的稳定性，不能朝令夕改，否则就会使员工迷失方向，进而对决策者产生不信任，甚至对企业的前景失去信心。因此，在制定战略时要客观分析各种因素，科学预测，留有余地，保持适度的灵活性，使酒店战略能适应环境变化，保证酒店稳步发展。

④竞争性。酒店制定战略的一个重要目的就是在激烈的市场竞争中求得生存和发展。战略就是酒店在竞争中的总体和长远的行动方案。酒店应该积极参与竞争，制定科学合理的竞争战略，要不断学习，大胆创新，以新、奇、特占据市场有利地位。同时使酒店客观、全面地了解自己所面临的风险，做好应对准备，才能在竞争中取胜。

（3）酒店战略管理框架

酒店高层管理者根据酒店的使命与目标，分析酒店经营的外部环境，确定存在的机会和与威胁。审视酒店的内部条件，明确酒店的优势与弱点，制定出酒店完成使命、实现目标的战略方案，将酒店的战略方案落实实施，并在实施过程中进行评价与控制。

2.酒店战略环境分析

（1）外部环境分析

①政治环境。主要是指国家或地区的社会制度、政治局势、法律法规、外及政策、经济政策等，直接影响酒店的生存与发展。

②社会文化环境。指社会主流的生活方式、价值观念和行为准则等。如人民受教育程度、宗教信仰、风俗习惯、审美观点等，决定酒店的经营方式和竞争策略。

③经济环境。指国家或地区的经济发展状况和趋势，人口特点及其发展趋势，消费者的收入水平、就业程度等，都对酒店业的发展产生影响。

④技术环境。指科学技术发展水平、技术政策、重视程度、知识产权保护情况等。目前信息、通信、消防、节能、安全与视听等系统的发展等，都对酒店的影响越来越大。

⑤自然环境。地理位置、气候条件、资源的现状与特殊性等，这些也会影响酒店的可持续发展。

（2）行业环境分析

企业在分析竞争环境时普遍采用迈克尔·波特产业竞争结构模型。

①行业内现有竞争分析。首先分析竞争对手的基本情况，包括数量、分布、活动、实力及主要威胁，根据相应的市场地位找到主要竞争对手。然后分析主要竞争对手对本企业构成威胁的原因。最后分析主要竞争对手市场发展或市场转移动向、产品发展动向、供应商转移动向、战略联盟动向等。

②潜在竞争对手（新建酒店）分析。主要分析潜在入侵者的威胁大小，行业进入障碍的因素，规模经济、产品差异化、转移成本、行业进入资本需求、在位优势和政府政策等。

③替代品生产商的分析。主要分析判断哪些产品是替代品，分析哪些替代品可能对本企业经营构成威胁，重视容易导致价格改善的替代品和先行盈利率很高的替代品。

④买方的讨价还价能力分析。主要包括买方是否大批量或集中购买，买方这一业务

在其购买额中的比重，产品或服务是否有合适的替代品，买方面临的购买转移成本大小，这一业务对于买方的重要程度，买方行业获利状况以及买方对产品是否具有充分信息等。

⑤供应商讨价还价能力分析。主要包括供应商行业集中化程度，替代品行业的发展状况，本企业是不是他的主要客户以及购买物资是否存在差异化或转移成本高低等。

（3）酒店内部条件分析

①营销能力分析。反映酒店及时把握市场动态，占领目标市场的能力。主要包括酒店对市场的分析能力、产品能力、销售能力和创新能力等。

②财务实力分析。即酒店在经营活动中的财务状况或经营成果的分析，主要是从偿债能力、营运能力和获利能力这三方面进行分析评价。

③组织管理效力。组织管理效力是影响组织的发展的重要因素，酒店是劳动密集型企业，人的活动起决定性作用，所以酒店管理涉及的问题就更加复杂。一般从职务体系、岗位分析、人员素质、管理体制和组织结构这些方面来进行综合分析。

3.酒店经营战略的选择

（1）酒店经营战略的类型

企业战略从层次上看，可以分为企业总体战略和经营战略。总体战略应该考虑的是，企业应该选择进入哪种类型的经营业务。经营战略考虑的则是企业一旦选定了某一类型的业务，应该如何在这一领域里进行竞争或有效运行。

企业战略从性质上看，可以分为：

①稳定型战略。即维持战略，着重维持现有产品和市场的状况，以守为攻的战略。

②发展型战略。在稳定型战略的基础上存在部分革新行为。包括先导型战略，强调向产品系列和相关市场的纵深发展和创新型战略，着重于自我创造新产品和开发新市场。

③多角化战略。超越过去的经营范围向新的产品领域和新的国内国际市场进行发展，寻求新的机会。

④紧缩型战略。当酒店遇到很大的困难，经营者应审时度势，敢于战略撤退。这主要是为了保存酒店的经济实力，等待时机再进攻。

（2）酒店总体战略的选择

每一个酒店在不同时期、不同发展阶段，所选择的经营战略各不相同。但是酒店要生存和发展，都必须根据自己的使命和目标，分析内部条件和外部环境，选择酒店企业的业务领域，通过合理配置各种资源，使各项业务相互支持、相互协调。酒店决策者可以采用"SWOT"分析法来确定酒店的经营战略。

"SWOT"分析法是一种综合考虑与评价酒店外部环境与内部条件的各种关键战略因素，而选择经营战略的分析工具。其中 SW 是酒店内部的优势（Strengths）和劣势（Weaknesses），OT 是酒店外部的机会（Opportunities）和威胁。

如果酒店外部有很多机会，内部又具有强大的优势，即可以选择发展型经营战略；如果酒店外部有很多机会，而内部条件不佳，宜选择稳定型经营战略；如果酒店外部存在威胁，内部条件不佳，为了规避风险，那么应该选择紧缩型经营战略；如果虽然酒店外部存在威胁，内部却具有较强的优势，那么可以选择多角度经营战略来分散风险。

（3）酒店竞争战略选择的方法

①成本领先战略。成本领先战略是指酒店在提供相同的产品或服务时，其成本或费

用明显低于行业平均水平或主要竞争对手水平的竞争战略。此法主要强调以很低的单位成本价格，为敏感顾客生产标准化的产品和服务。

消费者对某种产品价值的评价是价格比产品差别更重要。在这种场合下，成本领先战略会轻易地击败差异化战略。

②差异化战略。差异化战略是指通过向消费者提供独特的产品与服务，形成自己在行业范围内的独特品质，而创造价值的竞争战略。

产品的独特性能够给企业带来较高的效益，竞争对手可能会设法迅速模仿产品和服务的差异化特征。所以企业必须吸引和留住创新型人才，长久地保持产品与服务的独特性，不被竞争对手迅速而廉价地模仿。

③专一性经营战略。专一性经营战略是企业选择一个或一组细分市场，量体裁衣——"特别的爱给特别的你"，提供满足小用户群体需求的产品与服务的竞争战略。要求所经营的产品与服务有足够的市场规模，有良好的市场增长潜力。

当消费者有独特的偏好或需求，以及当竞争者不想专业化于同一目标市场时，专一经营战略最为有效。因为它的经营目标集中于特定的消费者群体，特定的市场或特定的产品，但这也使企业市场比较狭窄，一旦情况发生变化，风险就会很大。

五、酒店设备管理

（一）酒店设备的含义

酒店设备是酒店物质技术装备的总称，具有长期性、多次使用的特性，列为企业的固定资产。酒店设备具有一定的寿命周期，包括如下：

（1）自然寿命：设备从投入使用到自然报废所经历的整个时期。

（2）技术寿命：设备从投入使用到因无形磨损而被淘汰所经历的时间。

（3）经济寿命：设备投入使用后，由于设备老化、维修费用增加，继续使用在经济上不合算而需要更新改造所经历的时间。

（二）酒店设备管理的特点

1.综合管理能力强

酒店设备的现代化，使得设备投资额增大，维持费用增加，设备管理的好坏与酒店经济效益的关系越来越密切，这就要求设备管理者的管理能力要逐步增强。而目前设备的现代化管理已不仅局限于维修保养的纯技术方面，还要涉及经济分析和大量的组织工作和协调能力。譬如，购置设备前所进行的可行性论证，计划的编制，劳动力的组织与安排，与各部门的协调，设备管理的考核、检查、评比以及有关对外联络等。因此，酒店设备的现代化管理，可以说是整个企业管理的缩影，要求设备管理者必须有较强的综合管理能力，这样才能适应酒店不断发展的需要。

2.技术水平要求高

由于酒店设备最能体现现代最新科技成果，所以酒店的一些设备越来越先进，结构也越来越复杂，对设备的运行操作人员和维修人员的要求也越来越高。这就要求酒店设备管理者要不断地更新观念，加强对员工的培训，使其适应不断发展变化的市场的需要，保证酒店设备的正常运转。

3.管理效率要求高

大量的酒店设备设施供客人直接使用，这就要求这些设备设施不允许出现故障和缺陷，一旦发现，必须立即修复，且各酒店对设备设施的维修工作都有具体的时间限制。所以设备管理工作，特别是维修工作必须高效率、高质量，以达到客人的满意。

4.人员素质要求好

酒店对人力资源的控制极其严格，而设备管理以及维修工作量又很大，劳动形式大部分是分散的，很多是以个人为单位的单项劳动，这就要求工程技术人员责任心强，素质要好，维修能力强，要一专多能。

（三）酒店设备的使用与维护

1.酒店设备使用维护的管理制度

设备使用和维护的关键在于每一个员工都正确使用和精心维护所使用的设备，减少设备的故障，减少设备的应急维修，工程部则做好重要设备计划维修，使酒店的设备管理实现规范化。

（1）酒店设备的管理制度

对各部门的一般设备，其管理制度主要有：设备的岗位职责、设备使用初期的管理、设备的操作维护规程、管理责任人制度。

（2）动力设备管理制度

动力设备的管辖权在工程部，必须严格按照相关的管理制度进行管理，以减少故障，防止事故的发生。机房管理制度包括：凭证操作制度、交接班制度、巡回检查制度、清洁卫生制度、安全保卫制度、机房值班制度、操作规程、维护规程和安全技术规程等。

（3）设备润滑管理制度

按计划对各种设备进行润滑工作，以减低机器设备零部件的损坏率，使设备经常处于良好的技术状态。

2.酒店设备的维修

设备的技术状态劣化或发生故障后，为了恢复其功能和精度而采取的更换或修复磨损、失效的零部件，并对整机局部进行拆装、调整的技术活动称为设备维修。设备维修是使设备在一定时间内保持其规定的功能和精度的重要手段。

（1）酒店设备的维修方式

①事后维修

设备发生故障后或性能、精度降低到合格水平以下时所进行的修理称为事后维修。此时，设备已坏，损失已经发生。适用于利用率低，维修技术简单、能及时提供用机、实行预防性维修不合算的设备。

②预防维修

预防为主是酒店设备维修管理工作的重要方针。预防维修有以下两种方法：

定期维修。定期维修是按事先规定的计划和相应的技术要求所进行的维修活动，是一种以时间为基础的预防性维修方法。适用于已经掌握了磨损规律的设备。特点是事先确定修理的类别、修理的周期结构、制定修理的工艺、确定工作量，提出维修所需要的备件、材料计划。

预知性维修。预知性维修是一种以设备技术状态为基础的预防性维修方法，它系地分析设备的劣化程度,并在故障发生前有计划地进行针对性的维修,既能保证设备经常处于完好状态,又能充分利用零件的寿命,所以比定期维修更为合理。

③改善维修

为改善和提高设备的功能,在条件许可的情况下,对设备进行改善性维修,可以提高设备的可靠性。

(2)酒店设备的修理类别

①小修

设备小修是工作量最小的一种修理,对于实行定期维修的设备,小修主要是更换或修复在期间内失效或即将失效的零部件,并进行调整,以保证设备的正常工作能力。对于实行预知性维修的设备,小修的工作内容主要是针对日常点检和定期检查中发现的问题,拆卸、检查、更换或修复失效的零部件,以恢复设备的正常功能。

②项修

项修是根据酒店设备的实际情况,对状态劣化已经达不到生产要求的项目,按实际需要进行针对性的修理。项修时,一般要进行部分的拆卸、检查、更换或修复失效的零部件,从而恢复所修部分的性能和精度。

③大修

大修是对酒店设备进行维修工作量最大的一种计划维修。大修时要对设备全部解体,修整所有基准件,修复或更换磨损、腐蚀、老化及丧失精度的零部件,使之达到规定的技术要求。大修的费用较高,且性能难以达到出厂时的技术标准,所以,大修要事先进行可行性分析。

(4)酒店设备的维修的形式

1.委托修理

酒店所有的重要设备是酒店设备管理的重点,委托修理是指酒店把酒店设备的修理工作委托给生产厂家或专业维修公司。这样可以减少酒店的开支,且使设备得到专业的维修,所以,委托修理是酒店设备维修的重要方式。

2.自行修理

较多酒店采用此种方式,它又有四种形式:计划维修、巡查维修、报修制、万能工维修制。其中,酒店设置万能工,任务就是对酒店所有设备进行有计划的循环检查维修,并且还要承担酒店的应急维修工作。

六、酒店安全与危机管理

(一)酒店安全管理的含义

酒店安全是指在酒店所控制的范围内,前来酒店消费的客人、酒店财产及酒店员工没有危险、没有威胁、没有事故。酒店安全管理是指为了保障客人、员工以及酒店安全而进行的一系列计划、组织、领导和控制活动,主要包括保卫安全管理、治安安全管理、消防安全管理、卫生安全管理和部门安全管理等内容。

(二)酒店安全管理的意义

1.酒店安全管理直接关系到酒店经营管理活动的正常开展

安全是人类生存的一个最基本的需求,也是一个酒店一切活动开展的基础,没有一个安全的酒店环境,客人的人身安全和财产安全得不到应有的保障,他们根本不会光顾酒店。另外,没有安全作为保障,酒店正常的经营管理活动也根本无法进行,因此,安全是酒店一切活动开展的基础,也是客人对酒店提出的一个最基本的要求。

2.酒店安全管理直接关系到客人和员工的满意程度

客人入住酒店,必定有免遭人身伤害和财产损失、自身权利和正当需求受到保护和尊重的安全需求,由于出门在外,他们的这种需求的期望值会比平时更高,因此,酒店安全管理工作是客人满意的重要保证。另外,酒店安全的工作环境必然也会极大地激发酒店员工工作的积极性,促进酒店员工更加积极地工作,是争取员工满意的基础。

3.酒店安全管理直接关系到酒店形象与口碑

高水平的酒店安全管理必定会给入住酒店的客人留下难以忘怀的记忆,同时会被客人广为传播。反之,一旦客人的人身或安全遭到侵犯,宾客就会投诉,甚至诉诸法律,这会给酒店带来极坏的负面影响,影响酒店的声誉,使酒店失去客源。因此,安全管理对酒店树立良好的形象和建议良好的口碑有很大的推动作用。

(三)酒店安全管理的策略

1.酒店高层领导高度重视和大力支持安全工作

俗语说得好"火车跑得快,全靠车头带",酒店安全工作也不例外,安全工作好不好,关键在领导。《中华人民共和国安全生产法》明确规定,生产经营单位的主要负责人对本单位的安全生产工作负全责。只有酒店的主要负责人重视安全工作,建立健全安全管理机构,配备并重视安全管理职员,将安全管理工作抓紧、抓实,酒店的安全工作才能弄好,经营秩序才能有保障,才能获得好的经济效益。否则,酒店的安全工作没法正常展开,也不能做到安全经营,安全事故也就可能会接连不断地发生,客人、员工的安全得不到保障,酒店必定会在经济上遭受重大损失,也会在社会上造成严重的不良影响。

2.认真落实安全生产责任制

酒店的安全管理工作,仅凭领导重视还是不够的,还应将安全责任层层分解并落实下来,明确分工,各司其职,各负其责,在酒店构成安全责任同一体。构成"纵向到底、横向到边"的安全经营管理网络。安全生产责任制是酒店最基本的安全制度,是酒店岗位责任制的一部分,是安全经营规章的核心。它的实质是"安全生产、人人有责"。只有全体员工的共同努力,安全工作才能顺利展开,才能获得实效。

3.制定切实可行的安全生产规章制度和操纵规程,建立完善的突发事件处置程序及预案酒店应制定和完善各项规章制度和操纵规程,这是展开工作的准绳。安全生产规章制度是以安全生产责任制为核心,它包括安全生产责任制和安全生产管理制度。安全生产管理制度包括员工安全守则、安全赏罚制度、安全检查制度、安全会议制度、安全宣传教育与培训制度、消防管理制度等。对各种装备的操纵,应制定具体的操纵规程。对外来施工单位应与其签订《治安、防火安全协议书》,对用火的均需办理《动火证》。同时,要根据酒店的实际情况,制定突发事件处置程序及预案,使工作有章可循,真正碰到突发事件时才能忙而稳定。制度的制定要具体、有可操纵性,然后就在于落实,要把这项工作当作重要任务来抓,从细微处进手。夸大按章办事,在制度眼前坚持人人同等,对违章者该批评的批评,该处罚的处罚,坚持用制度管人、管事。形成"按章办事、遵章守纪"的良好风气,"建立安全管理永无止境"的理念。

4.开展好安全教育培训工作，提升员工素质和管理水平

安全教育与培训的目的是增强员工的责任感，增强员工的安全意识，提高预防事故、处理事故的能力，确保酒店安全经营的有效措施。通过教育与培训使各级管理职员"精"、普通员工"会"。安全教育与培训要根据不同的时期或不同的教育对象采用不同的教育情势，它的方法很多，比如请领导或专业职员讲课、组织安全方面的活动、举行安全知识比赛、模拟火场的消防演习等，旨在增强安全意识和操纵的直观感。

5.加强安全检查，消除事故隐患

安全检查不但是国家有关法规的规定，也是酒店做好安全工作的客观要求，是一种行之有效的管理方法。首先是要制定好安全检查制度，其次是认真落实好检查制度，通常可以通过季节性安全检查、平常安全检查、各岗位安全检查、专业安全检查、定期安全检查和重大节日安全检查等制度的落实，到达一个发现并消除事故隐患，避免事故发生的根本目的。

二、酒店危机管理

（一）酒店危机与危机管理的含义

酒店容易预见的、可能导致酒店经济遭受损失、声誉受到损害的各类易发性、突发性事件，如自然灾害、食物中毒、火灾等都称为酒店危机。

危机管理是指应对危机的有关机制。酒店危机管理具体是指酒店为避免或者减轻危机所带来的严重损害和威胁，从而有组织、有计划地学习、制定和实施一系列管理措施和应对策略，包括危机的规避、危机的控制、危机的解决与危机解决后的复兴等不断学习和适应的动态过程。

（二）酒店危机的特征与分类

1.酒店危机的特征

①突发性

危机往往都是不期而至，令人措手不及，危机发作的时候一般是在酒店毫无准备的情况下瞬间发生，给酒店带来的是混乱和惊恐。

②破坏性

危机发作后可能会带来比较严重的物质损失和负面影响，有些危机用毁于一旦来形容一点不为过。

③不确定性

事件爆发前的征兆一般不是很明显，酒店难以做出预测。危机出现与否与出现的时机是无法完全确定的。

④急迫性

危机的突发性特征决定了酒店对危机的反应和处理时间十分紧迫，任何延迟都会带来更大的损失。危机的迅速发生引起了各大传媒以及社会大众对这些意外事件的关注，使得企业必须立即进行事件调查与对外说明。

⑤信息资源紧缺性

危机往往突然降临，决策者必须做出快速决策，在时间有限的条件下，混乱和惊恐的心理使得获取相关信息的渠道出现瓶颈现象，决策者很难在众多的信息中发现准确的信息。

⑥舆论关注性

危机事件的爆发能够刺激人们的好奇心理，常常成为人们谈论的热门话题和媒体跟踪报道的内容。酒店越是束手无策，危机事件越会增添神秘色彩，引起各方的关注。

（三）酒店危机的类型

酒店面临的危机主要有八种：信誉危机、决策危机、经营管理危机、灾难危机、财务危机、法律危机、人才危机、媒介危机。

1. 信誉危机

信誉危机是酒店在长期的生产经营过程中，公众对其产品和服务的整体印象和评价。酒店由于没有履行合同及其对消费者的承诺，而产生的一系列纠纷，甚至给合作伙伴及消费者造成重大损失或伤害，酒店信誉下降，失去公众的信任和支持而造成的危机。

2. 决策危机

决策危机是酒店经营决策失误造成的危机。酒店不能根据环境条件变化趋势正确制定经营战略，而使酒店遇到困难无法经营，甚至走向绝路。

3. 经营管理危机

经营管理危机是酒店管理不善而导致的危机，包括产品质量危机、环境污染危机、关系纠纷危机。

（1）产品质量危机。酒店在生产经营中忽略了产品质量问题，使不合格产品流入市场，损害了消费者利益，一些产品质量问题甚至造成了人身伤亡事故，由此引发消费者恐慌，消费者必然要求追究企业的责任而产生的危机。

（2）环境污染危机。酒店的"三废"处理不彻底，有害物质泄露、爆炸等恶性事故造成环境危害，使周边居民不满和环保部门的介入引起的危机。

（3）关系纠纷危机。由于错误的经营思想、不正当的经营方式忽视经营道德，员工服务态度恶劣而造成关系纠纷产生的危机。如顾客食物中毒、顾客财物丢失等。

4. 灾难危机

灾难危机是指酒店无法预测和人力不可抗拒的强制力量，如地震、台风、洪水等自然灾害、战争、重大工伤事故、经济危机、交通事故等造成巨大损失的危机。危机给酒店带来巨额的财产损失，使企业经营难以开展。

5. 财务危机

财务危机是指酒店投资决策的失误、资金周转不灵、股票市场的波动、贷款利率和汇率的调整等因素使酒店资金出现暂时断流，难以使企业正常运转，严重的最终造成企业瘫痪。

6. 法律危机

法律危机是指酒店高层领导法律意识淡薄，在酒店的生产经营中涉嫌偷税漏税、以权谋私等，事件暴露后，企业陷入危机之中。

7. 人才危机

人才危机是指人才频繁流失所造成的危机。尤其是酒店核心员工离职，其岗位没有合适的人选，给企业带来的危机也是比较严重的危机现象。

8.媒介危机

真实性是新闻报道的基本原则,但是由于客观事物和环境的复杂性和多变性,以及报道人员观察问题的立场角度有所不同,媒体的报道出现失误是常有的现象。一种是媒介对酒店的报道不全面或失实。媒体不了解事实真相,报道不能客观地反映事实,引起的企业危机。二是曲解事实。由于新科技的引入,媒体还是按照原有的观念、态度分析和看待事件而引起企业的危机。三是报道失误。人为地诬陷,使媒体蒙蔽,引起企业的危机。

(四)酒店危机发生的原因

(1)我国属于自然灾害多发的国家。沿海地区的风暴灾害;地震带区的地震多发地;南方各大江、河沿岸的洪涝灾害;恶劣天气造成的冰雹灾害;甚至城市改、扩建后排水管网跟不上发展所形成的内涝等,这些不可抗拒的自然灾害都可能给酒店和客人造成财产和生命的损害,甚至导致"危机"的发生。

(2)我国目前正处在社会转型时期,各种矛盾突出。而酒店所接待的客人又是来自四面八方、良莠难辨,特别容易发生各类治安性的突发事件。对此,酒店如管理不善或一旦疏于防范,处理不慎,必会酿成"危机"。

(3)酒店装修装饰所使用的大量可燃物和其封闭性的结构,特别容易导致火灾等灾难性事故的发生。这里既有内部管理和设备管理、使用的原因,也有一些客人使用不当、不注意甚至故意而为的因素。此类事件一旦发生,将造成严重后果。

(4)酒店餐饮所提供的食品与服务,牵系着千家万户和众多宾客的健康与安全。任何管理工作和服务工作中的管理不严、操作不当、措施不力甚至短期行为均可能造成食物中毒事件的出现,进而引发"危机"的发生。

(5)酒店建筑、装饰、设备等施工的质量、保养、维护问题,广告牌、玻璃窗、建筑物外墙瓷砖从天而降;电梯关人、坠落;饰物、饰画突然砸落伤人;工程未完处不加警示等等都容易导致危机事件的发生。

(6)服务人员因培训不够或应变能力差,管理人员素质不高,处理店、客纠纷不力。

(7)各种事故发生后处理不慎,从而导致的媒体危机。

第三节 传统酒店的变革与创新

一、中国的星级酒店、经济型酒店

千篇一律、功能一致、可以快速复制的产品,在住宿业态稀缺的时代,没有出现问题。但是如今,顾客的眼界打开了,成熟了,他们对于品质的要求提升了,对于住宿产品也有了更加多元化的需求。

传统酒店供给模式在运营理念上比较封闭,各自为政。无论是做营销还是做会员,都是从个体的角度出发,而未来的发展趋势一定是融合。酒店提供的是满足客人核心需求的住宿、餐饮等产品,但是在大的产业链中,酒店只是其中的一部分,是整个生产过程中的一个环节。以后，酒店要有大平台思维，许多业务可以借助互联网的社会化服务来完成。

同时，传统酒店也普遍缺乏营销意识，因为以往这些酒店产品更多满足的是权贵、高端消费的需求，无需太多宣传。但是随着市场形势的变化和互联网的发展，营销工作会变得越来越重要。现在已有许多传统酒店开始意识到营销的重要性，但是因为没掌握有效的营销方法导致其尝试的结果并不理想。

不过传统酒店业规范的标准制度是值得传承的，新兴业态在发展的同时也需要这些体系的支持。比如，安全体系、卫生体系等都是传统酒店工作的核心内容，但是现在很多新兴业态把它们视为成本减掉，这种做法并不可取。在社会制度体系尚不完善的情况下，酒店的安全体系、卫生体系等支撑了其产品的高品质和高舒适度。

面对传统酒店变革，酒店人应该以更积极的心态，向新的业态、新的消费者挥手，不是挥别，而是问好。阿拉丁是一个酒店直销平台，宗旨是"精选""智慧""共享"，致力于打造合作共赢的智慧型轻酒店联盟。平台能够为合作酒店提供酒店预订、智慧改造、整合营销、客房体验消费等，帮助酒店在当前激烈的行业竞争环境下提高自身竞争力。

这个信息化的时代，面对越来越激烈竞争的挑战，酒店随处可见，已经告别了稀缺的状态，同时，消费群体也发生转移，年轻化、重品质、无边界、多样化、全球化、个性化是目前消费群体的新特性。酒店投资人该如何深化改革、推动酒店升级，来适配消费者的这些个性需求？

谈及行业的新趋势，"消费升级"一词早已是热词。什么引起了消费升级，它又给酒店带来了什么变化？浙江省酒店业协会会长王建平认为，消费升级的基本格局是由人均 GDP 的增长和中国城市化率的持续上升决定的。消费升级的核心动力是主流消费的转换，人们已从解决吃、穿、日用生活品，发展到追求品质生活。消费升级表现为消费者愿意为"消磨时间"付费，"泛娱乐"消费增长空间巨大；消费者对品牌的选择更趋向"自我认同"，对于他们来说，探索比性价比更为重要；"文化消费升级"引领了此次消费升级，亚文化消费需求旺盛。而消费升级倒逼酒店行业从单一的酒店产品向多形态的酒店产品发展，从初级的酒店内涵向高级的酒店内涵发展。另外，还有一个动力在推动着酒店行业的发展，那就是技术变革对酒店的运营模式、商业模式和组织管理等正产生全方位的推动。数字化、互联化、人工智能将成为对商业产生影响的三大技术变革形式。

二、应对变化如何创新

对于市场出现的这些新变化、新挑战，酒店应如何应对？创新是最好的"武器"。酒店的创新是多维度的，包含了服务、产品、流程、技术、品牌和商业模式。目前，从品牌方面看，随着市场细分，大规模的品牌群将涌现，与此同时，特许经营将大幅度放开；从模式上看，集团间的战略并购与资源整合将持续。跨界 IP 联合，实现酒店场景化价值共创，以及全生活场景与生态圈的打造将成为趋势。正如洲际携手百度推出 AI 人工智能客房、雅高打造智能概念客房、广州昂宝推出的酒店一站式解决方案等，酒店的产品创新正呈现出团队更专业、合作伙伴更优质、更注重智能化和娱乐化等特点。"洞察消费者是酒店产品、服务与流程创新永远不会错的套路,而创新的核心是为酒店创造新的、更好的价值。"

利用现代技术推动酒店升级已成为趋势。智能家居、语音服务、生活管家功能等基于人工智能的服务正在不断让客人的消费体验升级。随着移动端订房及服务成为标配,基于数据的顾客旅程分析、基于算法的个性化生产与精准营销、定价正在优化酒店的产品服务。酒店运营管理也因人工智能和机器替代部分人工、酒店运营流程出现再造、部分业务实现外包、去中心化、在云计算的环境下实现在线管理而得到了提升。此外,平台化发展、流量驱动和产业链延伸正促使酒店商业模式重构。北京第二外国语学院酒店管理学院院长说,"中国酒店可持续、高质量的竞争优势将来自高品质+高效率+高技术+高情感、高技术+高艺术。"

第四节 数字经济实现酒店转型

一、互联网+酒店管理

社会经济发展的今天,酒店行业市场竞争环境越来越烈。酒店管理工作是酒店整体工作的重中之重,对企业未来发展具有一定的引领作用。而在"互联网+"模式下,酒店管理模式应转变传统管理理念,迎接带来的挑战,在管理模式以及管理理念上进行改变,增强酒店整体竞争力,进而促进酒店全面发展。可见,"互联网+"模式下,酒店管理工作的变革,是酒店行业走可持续发展的需要。因此,在酒店管理工作中,应重视"互联网+"的融入与运用。

1. "互联网+"的特性

"互联网+"的特性体现在以下几方面:其一,创新驱动,以互联网思维进行改革,实现自我改变、更新、突破,进而发挥"互联网+"在酒店管理工作中的创造力量;其二,开放生态,这一特性在"互联网+"中极为重要,运用"互联网+"技术、思维有助于促进酒店自身创新,酒店管理模式只有实现走出去管理模式,才能够促进企业发展与更新;其三,重塑结构,"互联网+"模式下,改变以往管理模式、经营模式、服务模式,以互联网思维重新构造新的体系;其四,尊重人性,尊重人,人是创造、创新的源泉,"互联网+"提倡以人为本管理理念,有助于促进企业走可持续发展。

二、大数据+酒店管理

1. 大数据的概念

大数据概念最早是 IBM 定义的,将大数据的特征归纳为 4 个"V"(量 Volume,多样 Variety,价值 Value,速 Velocity),或者说特点有四个层面:(1)数据体量巨大。大数据的起始计量单位至少是 P(1000 个 T)、E(100 万个 T)或 Z(10 亿个 T)。(2)数据类型繁多。比如,网络日志、视频、图片、地理位置信息等等。(3)价值密度低,商业价值高。(4)处理速度快。百度百科中给出的大数据概念是指无法在一定时间范围内用常规软件工具进行捕捉、管理和处理的数据集合,是需要新处理模式才能具有更强的决策力、洞察发现力和流程优化能力的海量、高增长率和多样化的信息资产。亚马逊网络服务（AWS）、大数据科学家JohnRauser提到一个简单的定义：大数据就是任何超过了一台计算机处理能力的庞大数据量。就个人而言，我们理解的大数据是系统或软件通过数据收集的方式了解我们的个人信息、偏好等，我们日常所接触的大数据就是我们的信息被收集然后推荐给我们，这其中的行为被称为大数据。

2.大数据在酒店管理发展中的表现形式

酒店之所以能发展起来，是因为酒店本身具有价值和内涵，酒店的发展核心是通过结合大众的需求，改善酒店的服务质量，提高服务水平，给客人提供他们想要的服务。大数据在酒店中能够帮助客人了解所选择的酒店的发展趋势，对酒店进行科学的评估，再结合自己的需求选择酒店。在居住过后，客人可以将自己的体验感受上传至网上，对酒店进行评价，能够让其他客人看到，更加了解这家酒店。而酒店也可以通过大数据的收集，对信息进行整合和分析，了解到客人对酒店的意见和想法，从而发现酒店的问题并及时加以改进。由此可见，大数据不仅能够帮助消费者选择酒店，也可以帮助酒店改进服务和管理。

三、网红+酒店管理

"网络"是社会发展到一定阶段的结果，也是网络时代的必然产物，现代人几乎每天都与网络打交道。在新媒体的深度发展下，网络群体不断壮大，进一步催生了"网红经济"，并逐步成为一种社会新生的重要经济力量。从目前来看，"网红经济"不再局限于时尚圈的运营，其规模开始波及旅游、网游等领域，而旅游业的兴旺又使得"网红酒店"日益崛起，可见"网红酒店"符合时代发展的需求。在经营方面，"网红酒店"主要依托于自媒体营销，不但运营成本低、顾客忠诚度高，而且产品的针对性强，有助于提升经济效益。然而，"网红酒店"也要做到管理有方，才能实现其社会价值，即互联网时代下的"网红酒店"管理具有积极的现实意义。

（一）"网红酒店"概述

人们生活水平的不断提高，改变了大多数人的消费意识，尤其是追求休闲娱乐享受，这在外出酒店的选择方面十分突出。市场经济条件下酒店行业的竞争日益激烈，各个酒店之间的硬件差距越来越小，唯独能够吸引消费者的亮点则是酒店的地点、环境、餐饮和服务质量。在这种发展背景下，"网红酒店"成了许多游客关注的焦点，它是因某事、某人的行为而曝光酒店，以酒店的曝光度吸引消费者，引导消费者下单消费的新型酒店经营模式。目前，许多酒店利用社交平台、自媒体平台打造成功的酒店场景，比如：创意的照片、新奇的视频深深地吸引着来自五湖四海的消费者群体，不但包括众人皆知的大型酒店，也涉及小型酒店。

四、新媒体+酒店管理

新媒体背景下，酒店有了新的营销平台与载体，可以实现营销内容及方式的更新创新，还能有效降低营销成本，扩大营销影响范围，掌握话语主动权，塑造酒店良好的形象。与此同时，新媒体营销过程中，酒店也会遇到挑战和危机。要更好地利用新媒体来实现理想的营销目标，需要酒店方面做出应对，通过转变营销观念、搭建新媒体营销平台、创新新媒体营销内容、提升酒店产品及服务品质等举措，使酒店营销水平更上一层楼。

激烈的市场竞争下，酒店要立足发展，需要通过科学的营销活动、合理的营销策略，来扩大酒店知名度影响力，来获得消费者的青睐与认可。新媒体背景下，品牌传播的方式在变化，顾客的要求、需求在变化，酒店营销的策略和路径也应该有所转变与创新。结合新媒体对酒店营销所带来的机遇及形成的威胁挑战，酒店方面需要转变营销理念，依托于多元的新媒体平台，创新展开营销活动，从而吸引获得更多的关注，塑造酒店良好形象，实现酒店长久健康发展。

五、区块链+酒店管理

2019年对酒店业来说充满机遇和挑战。机遇是5G+AI+区块链的时代，在2020年即将来临，并得到习总书记的大力支持；挑战是截止到2019年10月，我国酒店行业业绩整体下滑。主要原因包括中美贸易战、我国普通百姓的人均收入和可支配收入下降、没有多余的金钱去度假和休闲及传统全服务酒店同质化严重，对消费者缺乏吸引力。在互联网的强大影响力下，人们的生活方式已经发生改变，作为传统行业的酒店业受到巨大冲击和挑战。

就当前非常先进的人工智能而言，其实是信息技术或者是科学计算机技术其中的一个分支。人工智能可以对智能实质进行很好的反映和了解，是一种能够通过模仿人类做出像人类一样具体实际反应的智能机器。在这个领域当中，具体的研究包括了语言和图像识别、机器人、语言处理等等众多的子系统。但随着互联网和人工智能技术的不断发展和完善，人工智能相应的技术以及理论要求也在逐步地提升和增强，其应用的领域也在逐渐进行扩大和完善。因此，我们可以想象在未来的生活和生产过程中，人工智能将会给我们带来巨大的发展，成为提升人类生活水平和质量的重大工具。

何为区块链，区块链的具体内容和含义是怎样的呢？所谓的区块链，其实就是将数据进行分布形式的储存，从而可以实现共识机制，能够进行点对点的数据传输，也可以进行加密算法的计算，以此所产生的一种全新的应用模型形式。对于区块链本身来说，它是比特币中一个非常核心的重要因素以及概念，其实际上可以理解成为一个去中心化的数据集合库。这是比特币最根本的底层技术和重要基础，是通过一些科学的方法从而使密码产生相应关联，进而形成相应的数据库。每一组数据块当中都含有某一批次比特币在网络上进行流通和交易的具体信息，可以验证相应比特币的真伪性和有效性，同时为下一个区块进行信息的合成。

第五节　酒店营销管理

一、酒店传统营销理论与模式

（一）酒店营销的理论概述

1.酒店的概念和分类

酒店或宾馆一词的解读可以追溯到两千年前的国际词典，书中是这样定义的："酒店是向大众提供饮食和住宿服务的场所"。简单来说，就是客人歇宿和饮食的地方。

具体定义为：酒店是通过向客人出售客房，餐饮及综合娱乐设施并提供服务，获得经济利益的组织。换句话说，酒店是一家从事经济、文化、娱乐、商务活动，为客户提供有形商品和无形服务的，从而以盈利为目的的经济实组织。

众所周知，酒店应该是一家设备齐全并且符合政府各项卫生安全标准的建筑物或建筑群体。而这建筑群体则是酒店生产和销售酒店产品，饮食产品和服务的基础和支撑，它必须符合和适应的酒店行业的特殊性质和要求：方便客人的工作生活交流，安全和舒适地提供餐饮，休闲，娱乐，依据酒店的档次和规模可分为：一星级酒店、二星级酒店、三星级酒店、四星级酒店和五星级酒店。按照酒店的营运特点和市场定位可分为商务型酒店、度假新酒店、经济性酒店、连锁酒店、会议型酒店等等。

现代社会的飞速发展造成酒店业的竞争日趋激烈，许多酒店经营者管理不得其法造成经营困难，各种原因不乏社会经济、政治法律因素，然而最根本的问题是管理者缺乏管理知识，管理机制落后，不能适应市场的变化。酒店经营发展的前途命运，不是取决于酒店的星级档次，也不是取决于有多少客房、多少餐位、多少娱乐设施，而主要在于酒店能否把这些客房餐饮和娱乐服务销售出去，销售越多越快越好。因此，一个成功的酒店管理者必须具有创新精神、战略眼光、进取意识和应变能力。

2.酒店营销的要素和特点

酒店营销就是为了满足客户的合理要求，为使酒店盈利而进行的一系列经营、销售活动，营销的核心是围绕满足客人的合理要求，最终的目的是为酒店盈利。酒店营销是市场营销的一种，也是酒店经营活动的重要组成部分。酒店的市场营销行为不仅要遵循市场营销学的客观规律和一般原理，而且要符合旅游业和酒店的经营特点和实际情况，灵活运用，开拓创新。酒店在营销时应该遵循以满足客户需求为中心，提供住宿、餐饮、娱乐等优质服务，给客户带来安全、舒适、方便和满足感。它始于酒店提供产品和服务之前，主要研究宾客的需要和促进酒店客源的增长的方法，致力于开发酒店市场的潜力，增进酒店的收益。市场营销涉及到满足宾客的需求产品，贯穿于从酒店流通到宾客的一切业务活动，最终使酒店实现其预设的经营目标。

酒店是一个经济实体，本质上来说，如何获取利润是其生存和发展的基础。获取利润必须首先有很多客源，游客的多少决定因素是酒店管理。今天的酒店业一直被称为"无烟产业"，是一个多学科组成的现代酒店管理学。这需要内部管理者的生产和操作过程协调和控制外，还要解决的问题所产生的交换过程与外部环境，协调各种因素，并结合实际，研究学习现代管理理论。

  3.酒店营销的内容

  组织营销：酒店组织营销工作时要做到以下几项：①指定销售范围和区域，确定营销经理，在销售面积和范围内，要根据销售潜力和客户分布范围、客户的位置和类别分配销售人员。②明确销售目标。营销经理制定销售目标的基础上对酒店的销售目标和政策。销售目标划分成若干指标和质量指标。要确定每个销售人员负责的客户的潜在需求，而规定的销售人员实现销售数量销售的质量标准，质量标准的产品和销售知识的销售人员，销售访问的效果工作态度的销售人员，工作技能，与客户的关系。③销售业绩评估。销售经理应采取适当的方式来理解，并获得由销售人员的工作绩效信息，制定规则，销售人员报月度销售报告，销售，销售信息及时反馈。④销售组织配置合理。根据酒店客户，市场营销部门考虑的位置和类别，组织销售人员的销售地域分工，减少出行时间，提高工作效率。根据酒店发展的当前状态、酒店营销，积极挖掘酒店的潜力，以增加产品的吸引力，以吸引客人消费，招揽生意。

  产品组合：酒店营销可根据企业的销售要求，针对宾客的不同需要开发各种受宾客欢迎的组合产品，吸引客源。现有的组合产品方式包括：①会议产品组合。包括会议室的使用，会议休息时间供应点心咖啡，在会议期间的工作餐，提供打包价格优惠。②公务客人产品组合。针对公务客人的特殊服务，为公务客人提供优惠：如免费在客房供应一篮水果，免费提供欢迎饮料，免费使用康乐中心的设施和器材，免费参加酒吧，歌舞娱乐活动。③蜜月度假套餐。蜜月度假产品只向新婚夫妇提供，一般需要漂亮而宁静的客房以及一些特殊的服务，如一间布置漂亮的洞房，免费床前美式早餐，免费奉赠香槟酒，客房里供应鲜花、水果篮。④婚礼组合产品。这类产品主要针对当地居民市场，结合婚礼消费的形式，适应消费的心理，强调喜庆的气氛，吸引消费：该产品组合内容有豪华级京式或广式筵席，免费提供全场软饮料，四层精美婚礼蛋糕一座，以鲜花和双喜横幅隆重地布置婚宴厅，根据具体要求制造婚宴气氛，播放婚礼进行曲，洞房花烛夜免费提供新婚套房、鲜花、水果和香槟酒，免费美式早餐送到客房。⑤周末产品服务，是以吸引客人在繁忙工作一个星期后休息和娱乐的产品组合，因此，需要丰富的娱乐和体育活动的策划：组织周末聚会周末杂技表演，娱乐活动和酒店住宿服务组合一个便宜的包价产品。⑥特殊事件的产品组合。利用营销创意和思维发展设计可行的销售产品组合，比如利用现有的设施和服务组织，如乒乓球、网球、保龄球等活动，提高酒店的知名度和形象。

  策划宣传：酒店营销除开发新产品、新活动项目外，更要推出独特的宣传方式来吸引客源，这就要在广告策划推销上多做文章。①选择电视、广播、报纸、互联网等媒体，宣传酒店新近推出的特色菜肴、客房环境、娱乐活动，提高客人对酒店的感官印象。②邀请知名艺术家和明星到酒店表演，扩大酒店在群众中的影响力，比如举办的省级和市级的模特大赛③设计推出啤酒节，时装表演，大型歌舞乐器演奏。菜肴赏品酒店营销不应局限在一个阶段的方式提高酒店消费，增加效益。拘泥于一种模式，沉迷于一种状态，它必须以最敏锐、最超前、最独到的嗅觉感官去创造和设计适宜于酒店经营发展的最佳经营模式使酒店经营更趋完善、先进及独特，不至于在激烈的酒店业竞争中败下阵来。

二、酒店传统营销模式

酒店营销组合策略是酒店对自己可控制的各种营销因素进行分析，本着扬长避短的原则进行优化组合和综合运用，使各个因素协调配合，发挥整体功效，最终实现营销目标。

（一）产品策略

1. 酒店产品概念

酒店产品是指酒店向宾客提供的所有物质产品和服务产品的总和。它是有形产品和无形服务的有机结合，并且在这个结合体中，无形的服务永远是酒店产品的主体，有形产品则是无形服务的依托。

2. 酒店产品组合设计

产品组合的广度；产品组合的长度；产品组合的深度；产品组合的密度。

3. 新产品创新

酒店新产品是指与市场上已有产品存在一定差别或完全不同的产品全新产品。大致分为五种：全新产品；新产品线；现行产品的增补；现行产品的改进更新；降低档次经营的产品。

（二）价格策略

价格是酒店产品价值的货币表现形式，是酒店进入市场的介绍信，也是酒店营销组合中唯一产生收入的因素。

1. 影响价格的因素分析

市场上的价格会受到以下几个因素的限制：成本，市场因素，营销目标，政策因素，酒店产品因素，通货膨胀。

2. 定价策略

酒店企业通常采用的定价策略有几种：新产品定价策略，心理定价策略，折扣定价策略。

（三）营销渠道策略

营销渠道是指商品由生产领域向消费领域运动过程中所经历的线路和线路上一切活动的总和，也称为分销渠道。

1. 酒店销售渠道的种类

大致分为两类：直接营销渠道，又称为零级渠道；间接营销渠道。

2. 选择营销渠道要考虑的因素

市场特点；产品及服务特点；酒店自身的条件；酒店的实力。

3. 酒店销售渠道管理

选择渠道成员；中间商的评估；激励渠道成员，树立营销渠道整体营销意识。

（四）促销策略

1. 促销和促销策略

促销就是酒店将有关企业或产品的信息通过各种宣传、吸引和说服的方式，传递给消费者。促销策略就是对促销对象进行科学的选择、配置，使之低投入、高产出。

2. 促销策略的内容分析

选择促销对象；选择促销目标；选择促销涉及方案；选择信息沟通渠道；常用的促

销方式。

（五）互联网+酒店营销

1.提升管理水平

管理工作关系到酒店整体发展方向，是酒店工作的中的重中之重，而"互联网+"模式下，对酒店管理工作带来新的改革契机。传统酒店管理模式较为落后与管理观念陈旧，不能满足当前酒店经营管理需要。"互联网+"模式下，改变这一管理模式，使得管理模式、管理理念更为科学化、智能化、现代化，较为满足现代酒店管理的需要。例如："互联网+"模式下，企业人力资源管理得到明显的提升，为人力资源招聘提供便捷性。同时，"互联网+"模式下，对酒店客房管理实现智能化，能实时掌握客房动态信息，进而提升酒店入住管理模式。总之，"互联网+"模式下，为酒店管理模式的提升带来新的发展机遇。

2.实现信息资源的共享

由于资源的限制，企业在经营管理中，会遇到许多的困难，影响到企业未来发展进程。而"互联网+"模式下，促进企业与企业之间的合作，推进企业资源的共享模式，企业借鉴其他企业管理模式经验，结合自身管理模式，实现两者的相互融合，有助于促进企业进一步发展。同时，互联网技术的发展，大数据技术的生成，为企业管理工作带来有力的信息支撑。例如：其财务管理借助大数据技巧分析、整合、提取信息，通过云计算处理信息，增强财务信息的精准性，进而为企业发展提供信息支撑。可以说，"互联网+"模式下，拓宽了企业信息资源模式，对企业发展带来充足的信息支撑。

3.增强酒店宣传能力

一个酒店能够具有稳定、充足的客源，主要依靠宣传力度。通过宣传能够增强酒店自身知名度，进而促进酒店的发展。在以往酒店管理中，其宣传模式过于单一，大都是以发传单模式进行。而"互联网+"模式下，为企业管理工作提供多元化宣传模式。企业构建互联网酒店宣传模式，以网页为基础，采取推送模式，极大地增强企业宣传能力，进而促进企业长期发展。

4.构建酒店线上电商分享平台

信息技术快速发展的今天，"互联网+"的生成，改变者人们生活、工作、学习方式，对酒店管理形成一定的冲击。"互联网+"模式下，酒店管理不在只局限于传统的买房、买房模式中，酒店管理上升到娱乐、体验、展示、社交等更多服务管理模式中，只有这样才能够促进酒店进一步发展。例如：酒店新推出的特色商品，为了得到受众的关注，借助互联网平台，加强宣传，增强其知名度，进而提升该商品经济效益。要想实现这一发展模式，"互联网+"模式下，酒店管理工作要实现创新，转变传统管理理念与工作模式，开展线上电商分享平台，实现线上线下管理模式，增强酒店管理效益，进而促进发挥平台的根本效益。因此，酒店管理模式应顺应时代发展，构建酒店线上电商分享。

（六）大数据在酒店管理发展中的作用

1.大数据在酒店营销方式选择上的作用

大数据在酒店管理中的作用主要体现在信息的共享和资源的整合运用上。大数据能丰富酒店的营销方式，提升酒店的发展的针对性和全面性。酒店的营销方式增加，可以通过网络营销提高酒店入住率。

2.在大数据的影响下，酒店更加注重网络推广

通过酒店和旅游网站合作、酒店网评等，让消费者对酒店的地理位置、价格、服务质量等有更全面的了解。也因为大数据的这种透明化，让消费者会因为提前了解的信息而不选择该家酒店。另外，大数据也使同类酒店对彼此的发展战略更加了解，容易出现集群化，没有各自的特色，彼此拉不开差距，减小竞争优势。

3.大数据在酒店管理中的问题

酒店管理对大数据的认识不全面。在大数据环境下，酒店管理拥有了信息管理平台的支持，一方面能够给消费者提供更多的酒店信息，另一方面能够让酒店更加了解消费者的需求。但在现阶段，酒店收集到的信息是有局限性的，比如说收集的客户信息有效性较差，也缺乏对消费者信息的印证。大部分信息是通过客人的搜索偏好以及客人在店时表现出的方面，这样是比较片面的。

酒店的基础设施配套不全面。智慧客房是酒店的重要组成部分，有其刚性要求，比如说酒店灯光控制系统的应用、酒店空调控制系统的应用、酒店客房控制系统的应用、酒店管理软件系统的应用、酒店智能门禁系统的应用、酒店交互视频体系的应用、酒店信息查看体系的应用、酒店电脑网络体系的应用、酒店展示体系的应用、酒店智能取电的应用。很多的酒店在这些方面是没有满足的，智慧客房的建设并不全面。同时，酒店服务的智能化也不够。

酒店的软件系统不够专业。稳定酒店管理含有前台收银、商品管理（如一次性用品、食品、客房用品等）、会员管理、客史中心、协议管理、财务分析资等，有的酒店就只有一两个系统，比如前台收银系统、财务系统，但这往往是不够的。酒店的智慧系统不是一两个系统组成的。同时，酒店系统的稳定性要好，一个经常崩溃的系统会给客人留下非常糟糕的印象，所以系统要经过多次测试。

（七）提高"网红酒店"管理质量的措施

1.改善酒店管理制度

"网红酒店"作为一个新兴的产业链，其管理制度需要逐步完善，这样才能不断提升管理质量。首先，相关人员要健全内部组织结构，明确职能部门的职责分工，适当调整相似职能部门，努力做到以岗定责，实行集责任、权利、利益为一体的管理机制，并且要进行层级化管理，严禁越权指挥现象；其次，针对"网红酒店"工作人员的每一个岗位，都要进行优化，尽量细化到各个岗位的职责与权限，确保每个岗位都有事做，每个岗位都有专门的负责人员，杜绝空岗，更不能容忍"一人多岗"的现象发生；再次，"网红酒店"应当注重网络技术的充分利用，实现信息化管理模式，确保部门与部门之间衔接有序，科学规划业务流程，严格要求酒店所有员工按照规章制度进行服务；最后，建立科学的酒店管理监管制度，把酒店卫生放在重要位置，安排专人不定期进行巡查，不但要了解酒店员工的健康状况，还要考核其岗位操作的熟练程度，实行层层监管，严控卫生质量。

2.提高服务人员素质

酒店属于服务行业，必须拥有一批能力强的服务人员，尤其是在市场竞争激烈的现代社会，提升服务人员素质就显得尤为重要。"网红酒店"要想提升自己的市场核心竞

争力，必须拥有一批综合素质较高的服务人员，这也是一个酒店的形象所在。首先，建立专业人才队伍，管理层要做到"善于用人、善于发展人才"，以招聘的形式引入高素质人才，并建立完善的人才培养机制，促进酒店员工的全面发展；其次，强化员工培训工作，以员工技能和素质为主要培养内容，且要合理安排培训内容，以人为本，采用差异化的培训方式，力争提升每一位员工的综合素质，尽量增加培训的趣味性，加强员工的互动，增强团队合作精神；最后，针对员工培训工作，科学地设置考核制度，只有成绩合格的员工，才能继续留用工作，并对老员工进行适当培训，这样才能不断提升酒店新老客户的入住率。

3.保持利润与保护市场的企业战略

成熟阶段的企业，注重维护市场占有率和利润率。其薪酬战略应该对外保持薪酬的市场竞争力，对内注重薪酬体系的完善，突出对内一致性。这样的薪酬体系，应接近外部市场的平均水平，内部突出能力和工作为导向的员工培养体系。

4.规模小的或衰退阶段的企业战略

小规模的企业或者企业市场占有率降低的企业，看重成本控制，薪酬应略低于市场水平，但对内应突出对骨干员工的激励，更应以能力为导向设计薪酬。

（1）内部的一致性要求做好工作岗位分析

薪酬内部的一致性应该从工作岗位分析开始，通过对岗位的岗位职责、劳动强度、技能要求、工作条件等因素的分析，确定企业各个岗位之间的相对价值和相互关联，确保企业内部各个岗位薪酬的相对公平。企业薪酬制度的内部公平性决定了企业发展的稳定性。反之，如果一个企业没有合理的工作岗位分析，没有基于工作岗位分析的薪酬分配，则会存在对不同岗位评定的偏差，待遇的偏差会引起职工的不稳定，也会给企业带来人才流失率高、人工成本增高的危机。

（2）外部竞争力要求企业做好薪酬的市场调查

外部市场的调查主要应做好四点，一是要调查同行业整体薪酬水平；二是要调查竞争对手的薪酬的支付方式和浮动情况；三是结合自身的情况对被调查的岗位薪酬做好定位；四是做好核心岗位的薪酬框架，提高吸引人才的竞争力。

（3）员工的贡献率要求做好相关的衡量和兑现

对于员工的贡献率，可以结合着工龄工资、技能工资、绩效考核、股权激励等形式，让待遇和员工贡献率挂钩。目前，国外很多企业很注重员工绩效考评、设计短期和中长期的激励方案，通过这样的方式留住人才，值得我们思考和借鉴。

（八）新媒体背景下酒店营销的机遇与挑战

新媒体所带来的媒介传播优势，使得酒店可以进行营销渠道及方式上的创新，因此能够拓宽传播范围、降低营销成本、提升营销效果。但与此同时，新媒体也给酒店营销活动的顺利展开带来了危机与挑战，可能会因此而影响酒店的形象。

1.新媒体为酒店营销带来的机遇

拓宽传播范围。新媒体是依托于网络而存在的媒介传播方式，因此在传播范围上不受地域的局限，可以实现营销相关内容与信息最为广泛的传播。通过传播范围的扩大，使酒店知名度、影响力得以提高，为更多消费者所关注，为营销效果的提升奠定基础。

降低营销成本。与传统营销模式相比，新媒体营销更易于操作、更便于展开，且门槛较低，成本也比较低。通过新媒体平台进行营销活动，仅需要发布相关的信息即可，无需太多的人力物力投入，节约了营销成本，减轻了酒店营销的经济压力。

丰富营销方式。新媒体传播载体与平台十分丰富多元，既有微博微信等微平台，还有企业网站、酒店APP等自身搭建的平台，还包括了团购旅游APP等平台，以及短视频平台、直播平台等。因营销平台的多元化，使得酒店可以结合实际需求，进一步丰富创新营销方式，酒店营销也体现出了立体化、多样化、全面化的特点。

加强互动沟通。新媒体的交互性特点，为酒店与消费者之间搭建了沟通的桥梁，对于酒店营销针对性的提升，以及营销策略的深入都是有积极效果的。得益于新媒体所形成的畅通沟通机制，消费者可以迅速地获取与酒店相关的各类信息，便于做出消费选择。而酒店方则可以在第一时间获取消费者的需求、顾客对酒店服务的评价等，便于采取针对性地改进措施，实现产品服务的优化。

2.新媒体对酒店营销形成的挑战

形成同质营销。新媒体营销模式备受关注，各酒店纷纷利用新媒体平台展开营销活动。与此同时，新媒体营销很容易陷入同质化的营销误区中，在营销内容及方式上缺乏特色与新意，湮灭在海量的网络信息中，难以为消费者所知悉，难以起到理想的营销效果。

出现负面评价。新媒体所带来的海量信息，以及由此而形成的畅通"发声"机制，也意味着酒店可能会遭受来自竞争对手的恶意差评，会收到来自顾客的各种负面评价，且这些负面信息及评价是可以为其他消费者所顺利获取的。一旦酒店处理不及时、不到位，势必会严重影响酒店形象。

存在安全隐患。新媒体营销活动的展开，也可能会存在网络安全方面的隐患，有侵害酒店顾客个人信息权及隐私权的可能。酒店通过新媒体展开营销活动，顾客的相关信息可能在网络中泄露，顾客会产生强烈的不满，对酒店信任不再，酒店的经营也会因此陷入困境。

3.新媒体背景下酒店营销策略的优化建议

结合新媒体背景下酒店营销所面临的机遇与挑战，要充分发挥出新媒体的优势，规避可能出现的风险与危机，需要酒店方面进一步优化营销策略，提升营销水平。

（1）转变观念，组建专业新媒体品牌传播

要利用新媒体的优势，去更新优化酒店营销策略，需要转变营销的思路和观念，形成新媒体意识，并考虑组建专业的新媒体营销团队，以集中负责酒店新媒体营销活动。如今，新媒体营销已经成为大势所趋，越来越多的消费者成为了各种新媒体平台的忠实用户，也习惯了通过网络来搜寻获取酒店相关的资料讯息。因此，酒店需要转变营销的理念，将营销活动从线下向线上转移，并致力于实现线上与线下的充分结合。新媒体营销并非简单的营销活动，在营销环境、营销平台、营销模式等各个方面与传统营销活动存在较大差异。要抓住新媒体所带来的营销契机，实现理想的营销效果，也需要酒店方面组建专业的新媒体营销团队。通过专业人员的参与，对新媒体及网络生态有精准清晰的把握，并善于利用新媒体的特点与优势，展开更有效率、更高质量的营销活动，自然也能够取得理想的营销效果。

（2）丰富方式，善于利用多元新媒体平台

酒店在新媒体营销方面，要结合用户的喜好，选择多元的新媒体平台来展开不同类型的营销活动。依托微博进行营销,通过酒店微博账号发布相关的信息内容,塑造酒店良好的形象,拉近与消费者的距离;依托微信进行营销,设立并妥善运营酒店微信公众号,及时更新内容,展开微信促销活动,吸引受众关注,并实现营销宣传的目标;通过与团购网站如美团等合作,以及与旅游网站如携程网等合作,拓宽营销平台,获得更多用户支持,不断提升酒店品牌的价值;依托于酒店官方网站及酒店APP进行营销,搭建消费者畅通便捷的酒店消费服务平台,提供顾客意见反馈及表达的渠道,既能充分了解消费者的需求,又能及时查找酒店在运营服务方面的欠缺与不足,以便于有针对性地优化与解决。网络时代,新媒体平台的发展日新月异,受众的喜好与需求也在不断变化之中。因此,酒店在选择新媒体营销平台展开营销活动时,也要体现出与时俱进的思想,尽可能地与受众的要求需求贴合起来,审时度势,紧跟潮流,方能抓住营销热点,实现营销目标。比如,短视频及网络直播成为近年来流行的热点,酒店在新媒体营销活动中,就可以开通短视频平台账号,发布酒店相关短视频的方式,向受众展示酒店良好的内外部条件优质的服务等,以此来吸引受众。酒店也可以邀请网络达人入驻,以"直播"的方式,将酒店的优势特色一一呈现,直观全面,使消费者也能产生一探究竟的酒店消费欲望,对酒店知名度影响力的提升是有积极意义的。

(3)创新内容,体现创新特色吸引消费者

要想在激烈的酒店竞争中脱颖而出,需要酒店在新媒体平台的营销策略不断更新与创新,在内容的选择上体现出原创性,以趣味、有新意、有特色的营销活动,吸引消费者的关注,使酒店通过营销获得关注度、提升知名度,进而使消费者产生酒店消费的兴趣。在酒店新媒体营销方面,要紧跟潮流,围绕着消费者的需求及喜好而展开,并避免在营销内容及方式上与其他酒店的同质化。比如,在天猫、京东等展开双十一促销活动,使"双十一"成为热点话题;在微博微信及酒店APP的营销上紧跟热点,提供"半价住酒店"等营销活动,吸引消费者的消费兴趣。在利用新媒体进行酒店营销时,要格外注重营销活动的"精准化",利用大数据等分析酒店消费者的需求,并结合不同新媒体平台用户的特点,展开精准营销,以提升营销的针对性,实现营销的目标。

(4)整合营销,提升酒店产品及服务品质

新媒体时代的酒店营销活动,固然要重视新媒体渠道的营销,也要体现出对传统营销方式的关注与重视,尽可能地实现营销模式的整合。线下线上结合的营销活动,最大限度地发挥不同营销方式的优势,扩大酒店影响范围,提升酒店品牌价值,以及助力酒店健康发展。无论是何种营销模式,酒店方面都应该格外关注产品及服务,以优质的产品及服务获得消费者的支持与认可,避免酒店出现各种负面的评价。做好本职工作,以令顾客无可挑剔的产品与服务,真正使消费者满意。而顾客的认可,以及在社交平台上的正面评价,又能进一步促进酒店良好形象的塑造,对酒店营销活动的高效展开也大有裨益的。

新媒体的出现,对酒店营销活动的展开产生了深远的影响。得益于新媒体的存在,酒店有了新的营销平台与载体,也可以实现营销内容及方式的更新创新,还能有效降低营销成本,扩大营销影响范围,掌握话语主动权,塑造酒店良好的形象。但与此同时,新媒体营销过程中,酒店也会遇到挑战和危机。要更好地利用新媒体来实现理想的营销目标,需要酒店方面做出应对,通过转变营销观念、搭建新媒体营销平台、创新新媒体营销内容、提升酒店产品及服务品质等方面的措施，实现酒店品牌价值的提升，助力酒店长久健康发展。

四、创新点：沉浸式体验营销在酒店业的应用

1.概念

（1）沉浸式体验：沉浸式体验使用户有置身虚拟世界之感。用头盔显示器封闭用户视觉、听觉，利用数据手套封闭用户手感。采用语音识别让参与者进行具体命令。临境系统替代理想模型产生虚拟环境。

（2）常见的沉浸式系统有：基于头盔式显示器的系统、投影式虚拟现实系统。

（3）"心流"：在心理学上，个人精神完全投注于某种活动的感觉被定义为心流。"心流"一词听起来比较学术，"沉浸式体验"可能会更接地气。"沉浸式体验"一词一诞生，便迅速被各领域应用，特别是在游戏和数字展示领域。

（4）沉浸式体验产生的条件有三：一是设置玩家具体水平和整体的挑战匹配；二是设计体验过程时目标要明确；三是设计的交互行为有即时的反馈，让人感觉任何互动都有回应，并在可接受范围时间内响应。

第六节　酒店人力资源管理

一、酒店人力资源管理概述

（一）人力资源的概念

人力资源的概念是由当代著名管理学家彼得•德鲁克（Peter F.Dmcker）在其著作《管理的实践》一书中提出的。"人"是具有创新、生产和制造能力，并能运用思维而认识、改变环境的高级生物体；"力"是这一高级生物体的智慧力和作用能力。"人力"在《辞海》中为"人的能力"，具体地讲，是人类所具有的体力和脑力的总和，即人的体力、智力和技能等。资源，即资财之源。对于资源的理解，多数学者的观点认为，在知识经济时代，现代意义上的资源由自然资源、资本资源、人力资源和信息资源四部分组成。

所谓人力资源，是指一定时间、一定空间地域内的能够推动整个社会和经济发展的劳动者的能力，即处在劳动年龄的已直接投入建设或尚未建设的人口的能力总和。它包括劳动力人口数量和劳动力人口质量，其数量为具有劳动能力的人口数量，质量指经济活动人口具有的体质、文化知识和劳动技能水平。

1.人力资源的特征

①人力资源是"活"的资源，它具有能动性、周期性、磨损性，而物资资源只有通过人力资源的加工和创造才会产生价值。

②人力资源是创造利润的主要源泉，人力资源的创新能力是企业的最大财富。

③人力资源是一种战略性资源。

④人力资源是可以无限开发的资源。目前，人们的潜能开发程度与人力资源的实际潜能是很不相称的。

（二）酒店人力资源管理概述

1.酒店人力资源的概念

所谓酒店人力资源，是指一切能为酒店创造财富、提供服务与管理的人及其具有的能力的总和。因酒店自身的特殊性，酒店人力资源呈现出以下特征：

（1）从业人员年轻化

从业人员较为年轻，年龄结构比较合理。中国旅游协会人力资源开发培训中心曾对接受过培训的几十家酒店做过抽样调查，调查结果表明：主管以上的管理人员平均年龄为35岁，酒店员工的平均年龄始终保持在30岁左右。

（2）管理规范化

为适应我国旅游业的快速发展，目前我国旅游酒店都根据自己的经营目标制订了严格的管理制度，并建立起一套符合我国国情的酒店人力资源管理模式，酒店人力资源管理正在逐步向制度化、规范化、科学化发展。

（3）员工流动率加大，人力资源成本高

在市场经济之下，人们都在追求自身价值，企业间的竞争加剧了人才流动，所以使得员工流动率逐年加大。酒店数量越多，企业间的竞争越激烈，流动率就越高；经济越发达的地区员工流动率越高；学历越高、外语越好、年龄越小的员工流动性越高。

2.酒店人力资源管理

酒店人力资源管理是指恰当地运用现代管理学中的计划、组织、指挥、协调、控制等科学管理方法，根据酒店的需要，通过合理的录用、配置、激励、培训等手段，对酒店的人力资源进行有效的开发、利用和激励，使其得到最优化的组合和最大限度发挥积极性的一种全面管理活动的总称，其中包括人力资源的规划、开发和其他管理。

（1）酒店人力资源管理是对人的管理

酒店人力资源管理所直接面对的是个性、习惯、爱好、兴趣等各不相同的员工。酒店管理者必须客观地分析、正确地认识酒店的员工，只有针对人的特点进行培训和教育，才能使员工的素质符合经营的需要。

（2）酒店人力资源管理是全员性管理

全员性管理不仅是指人力资源部对企业全体员工的培训与考核有责任，而且意味着酒店全体的管理人员对下属都有监督和管理的义务。

（3）酒店人力资源管理是科学化的管理

酒店人力资源管理必须建立一整套标准化、程序化、制度化和定量化的管理系统，使酒店考核和员工考核有据可依。

（4）酒店人力资源管理是动态管理

动态管理是指管理者不仅要根据酒店的整体目标选拔合适人才，对酒店员工的录用、培训、奖惩、晋级和退职等全过程进行管理，更要在员工工作过程中重视员工的心理需求，了解员工的情绪变化和思想动态，并积极采取相应措施调动员工的工作积极性，从而使全体员工发挥出潜在的各项能力。

酒店人力资源管理和开发的过程也是酒店核心竞争力培养的过程，认清酒店人力资源管理的含义，有助于认清我国酒店人力资源开发现状，做好人力资源的管理工作。

（三）酒店人力资源管理的基本内容

人力资源管理体系通常由酒店人力资源规划、招聘与配置、培训与开发、绩效管理、薪酬福利管理和劳动关系管理六部分构成，各有侧重点，共同组成了一个有机整体。

1.人力资源规划

人力资源规划是对酒店的人力资源需求和供给进行有效预测与匹配的过程，其目的在于使人员的供给（无论是内部的还是外部的）在给定的时间内与组织需求相适应，保证随时满足组织在数量和质量上对人力资源的需求。主要包括组织人力资源现状分析、未来人员供需预测、岗位分析、制订人力资源计划方案、维持人力资源供需均衡等工作活动。

2.招聘与配置

酒店员工的招聘与配置是根据职位分析的结果和酒店人力资源规划的要求为酒店获取所需人力资源的过程，主要是由招募、甄选、录用、评估等一系列环节所构成。选拔和录用合格乃至优秀的员工是酒店占据竞争主动地位的重要环节。

3.培训与开发

酒店员工的培训与开发是指通过在职培训、员工素质和潜能的发掘、员工职业生涯规划的制订，帮助员工提高和改善其知识、技能和素质，增强对酒店的归属感和责任感，更好地实现自身价值，提高工作满意度，从而帮助组织减少事故，降低成本，增加人力资源贡献率，提高生产效率和经济效益。

4.绩效考核

员工绩效考核是对员工在一定时间内对酒店的贡献和工作取得的绩效，以及在酒店中的所作所为做出测量和评价的过程。绩效考核是控制员工工作表现的有效手段，可以给员工提供工作反馈，促使其扬长避短，改善绩效。员工绩效考核也是员工培训、晋升、薪酬调整等人事决策的重要依据。

5.薪酬福利管理

薪酬管理包括基本工资、绩效工资、津贴、激励工资（奖金、分红、股权激励）等报酬内容的分配和管理。员工的福利是薪酬的间接组成部分，是酒店为了使员工保持稳定积极的工作状态，根据国家或地方法律法规或政策，结合酒店经营管理的特点和经济承受能力，向员工提供的各种非工资和奖金形式的利益和优惠措施。员工福利是酒店吸引和留住人才、激励员工努力工作、发挥人力资源效能的最有力的杠杆之一。

6.劳动关系管理

劳动关系是劳动者与用人组织在劳动过程和经济活动中发生的关系。这一部分的管理要依法订立劳动合同，依法谈判解决劳动纠纷，并充分发挥工会的作用调整劳动关系；要依法实施各种劳动保护制度，确保劳动过程中的员工安全和身心健康，避免工作场所的各种有害因素对劳动者的伤害，维护员工的劳动能力水平。一个酒店的劳动关系是否健康和融洽，直接关系到人力资源开发与管理活动能否有效开展及酒店的人力资源能否正常发挥作用。

二、酒店人力资源规划

（一）酒店人力资源规划的概念和特征

酒店人力资源规划是酒店人力资源管理各项活动的基础和起点。有效的人力资源规划不仅能帮助酒店及时获得所需的人力资源，还能防止机构臃肿，降低人力成本，最大限度地优化酒店人力资源的配置。

人力资源规划被称为"HR工作的航标兼导航仪"。酒店人力资源规划也称人力资源计划，是酒店根据其发展需要和内外部条件，运用科学的方法，对人力资源需求和供给状况进行分析和估计，并制订政策与方案，通过提供具备适当的质量、诚信度和经验的员工来满足酒店未来经营需要的过程。

从上面给出的定义来看，科学的酒店人力资源规划应该具备以下四个基本特征：

①酒店人力资源规划的制订必须以酒店的战略目标和外部环境为依据。

②酒店人力资源规划必须与酒店战略相衔接，将企业战略和人力资源战略转化为必要的人力资源政策和措施。

③酒店人力资源规划必须与未来环境变化相衔接，要与酒店发展各个阶段的目标和重点相适应。

④酒店人力资源规划必须与员工发展相衔接，能够同时满足酒店利益和个人利益。

（二）酒店人力资源规划的分类

酒店人力资源规划作为一种整体工作方案，必须要把酒店人力资源工作的全局安排与局部措施结合起来，形成既有序又可行的工作方案。

1.按照规划预期的时间跨度，可分为长期规划、中期规划和近期规划

长期规划一般可用于酒店未来5年以上、10年之内的参考；中期规划一般是未来1年以上、5年以内的人力资源管理工作规范；近期规划则通常是对1年以内的人力资源管理工作做出计划。为了更好地制订人力资源规划，酒店应该注意：对未来本地区酒店业市场的趋势和需求进行预测；确定为满足这一趋势要求所需员工的类型和数量清单；确定酒店规划期内需要的员工类型和数量的清单；确定酒店需要招聘或裁减的员工类型和数量的清单；制订现有员工和准备招聘入职的新员工进行培训与发展的计划；以人力资源规划为基础重新审视酒店的总体战略等。

2.按照所涉及的内容，可分为总体规划与专项业务规划

总体规划是指对计划期内人力资源管理总目标、总政策、总步骤和总预算的安排，它是连接人力资源管理战略决策和人力资源管理职能工作的桥梁。人力资源总规划要通过各个方面的专项业务规划来落实。人力资源管理的专项业务规划作为人力资源总规划的构成部分，涉及酒店人力资源管理工作的各个领域，它包括酒店人员的补充计划、配置计划、晋升计划、培训计划、考核计划、工资计划、福利计划、退休离职计划、劳动关系计划等。

（三）酒店人力资源规划的目标

酒店人力资源规划的总体目标是提高人力资源的配置效率。其具体目标有：得到和保持一定数量具备特定技能、知识结构和能力的人员；充分利用现有酒店人力资源，为人力资源管理的其他各项工作，如招聘、培训和开发等环节提供良好的条件；预测酒店组织中潜在的人员过剩或人力不足的情况，在供求失衡发生之前及时进行有针对性的调整，以降低人力资源的管理费用；建设一支训练有素、运作灵活的劳动力队伍，增强酒店适应未知环境的能力；减少酒店在关键技术环节对外部招聘的依赖性，唤起组织中各个层级人员对人力资源管理重要性的认识。

（四）酒店人力资源规划的过程

1.酒店人力资源规划的分析阶段

这一阶段主要是全面调查、收集、整理和分析相关信息。

（1）对内外部经营环境的分析

作为整个人力资源规划成功与否的关键要素之一，分析组织的内外部环境是酒店人力资源规划的第一步，为其后进行的人员供求分析等工作提供了基础和依据。影响酒店人力资源规划的经营环境因素有很多。进行酒店人力资源规划时要分析酒店经营计划、市场占有率、经营的优势与劣势等，还要对外部劳动力市场进行考察，例如，大中专毕业生的数量和质量，政府有关教育、特别是职业教育和就业问题的各种政策。

（2）对内部人力资源的核查

在对外部环境进行分析之后，酒店需要对现有人力资源状况进行分层、分类的分析，确定现有人力资源与酒店实现战略目标所需的人力资源之间的差距。核查内容包括现有员工的数量、质量、结构和岗位分布状况，以及各种劳动生产率指标等。

（3）职位分析

职位分析又叫职务分析或岗位分析，它是酒店人力资源管理中一项重要的常规性技术，是整个酒店人力资源管理工作的基础。职位分析是指根据酒店工作的实际情况，对酒店各项工作的内容、特征、规范、要求、流程以及完成此工作所需的员工的素质、知识、技能等要求进行描述的过程。

职位分析的主要目的有两个：第一，研究酒店中每个职位都在做什么工作，包括工作性质、工作内容、工作责任、完成该项工作所需要的知识水平和技术能力以及工作条件和环境。第二，明确这些职位对员工有什么具体的从业要求，包括对员工的自身素质、员工的技术水平、独立完成工作的能力和员工在工作中的自主权等方面的说明。这样才能为选拔和任用合格人员、制订有效的人事预测方案和人事计划、制订人员培训和开发方案做好基础工作，为建立先进合理的工作定额和报酬制度、员工的考核、升职和作业标准提供依据，加强对员工的职业咨询和职业指导，提高工作和生产效率。

职位说明书是职位分析结果的文字表达形式，其基本信息包括：工作名称、所属部门、主要职责、职位要求等。职位说明书一般分为对内职位说明书和对外职位说明书。对内职位说明书主要在酒店内部管理、员工升迁或岗位调整时使用；对外职位说明书主要在酒店发布招聘信息时使用。

（五）酒店人力资源规划的预测阶段

人力资源需求和供给预测应该采用定性和定量相结合的方法。这是一项技术性比较强的工作，也是人力资源规划工作的关键。

（1）人力资源需求预测

酒店人力资源需求预测是根据酒店的组织结构状况和酒店未来的经营业务水平，对酒店所需要的人力资源进行估测和预算，包括预测企业未来生产经营状况、估算各职能工作活动的总量、确定各职能及职能内不同层次类别人员的工作负荷、确定各职能活动及不同层次类别人员的要求量。酒店人力资源需求预测的方法有：直觉预测方法（定性预测）和数学预测方法（定量预测）。服务标准和劳动生产率的改变是影响酒店人力资源需求预测的主要因素。

（2）人力资源供给预测

酒店人力资源供给预测是对酒店未来一段时间内，内、外部各类人力资源补充来源情况。

进行预测的过程。在进行内部人力资源供给预测时，人力资源部门需要详细评估组织内部现有人力资源状况及其运作模式，即离职率、调动率和升迁率等。企业外部人力资源供给预测主要是指未来一段时间内对劳动力市场上的相关人力资源供给状况进行预测的过程。

（3）制订人力资源供求平衡策略

根据人力资源供求预测的数据，人力资源部门可以对酒店在人力资源质量、数量和结构上存在的不平衡进行比较，从而计算出人力资源净需求。结果通常会出现三种情况：

①人力资源过剩，即人力资源供大于求。这时酒店可采取的措施主要有减少临时工数量、实行工作分担制、提前退休甚至解雇等。

②人力资源短缺，即人力资源供给小于需求。这时酒店所能采取的就是招聘新员工、加班、晋升、工作再设计等，酒店实习生的选用也是许多酒店解决这一问题常采用的办法。

③供求相等，即人力资源供给等于需求。这种情况下，酒店就暂时不需要进行较大的人力资源调整。

（六）酒店人力资源规划的制订阶段

这一阶段主要是根据预测结果结合实际情况，制订相应的人力资源政策与人力资源发展计划，包括具体实施方案，如职务设计方案、职务调整方案、人员补充方案、人员辞退方案、员工培训方案、员工晋升方案、绩效指标设计方案、绩效考核方案、福利方案、薪资和奖励方案等。

（七）酒店人力资源规划的评估阶段

这一阶段的主要工作是评估整个人力资源规划的有效性，是保证人力资源规划的工作效果及实施效率必不可少的重要一环。该阶段的工作要求把各个人力资源职能工作计划与标志着酒店经营成功的重要衡量标准进行对比，诸如劳动生产率、服务质量、顾客满意度和酒店利润指标等要素。人力资源规划的评价是一项重要的工作，其目的是找出计划与目标之间的差距并分析产生差距的原因，从而改进未来的酒店人力资源规划活动。

三、酒店员工的培训与开发

（一）员工培训的概念

员工培训是指酒店为了使员工获得或改进与工作有关的知识、技能、动机、态度和行为，按照一定的目的，有计划、有组织地通过讲授、训练、实验和实习等方法向员工传授服务、管理知识和技能以及企业文化，使员工的行为方式在理论、技术和职业道德等方面有所提高或改进，从而保证员工能够按照预期的标准或水平，完成所承担或将要承担的工作与任务的活动。

员工培训是酒店采取的促进内部成员学习的正式活动，目的是改善成员行为，增进其绩效，更好地实现组织目标。从某种意义上说，员工培训是酒店人力资源增值的重要途径，是维持整个酒店有效运转的必要手段。

（二）酒店员工培训的原则

1.培训目标多元化

培训目标不能单一地只满足酒店经营的需要，而应从酒店和员工双方面着手。从员工角度来说，培训可以使员工明确任务、目标，适应其工作岗位，使员工具有足够的知识、提高工作所需的技能，增加员工的成就感，强化员工的动机，改变员工的态度。从酒店角度而言，培训可以实现酒店变革与发展，使组织更具有生命力和竞争力，传播企业文化，凝聚企业向心力，增强企业创造力。

2.培训方式灵活化

目前培训方式主要有两种：在岗培训和脱产培训。在岗培训是将新员工分配给有经验的员工或上级去培训；脱产培训是受训者培训期间脱离工作岗位，专门接受培训的培训方式。因此，酒店员工的培训方式应该灵活化。

3.培训的整体性

（1）培训思路的整体性

培训思路的整体性是指从整体上把握发展现状与发展目标之间的差距，统筹考虑发展战略、组织架构、资源禀赋、企业文化、经营特色、管理能力等因素，确定具有系统性、针对性、前瞻性的人力资源培训总体思路。

（2）培训过程的整体性

培训过程的整体性是指人力资源培训的总体思路应统揽人力资源培训的全过程，贯穿需求分析、计划制订、项目实施、效果评估四个阶段的每一个层面、每一个步骤。

（3）培训操作的整体性

培训操作的整体性是指人力资源培训应"分工不分家"，所有运营系统、每个职能部门都要积极支持、不断推动人力资源培训的深入开展，职责分担，成果共享。

（4）培训的动态性

酒店人力资源的数量（存量和增量）和质量（总体质量与个体质量）都是动态变量，人力资源培训应充分体现动态性原则。酒店要关注旅游产业、酒店行业的总体发展态势和趋势，从打造和巩固自身的核心竞争力出发，建立"全员性、低重点、高视点、最优化"的动态培训体系。

（5）培训程序科学化

科学化的培训程序有助于酒店员工的迅速成长，可使酒店通过最有效的途径达到提升员工素质的目的，节省成本。

（三）酒店员工培训的主要内容

1.态度培训

态度培训就是酒店员工的服务意识与职业道德培训。酒店工作的特点决定了员工应有良好的服务意识、高度的责任心和职业道德感。该项培训的关键在于深入挖掘员工服务中有关服务意识和职业道德方面存在的问题，通过宣讲企业文化、树立服务榜样、剖析典型案例等形式，使员工从根本上重视职业道德，提高服务意识。同时还应该注意树立酒店与员工之间的相互信任，培养员工的团队精神，增强其作为酒店一员的归属感和荣誉感。香格里拉酒店集团在员工培训过程中就非常注重态度培训，强调员工殷勤好客的服务态度。

2.技能培训

服务技能技巧的培训是员工培训的主要内容，它直接关系到各项服务工作能否依照标准完成，并保证令顾客满意。技能培训着眼点是进一步提高和增加员工现有的技能水平，强化和拓展员工的各项能力。通过这方面的培训，应该使员工掌握完成本职工作所必备的技能和技巧，包括一般技能和特殊技巧。客房部服务员客房清洁工作培训、做床培训，餐饮部服务员摆台、上菜撤盘培训，前台服务员接待程序、检验信用卡培训等都属于技能培训。餐饮部服务员看台、前台服务员处理疑难问题等方面的培训则属于服务技巧培训。

3.知识培训

知识培训主要是以知识为对象的培训，包括新员工的入职培训、员工的礼貌礼仪培训、酒店的各部门知识技能的培训等，目的是帮助员工获得更多的知识，对员工素质的提高起着潜移默化的作用。一位合格的酒店服务员应该扎实地掌握酒店服务礼仪、本岗位基本常识，熟悉主要客源国的政治、经济、地理、民族风俗习惯，了解酒店各项服务措施，懂得顾客消费心理知识等。

4.外语培训

外语培训是酒店最普遍的培训，应保持全年坚持不断。随着世界经济一体化的进一步发展，酒店的顾客已经实现了国际化。酒店的英语培训就是要让员工能够用英语为客人更好地提供服务，实现英语环境工作无障碍。

5.管理知识培训

酒店管理知识的培训多为管理层员工开设。酒店的管理层主要指主管、部门经理等。该部分的培训可提高受训者与人沟通的能力、领导能力以及作为管理层员工必备的心理素质。

6.应急知识培训

酒店应急知识培训主要涉及消防知识、急救知识和突发事件处理等方面。

（四）员工培训的过程

员工培训是由以下五个步骤为主链构成的循环过程。

1.确定培训需求

培训需要支付很高的费用，酒店必须在恰当的时期就恰当的工作对恰当的人员提供恰当的培训。所以，为了有效实施培训，应在培训前先对培训需求做出评价。

培训需求通常在以下三个层面上进行：

①组织分析。组织分析包括对酒店的目标、资源、环境的分析，着重分析每个职能部门的组织结构和组织目标，确定其培训范围和重点。

②任务分析。任务分析侧重研究员工具体的工作行为与酒店期望的行为标准之间的差距，从而判断出员工需要接受什么类型和程度的培训。

③员工分析。对在职员工的分析是分析每个员工的工作过程和工作结果，确定对其培训的目标及内容。酒店每个岗位都有明确的知识技能和能力要求，应该根据岗位的要求，明确企业需要培训的内容。

2.设置培训目标

酒店有明确的培训目标，才能确定培训对象、内容、时间、方法等具体内容，并可在培训之后，对照目标进行效果评估。培训目标主要可分为三大类：一是技能培养，在酒店普通员工层面，主要涉及具体的服务操作训练；对于中高级管理人员，则主要是侧重于思维性活动，同时也要涉及具体的技巧训练，如书面与口头沟通能力、人际关系技巧等。二是知识传授，包括概念与理论的理解与纠正、知识的灌输与接受、认识的建立与改变等。同时，培训内容和要领必须和实际结合，才能有助于员工透彻理解，灵活掌握。三是工作态度转变。

3.拟订培训计划

培训计划是培训目标的具体化与操作化，即根据既定目标，具体确定培训项目的形式、学时、培训提纲、培训教材、任课讲师、培训方法、考核方式、辅助培训教材与设施等，培训计划应包含本酒店所有的岗前培训、岗位培训和职务培训。制订正确的培训计划必须兼顾许多具体因素，如酒店类型、服务宗旨与政策等，而最关键的因素是酒店领导的管理价值观与对培训重要性的认识。

4.员工培训的实施

员工培训的组织实施工作主要包括：与员工沟通培训课程和内容；确定培训员工名单；准备和整理培训中所需的器材和各种资料；安排培训场地和教学设施；调试将用的设备并安排应急措施；在培训中随时提供帮助；为教与学双方的沟通提供便利等。另外，在培训中还应保持培训人员和员工的联系，了解员工的需求、表现和心理状态，提高培训的效率和效果。

5.培训效果评估

在员工培训的某一课程结束后，酒店一般要对培训效果进行一次总结性的评估或检查。培训的效果评估是看培训结果是否达到预期的目标，并根据评估结果对培训策略、培训目标、培训计划进行适当的调整。培训效果评估有助于酒店找出培训的不足，总结经验与教训，发现新的培训需要。

（五）酒店员工培训的方法

1.讲授法

讲授法是传统模式的培训方法。酒店培训中讲授法主要表现为主题讲座形式。优点是同时可实施于多名学员，不必耗费太多时间和经费。缺点则为表达上受到了限制，员工不能主动参与，只能做被动的、有限度的思考。这种方法的关键是如何让员工自始至终保持学习兴趣。

2.讨论法

讨论法是对某一主题进行深入探讨的培训方法，其目的是解决某些复杂的问题或通过讨论的形式使众多受训员工就某个主题进行沟通，达到观念看法的一致，如酒店对"如何处理客人投诉"主题的培训就可以用讨论法进行。参加讨论培训的员工人数不宜超过25人，也可分为若干小组进行讨论，讨论会的主持人要善于启发员工踊跃发言，引导员工想象力的自由发挥，还要确保参加讨论的员工对讨论结果有较统一的认识。

3.职位扮演法

职位扮演法又称角色扮演法，是一种模拟训练方法。这是一种将学习与兴趣结合起来的教学方式，可由三四名服务员扮演顾客与服务员，其他人可以提意见，有时可同时表演正确的和错误的操作方式。如客房服务员可示范整理床铺正确与错误的情况。这种方法适用于实际操作或管理人员,通过角色扮演发现及改进自己的工作态度和行为表现。

4.专业指导法

专业指导法就是酒店指定有经验的服务员带领新手,给新员工以专人指导,是一种循序渐进的方式。新员工在工作中得到老员工的肯定和赞许会增加其工作的自信心,这样就可在正式当班时有令人满意的工作表现。

5.对话培训法

对话培训法就是将服务员与顾客间的对话录下来,将其中缺乏礼貌、态度粗暴、不懂业务、不懂销售常识等的对话制成幻灯片,在培训课上放映出来,进行讨论。对话训练的目的就是让员工学会在工作中遇到典型情景时,使用最佳的对话,从而为旅客提供优质服务,增加酒店收入。这种训练能使新员工在第一次碰到类似问题时就能正确处理,从而增强工作信心,提高工作能力。

6.自学指导

自学指导即编制自学指导材料,系统地对一项工作进行详细描述,列出其任务及完成任务的方法。有的酒店制订出工作指导后,发给新员工阅读,过几天进行测验,可以使训练正规化和系统化。

(六) 酒店员工的绩效管理

1.绩效管理的概念

绩效一般是指完成工作的效率和效能,即员工在考核期内的工作表现和业务成果,是其能力在一定环境中表现的程度和效果,是其在实现预定工作任务过程中所采取的行为及这些行为的成果。

绩效管理是通过对酒店员工的工作进行计划、考核、改进,最终使其工作活动和工作产出与酒店目标相一致的过程。绩效考核又称绩效评估,是指酒店人力资源管理部门按照一定的标准,采用比较科学的方法,全面检查和评定酒店员工对其工作职位所规定的职责的履行情况,以便确定其工作成绩的一种管理方法。

绩效管理的目的是持续改进员工、部门和组织的绩效,是人力资源管理的中枢和关键;绩效考核的目的是测评成绩或成果。绩效管理是对绩效考核过程的监控;绩效考核是绩效管理的一种手段,也是整个绩效管理的核心。绩效管理既要注重结果,更要注重过程,同时强调各级管理者的参与,形成一个完整的绩效管理体系。

2.绩效管理的重要性

(1) 确定员工薪资报酬的依据

薪酬分配必须遵循公平与效率两大原则。绩效考核的结果是决定员工报酬的重要依据。因此,酒店必须对每一位员工的劳动成果进行评定和计量,按劳付酬,以保证酒店薪酬体系的公正性和合理性。

(2) 员工人事变动决策的依据

每位员工都希望酒店能公正地评价其工作表现和工作能力,以满足其物质和精神的需要。常规化、科学化的绩效考核有助于酒店认可每位员工的工作成绩,采用严格的奖励和惩罚手段,鼓励先进,鞭策后进,淘汰不合格员工,给每位员工公正的待遇。

(3) 人力资源开发的依据

有效的人力资源开发的依据是员工目前的行为、绩效及素质与工作规范、组织发展要求之间存在的差距，通过绩效考核，可以确定人力资源开发目标、内容及方式，以制订具体的措施与计划。

（4）有助于更好地进行员工管理

绩效考核使员工更加明确了工作要求。一方面使员工责任心增强，进一步发掘员工的潜能；另一方面还促进了员工与上级之间、员工与员工之间更好地沟通，加强了酒店员工之间的了解与协作，提高了酒店的凝聚和竞争力。

3.绩效管理的流程

绩效管理的过程通常被看作一个循环过程。这个循环分为六个步骤：绩效调研、绩效计划、绩效实施、绩效考核、绩效反馈和绩效结果应用。

（1）绩效调研

绩效调研是绩效管理的首要任务。它通过深入、系统地诊断酒店管理现状，摸清酒店管理水平，确认酒店的组织目标已被分解为具体的工作任务并落实到各个工作岗位上。该阶段的工作内容主要包括：了解企业组织机构设置、工作流程、企业制度及薪酬系统，明确部门设置及岗位责权分工，熟知企业战略目标、经营计划、企业工作目标和计划实现周期，分析相关部门或岗位过去1～3年的业绩表现等工作。

（2）绩效计划

制订绩效计划，首先要有效地确定酒店员工需要考核的关键绩效领域等绩效计划内容，然后确定每个关键绩效领域中的具体绩效指标和相应的绩效标准。

关键业绩指标（KPI）是指影响酒店战略发展、总体业绩的关键领域的指标。它既体现公司各层次的动态工作任务要求，也是考核依据，其表现形式是可测量的数值指标、项目指标。

（3）绩效实施

这一阶段的工作主要包括两方面的内容：一是计划的跟进与调整，即管理者通过员工定期的工作进展情况汇报对绩效计划的执行情况进行跟踪，通过双方的沟通，可以根据实际情况对绩效计划进行调整，以适应实际工作要求；二是过程辅导和激励，即在绩效实施的阶段，管理人员要更多地扮演辅导员的角色，帮助员工完成绩效目标。

（4）绩效考核

绩效考核就是对被考核者的绩效状况进行评定，是整个绩效管理过程的核心。

①确定评定者

一般来说，参加绩效评定的人员包括直接主管、员工自己、下属、同事、绩效考核委员会等，不同的人员可从不同角度对被考核者进行评定，各有优劣。

②确定考核方法

绩效考核方法并不是越复杂越好。酒店需要根据自身的条件和管理经验来选择绩效考核方法。一般常用的方法有关键绩效指标法、平衡计分卡法、360度绩效考核法、目标管理法和重要事件法。

关键绩效指标法是以酒店年度目标为依据，确定反映酒店、部门和员工一定期限内综合业绩的关键性量化指标，并以此为基础进行绩效考核。

平衡记分卡法是从酒店的财务、顾客、内部业务过程、学习和成长四个角度进行评价，并根据战略的要求给予各指标不同的权重。360度绩效考核法是指所有的考评信息来自被考评员工周围所有的人，包括上级、下属、同事、外部顾客以及员工自己，将上述绩效考核主体综合在一起并采用不同方法而完成。目标管理法是通过将酒店的整体目标逐级分解至个人目标，最后根据被考核员工完成工作目标的情况来进行考核的一种绩效考核方式。重要事件法是指考核人在平时注意收集被考核员工的"重要事件"的一种考核方法。这里的"重要事件"是指那些会对部门的整体工作绩效产生积极或消极的重要影响的事件。对这些表现要形成书面记录，以此为依据进行整理和分析，最终形成考核结果。

③绩效考核的内容

员工绩效考核包括员工素质评价和业绩评价两个方面。

员工素质评价涉及员工的知识、技能、职业道德、生理和心理健康状况等方面的内容。业绩评价则主要包括工作态度评定和工作完成情况的评定。工作态度评定是对员工工作活动中的态度的评定；工作完成情况评定是最基本、最重要的核心内容，它一般要从工作的最终结果和工作的执行过程两个方面进行分析。工作态度与工作完成情况的评定是相互关联的，但是两者的评定结果也并不总是一致的。

（5）绩效反馈

绩效反馈的目的就是让员工了解自己的工作情况，肯定员工所取得的成绩，确认仍然存在的问题，明确产生问题的原因，并在此基础上制订相应的行动计划。绩效反馈的主要方式是绩效面谈。在绩效面谈的过程中，要营造良好的面谈氛围，向员工说明面谈的目的，告知其绩效评定结果，在双方交流的过程中制订绩效改进计划。在面谈结束后，整理面谈记录，向上级主管报告。

（6）绩效结果应用

绩效考核的结果可以应用在三个方面：一是作为工资等级晋升和绩效工资发放的直接依据，与薪酬制度接轨；二是记入人事档案，作为确定职等晋升、职位调配、教育培训和福利等人事待遇的参考依据；三是作为调整工作岗位、脱岗培训、免职、降职、解除或终止劳动合同等人事安排的依据。

根据反馈面谈达成改进方案，制订绩效改进目标、个人发展目标和相应的行动计划，成为下一阶段的绩效目标，从而进入下一轮的绩效考核循环中。

四、酒店员工激励方式

酒店员工激励管理要注意三个问题：一是激励时机的掌握；二是激励频率的控制；三是激励程度的掌握。这些都要根据员工的需求、动机和实际情况来确定。

（一）酒店员工流动的原因与控制

1.员工流动与员工流失

（1）人力资源流动

人力资源流动是指人员从一种工作状态到另一种工作状态的变化。人力资源的流动分为组织内流动和组织间流动。组织内流动通常由该组织的人事部门通过提升或调动来完成，而组织间的流动则是通常所说的员工流失。

员工流失一直是困扰企业管理者的难题。随着知识经济时代的到来以及人们生活节奏的加快，员工流失正变得越来越频繁。正常的人员流动率一般应该在5%～10%。作为劳动密集型企业，酒店的流动率却高达 20%以上。特别是一些高学历、高层次的管理人才流失情况更加严重。

（2）员工流动的分类

在经济理论的研究中，可以按照主体的主观意愿将员工的流动分为自愿流动和非自愿流动两种类型。非自愿流动是由于雇主的原因而发生的流动，主要有解雇、开除和裁员等形式；自愿流动是雇员为了自身的利益而进行的流动，即通常所说的员工流失。按照契约理论，员工流失实质是员工自主与组织终止劳动关系的行为，代表了个体永久性地退出某一组织。因退休、伤残、死亡等原因而发生的员工流动则属于自然流动。

（二）酒店员工流失的消极影响

1.降低服务质量

较高的人员流失率会影响酒店员工的归属感进而影响服务质量。人员的频繁流动会对其他在岗人员的工作情绪和工作态度产生消极的影响，动摇他们留在酒店工作的决心。特别是在看到流失的员工获得了更好的工作环境或者薪资待遇的时候，他们对自己所在的工作团队的归属感和荣誉感会逐渐下降，工作积极性会严重受挫，从而直接影响对顾客服务的质量。

2.增加经营成本

较高的人员流失率会带来直接的人力资源损失，从而增加酒店的经营成本。若酒店稳定员工的管理措施不足，那么将无法有效避免频繁的员工跳槽和"为他人做嫁衣"的情况发生。最典型的体现就是新员工完成培训学习能独当一面后选择了跳槽。为了维持正常运转，酒店需要进行新一轮的员工招聘与培训活动，这样不仅造成招聘和培训成本的上升，而且由于新员工缺乏对岗位职责与工作环境的准确感知，导致工作效率较低、服务差错比例大、服务成本上升、顾客满意度下降等问题的产生。

3.弱化酒店竞争力

较高的人员流失会弱化酒店的竞争力。酒店人才的流失大多会在本行业内发生，他们或是自立门户创业，或是流向竞争对手，所以人员流失的同时会引发本酒店的技术和客户资料的流失。特别是很多销售人员都有一些固定的客源积累，这些销售人员的离职会导致酒店客源的流失，从而增加竞争对手的实力，并给酒店的经营带来极大的竞争威胁。

（三）酒店员工流失的影响因素

1.社会因素

（1）社会的认同度

伴随着社会经济进步与发展的历程，我国酒店业走过了具有历史性、跨越性和巨变性的 30 年。虽然在行业规模、企业水平和社会地位影响及经济拉动作用等方面都发生了深刻的变化，但是社会对其的认同度仍然停留在最初的水平，如酒店业是吃"青春饭"的行业、是"伺候人"的行业、员工素质低下等错误观念，这是导致酒店员工人才供给不足以及高流失率的根本原因。

（2）就业平台的多元化

网络时代员工流动市场较之计划经济时代同样有着巨大的进步和发展，同时人力资源也应与其他资源一样能够在市场上自由流动。随着改革的深入，经济的高速增长，市场化程度的进一步提高，社会对员工流失不仅越来越理解，还创造出大量的机会，提高了员工在企业外找到有吸引力的工作机会的预期。从这个角度来说，员工交流平台的多元化加剧了酒店员工的流失。

2.个体因素

（1）工资待遇低

薪酬水平及相应的福利状况是影响酒店能否留住员工最有力的武器。酒店作为营利性企业面临着营运成本的压力，而人力成本又是酒店日常营运最大的成本之一，这就造成很多酒店通过压低员工的薪酬和福利待遇水平获得更高的短期经营利润，继而直接导致员工满意度下降，使得员工流向竞争对手或者其他行业。因此，提供一个相对具有竞争力的薪酬和福利组合，不但能够激发酒店员工的积极性，还可以有效避免酒店人才的大量流失。

（2）获取更好的发展空间

对于酒店行业而言，大部分一线的岗位工作知识要求不高，工作缺乏挑战性。由于管理方面或管理者素质不高，导致很多酒店中的一线员工得不到应有的尊重；在有些酒店中还存在工作环境过于紧张、人际关系过于复杂等问题；此外，很多员工看不到自身在酒店发展或者晋升的机会，为了能够得到更好的个人发展或晋升的空间，选择了自己认为更加有发展前景的酒店或者行业。

（3）组织承诺

组织承诺也可理解为"组织归属感""组织忠诚"等，是体现员工和组织之间关系的一种心理状态，隐含了员工对于是否继续留在该组织的决定。组织承诺有继续承诺、感情承诺、规范承诺3种类型。继续承诺是指员工对离开组织所带来的损失的认知，是员工为了不失去多年投入所换来的待遇而不得不继续留在该组织内的一种承诺；感情承诺是指员工对组织的感情依赖、认同和投入，员工对组织所表现出来的忠诚和努力工作，主要是由于对组织有深厚的感情，而非物质利益；规范承诺体现在员工对继续留在组织的义务感，它是员工由于受到了社会的长期影响而形成的社会责任而留在组织内的承诺。

组织承诺对酒店业员工流失的影响主要体现在员工对企业的3种承诺类型的保持程度。本身员工对酒店业的组织承诺就低于其他行业，加之3种承诺类型中的任何一种承诺遭到破坏，都会对员工的流失行为起到推波助澜的作用。因此，酒店有效合理地维护员工的组织承诺，将能大大地改变员工的流失意愿，减缓员工的流失行为。

（4）工作满意度

工作满意度主要表现在六个方面：

①对领导的满意度，其中包括：公司领导对员工及员工发展的关心，是否注意与员工的交流；上级主管在分配工作、管理下属、与员工间的沟通等方面能否有效实施激励；努力工作能否得到上级的认可。

②对企业管理的满意度，包括对企业的各项规章制度的理解和认同，以及制度以外的其他管理行为的认同。

③对工作本身的满意度，包括工作是否符合自己的期望和爱好，工作量是否适度；自己在工作中能否体现出价值，能否达到自我实现的目的；工作的责权分配是否适度、明确。

④对自身发展的满意度,包括员工参加培训的次数、广度和深度是否有助于自身发展;当工作中遇到难题时,能否及时得到上级的帮助和指导;能否得到充分、公正的晋升机会。

⑤对工作协作的满意度,包括沟通渠道是否畅通;在工作群体中,能否得到个人人格的尊重及对工作价值的认可。

⑥对工作回报的满意度,包括薪酬公平感、福利满意度、工作环境与条件的满意度。

总之,工作满意度与流失意向呈负相关,即员工感觉到的工作满足程度较低时,其流失意向较高。不同程度的满意度导致不同程度的员工流失,即员工流失的不同程度。

另外,如年龄、性别、学历及婚姻状况等因素也对酒店员工流失造成了不同程度的影响。员工个体特征分布的多样化,加大了人力资源管理的难度。

3.组织因素

组织因素是导致员工流失的最直接、最根本的因素,是最有可能通过采取针对性措施明显降低流失率的因素,也是必须加以重点关注的因素。组织内部因素处理不好,会直接导致员工做出离职的决定。

(1) 工作因素

工作是员工在组织中的存在形式和价值体现的最终载体。它对员工流失有着直接而重要的影响。工作因素涵盖了工作内容、工作压力、工作环境等各项来源于工作的要素。一份经过精心设计的工作直接影响到员工的业绩和工作满意度。

酒店员工,特别是身处第一线的服务人员,工作既繁杂又辛苦,甚至有时还要遭受少数客人的恶意刁难。另外,酒店工作时间不固定,一线员工要实行三班制,即使是管理人员也没有正常的休息时间,一切都必须以顾客为中心,许多高素质的酒店人才不堪重负,最终离开酒店行业。

(2) 体制因素

规章制度是酒店经营活动正常运行和完成各项工作任务的基本保证。但是现阶段,大部分酒店仍没有一套建立在"人性化"管理之上的制度体系。员工作为酒店的一员,期望拥有平等的发展机遇,获得尊重与成就感,但是很多酒店依然存在"任人唯亲"的现象,严重挫伤了员工的积极在这种情况下,酒店由于没有建立起与员工互相忠诚的模式,没有创造出有利于员工忠诚于酒店的环境,即便拥有较好的薪资待遇水平,仍然很难留住员工。

(3) 领导管理因素

领导管理因素是指由于酒店管理者的管理能力、管理行为、管理风格、责任心以及与下属关系等导致员工流失的影响因素。不受欢迎的领导行为有:领导缺乏主见,朝令夕改,经常让下属做无用工;本身不能以身作则,要求下属做的,自己没有做到;管理权力过于集中,对下属封锁必要的信息,视信息为自己职权的象征;推过揽功,对下属的工作和困难缺乏理解和支持;处事带有明显的主观感情色彩,在组织内聚集小团伙;缺乏横向合作的良好基础,导致企业内耗增加等。

(4) 酒店文化

酒店文化是一个企业的"精神之魂"。酒店文化对员工流失的影响是渗透性的、复杂的,又是不可忽略的。事实表明,许多员工追求的不仅仅是一份工作,而是一份有发展前途的职业。酒店如果能创造和建立独特的企业文化氛围，使广大员工具有归属感和宽松的工作环境，并且有较大的提升希望，员工选择跳槽的可能性就会比较小。但遗憾的是，很多酒店在这方面做得很不够，由此也导致了员工跳槽现象的发生。

综合上述因素，影响员工流失的组织因素是复杂的、直接的，但同样也是可控的。企业目标不是要阻止员工的流动，而是要控制他们的流向和流速，以降低员工流失率，提升酒店的绩效。

（四）应对酒店员工流失的对策

1.完善人力资源管理体制

（1）实施谨慎的员工招聘策略

切实做好工作分析，编写出详细而规范的工作说明书，并严格以此为依据招聘员工，以确保能招聘到合格的员工。在招聘过程中，招聘者要以挑选合适的员工为原则。合适不但是指员工的技能适合岗位要求，而且个性、态度和价值观也要与酒店的理念、文化相吻合。如对大学生求职者，要了解其潜在的职业期望和职业兴趣，让其了解酒店人才培养的规律及晋升路径，这样可以让求职者理性选择，以避免聘用后因不适应酒店工作、期望与现实存在差距而辞职。

（2）完善人力资源培训制度

酒店领导应充分认识到培训的重要性和必要性。通过人力资源管理综合配套改革，把员工培训与员工激励、绩效考核、职业发展结合起来，建立员工自我约束、自我激励的培训机制。同时辅以交叉培训，使员工适应多个工作岗位的需要，以便能在旅游旺季业务量突增或员工生病、休假以及顾客有额外需求导致酒店内部出现工作缺位时能够及时弥补。

（3）重视员工的职业生涯发展规划

酒店除了做好培训外，还应在考虑酒店发展需求并对员工所拥有的技能进行评估的基础上为员工制订个人职业生涯发展规划，协助员工学习各种知识和技能，特别是专业性的知识和技能，以帮助员工适应酒店多方面的工作及未来发展的需要，促进员工个人和酒店的共同发展，有效减少员工流失。

2.完善薪酬管理体制

（1）实行绩效评估，严格绩效管理

酒店应建立分层分类的员工考核制度，从实际出发，从酒店长远目标出发选择合理的考评方式，进行科学有效的绩效激励；针对不同的员工实行不同的考核内容与方法，在考核中加强与员工的沟通，通过考核不断发掘员工内在潜能，同时以公正、及时的绩效激励不断增强员工工作的责任感与成就感。

（2）提高酒店员工福利待遇

合理的薪酬体制不仅仅是指工资的高低，还要体现出公平性、激励性、竞争性。酒店需要改变传统的固定工资占绝对地位的状况，树立工作量化观念，使薪酬与贡献挂钩，给员工提供公平竞争的工作环境，从根本上吸引和留住酒店需要的人才。

另外，酒店还可以实行弹性福利制，即员工可以从酒店所提供的"福利项目菜单"中自由选择其所需要的福利。合理利用弹性福利制度，会使员工的福利需求得到最大化的满足，有助于提升员工的优越感，增加员工的忠诚度。

3.塑造以人为本的企业文化

酒店经营应牢固树立"以员工为核心"的管理理念，在制订经营决策、订立规章制度、实施管理方案、落实奖惩措施以及进行教育培训时，要及时了解员工的想法，听取员工的意见和吸纳他们提出的合理化建议。在实现酒店总体目标框架内，尽可能多地去适应和满足员工的要求。维护员工的权益，为他们创造良好的工作环境和工作氛围，给员工以安全感、受尊重感和成就感。

4.畅通交流渠道，实现有效沟通

酒店的管理人员应该直接与一线员工接触沟通，了解员工的愿望和需求，了解他们对工作条件、津贴、酒店政策等的看法和意见。同时，管理人员还应具备敏锐的洞察力和判断力，善于发现员工的情绪变化，及时与他们进行沟通，耐心真诚地聆听，帮助员工排解压力。这样可以有效减缓员工压力，提高他们的工作满意度。在此基础上，通过建立内部投诉制度，可鼓励员工投诉，消除武断和官僚主义，促使内部服务质量不断提高。

（五）酒店员工激励的意义

对一个企业来说，科学的激励制度至少具有以下几个方面的作用：

1.调动员工的积极性

对酒店来说，如果员工没有干劲、没有工作激情，就会使员工工作缺乏效率、酒店失去活力，最终影响酒店目标的实现。各种恰当的激励手段，可以从精神和物质方面充分满足员工的需要，调动他们的积极性，提高工作绩效。

2.激发员工的潜能

美国哈佛大学的威廉·詹姆斯（W·James）教授在对员工激励的研究中发现，按时计酬的分配制度仅能让员工发挥20%~30%的能力，如果受到充分激励的话，员工的能力可以发挥出80%~90%的能力，两种情况之间60%的差距就是有效激励的结果。管理学家的研究表明，员工的工作绩效时员工能力和受激励程度的函数，即绩效=能力×激励。如果把激励制度对员工创造性、革新精神和主动提高自身素质的意愿的影响考虑进去的话，激励对工作绩效的影响就更大了。

3.吸引并留住优秀人才

酒店业因为自身特点和其他原因，使得酒店员工的流动性比其他行业要高一些，任何酒店的稳定，都离不开稳定的优秀员工队伍。因此，酒店如果想吸引人才、留住人才，就必须通过各种优惠政策、丰厚的福利待遇、快捷的晋升途径来吸引酒店需要的人才。

4.造就良性的竞争环境

科学的激励制度含有一种竞争精神，它的运行能够创造出一种良性的竞争环境，进而形成良性的竞争机制。在具有竞争性的环境中组织成员就会受到环境的压力，这种压力将转变为员工努力工作的动力。正如麦格雷戈（Douglas M-Me Gregor）所说个人与个人之间的竞争，才是激励的主要来源之一。在这里，员工工作的动力和积极性成了激励工作的间接结果。

（六）酒店员工激励的原则

激励对酒店有着非常重要的意义，要想使激励的作用得到充分发挥，管理者必须在实际工作中正确运用各种激励方法，因此必须遵循以下几点原则：

1. 目标一致原则

在酒店的激励过程中，设置目标并且目标一致是一个关键性的环节。员工只有确立了目标，才会有动力。因此酒店人力资源管理人员在激励过程中，首先让员工树立目标，然后使员工、班组、部门的目标与酒店的经营目标保持一致，只有这样才能取得良好的激励效果。

2. 物质激励和精神激励相结合的原则

物质激励是基础，精神激励是根本。在两者结合的基础上，逐步过渡到以精神激励为主。

3. 积极引导原则

外激励措施只有转化为被激励者的自觉意愿，才能取得激励效果。因此，引导性原则是激励过程的内在要求。

4. 合理性原则

激励的合理性原则包括两层含义：其一，激励的措施要适度。要根据所实现目标本身的价值大小确定适当的激励量；其二，奖惩要公平。

5. 明确性原则

激励的明确性原则包括三层含义：①明确。激励的目的是需要做什么和必须怎么做；②公开。特别是分配奖金等大量员工关注的问题时更为重要；③直观。实施物质奖励和精神奖励时都需要直观地表达它们的指标，总结和授予奖励和惩罚的方式，直观性与激励影响的心理效应成正比。

6. 时效性原则

要把握激励的时机，"雪中送炭"和"雨后送伞"的效果是不一样的。激励越及时，越有利于将人们的激情推向高潮，使其创造力连续、有效地发挥出来。

7. 正激励与负激励相结合的原则

所谓正激励就是对员工符合组织目标的期望行为进行奖励。所谓负激励就是对员工违背组织目的的非期望行为进行惩罚。正负激励都是必要而有效的，不仅作用于当事人，而且会间接地影响周围其他人。

8. 按需激励原则

激励的起点是满足员工的需要，但员工的需要因人而异、因时而异，并且只有满足最迫切需要（主导需要）的措施，其效价才高，其激励强度才大。因此，管理者必须深入地进行调查研究，不断了解酒店员工需要层次和需要结构的变化趋势，有针对性地采取激励措施，才能收到实效。

（七）酒店员工激励的方法

在酒店管理实践中，激励的方法比较多，酒店的管理者在遵循基本原则的基础上，应分具体情况对不同的员工采取不同的激励方式。

1. 金钱激励

金钱及个人奖酬是使促使酒店员工努力工作的最重要的激励手段，酒店要想调动员工的工作积极性，主要的方法还是经济性报酬。虽然在知识经济时代的今天，人们生活水平已经显著提高，金钱与激励之间的关系逐渐成弱化趋势，然而，物质的需要始终是人类的第一需要，是人们从事一切社会活动的基本动因。所以，物质激励仍是激励的主要形式。但是酒店管理者必须注意：员工对待金钱的态度和价值观是不同的，应该区别对待；金钱的激励必须公正；平均分配等于没有激励。

2. 目标激励法

目标是组织对个体的一种心理引力。所谓目标激励，就是确定适当的目标，诱发人的动机和行为，达到调动人的积极性的目的。将目标作为一种诱因，具有引发、导向和激励的作用。一个人只有不断激发对高目标的追求，才能激发其奋发向上的内在动力。

3. 荣誉激励法

对于酒店员工来说，不仅要有物质激励，而且还要有合理的精神激励，因为这可以体现人对精神上满足的需要，在荣誉激励中还要注重对集体的鼓励，以培养员工的集体荣誉感和团队精神。

4. 情感激励法

情感是影响人们行为最为直接的因素之一，任何人都有渴求各种情绪的需求。按照心理学上的解释，人的情感可以分为利他主义情感、好胜情感、享受主义情感等类型。这就需要酒店的经营者根据酒店员工物质文化的需求，关心员工的生活，敢于说真话、动真情、办实事。在满足人们物质需要的同时，还要去关心员工的精神生活和心理健康，提高员工的情绪控制能力和心理调节力。对于他们遇到的事业上的挫折、感情上的波折、家庭上的矛盾等各类"疑难病症"要给予及时"治疗"和疏导，营造出一种相互信任、相互关心、相互体谅、相互支持、互敬互爱、团结融洽的良好氛围，增强员工对酒店的归属感。

5. 信任激励法

信任激励是一种基本激励方式。领导之间、上下级之间、下属之间的互相理解和信任是一种强大的精神力量。它有助于酒店不同岗位、不同层级的员工之间的和谐共振。有助于酒店团队精神和凝聚力的形成。

6. 知识激励法

由于酒店一线员工的入职门槛不高，而这个群体的员工在酒店员工总数中占据较大的比重，因此酒店的大多数员工存在着知识结构不合理和知识老化现象，这就需要酒店管理者在管理过程中，一方面不断丰富积累知识，提高自己的知识水平、专业水平和管理水平；另一方面也要不断地加强员工学习。对酒店一般员工可加大职业培训的力度，对各类人才也可以进行脱产或半脱产学习，把酒店员工的知识学习作为酒店长期发展的一个重要目标，从而不断提高酒店员工的文化素质、技术素质。

7. 参与激励法

在管理过程中，通过使组织成员参与管理行为，能够增加他们对组织的关注，进而把组织目标变成个人的追求，变成组织成员乐于接受的任务，使个人在实现组织目标的过程中获得成就感。因为人都是有一定的志向和抱负的，是愿意为自己所追求的事业做出努力的，并在这种过程中获得精神上的满足。参与激励就是建立在这种心理基础之上的。

五、酒店企业文化

（一）酒店企业文化的作用

酒店企业文化是酒店组织成员共有的行为模式、信仰和价值观，它在酒店生存与发展中的地位是与其所发挥的作用分不开的。企业文化对于酒店具有以下及个方面的作用：

1. 凝聚作用

酒店的企业文化对酒店的生存与发展非常重要，它对酒店的团结与和谐具有一种凝聚功能，是酒店凝聚力、向心力的体现。

2. 激励作用

企业文化能起精神激励的作用，激发人的积极性、能动性和创造性，发挥其他激励手段所起不到的作用。

3. 辐射作用

企业文化作为社会文化大系统的子系统，对所在城市或地区这个宏观社会群体具有一种辐射功能。

4. 约束作用

企业文化是一种约定俗成的东西，是酒店内部上下必须共同遵守的一种行为规范和思想道德准绳，企业文化虽然不是硬性的规章制度，但却无时无刻不在以软约束的形式发挥着作用，产生潜移默化的影响，使酒店员工自觉地按照要求规范自己的行为。

5. 控制作用

企业文化能使酒店实行自我控制。酒店及其成员在企业文化的规范下，价值观念、思想认识、思维过程、心理情感、伦理道德、行为方式等都会受到影响和规范。

（二）酒店企业文化的构成

酒店企业文化的提出和发展，是西方市场经济发展到一定阶段的必然产物，是现代管理的客观要求。企业文化随着科学技术而迅速发展。企业经营的国际化趋势日趋增强，市场竞争日益激烈，使各个酒店企业为了谋求发展，不得不重视发展企业文化。酒店企业文化包括以下四部分：

1. 物质文化

酒店企业物质文化至少包括三个方面：首先是酒店对客服务的硬件建设，其次是酒店为保证员工满意.提供的后勤硬件（生活、娱乐等）建设，再次是酒店的物质文化能够使员工接受的物质观，即酒店要贯彻给员工对物质的观点看法（最简单的就是酒店的激励与分配行为）。这是物质文化建设中最重要的一项，也是影响员工与酒店关系的最重要的环节。

2. 行为文化

酒店作为企业，经济效益是排在第一位的。效益来源在于众多的顾客流、酒店环境及能够提供给顾客优质服务的从业人员。没有用心服务的员工，没有酒店和谐的人文环境，则吸引不了追求高品位享受的宾客，只有在员工与顾客面对面的服务过程中才能体现出来。

3.制度文化

酒店的制度文化包括制度的制定与修改、制度的贯彻与执行、制度的内涵与外延。建立以"员工满意"为主导的酒店制度文化,必须坚持"从群众中来,到群众中去"的原则,处处体现集体利益、大多数员工利益且易于实践。这样的酒店制度文化,才能保持长久不衰的生命力。

4.精神文化

精神文化是酒店企业文化的核心部分,是酒店企业文化中的无形文化。精神文化必须在企业管理过程中得到体现;在企业员工行为活动中得到反映;在协调酒店内部人际关系上,成为一条原则;在无论何时何地的工作状态上必须得到认可;在服务态度上应有此境界。使满意的员工持续塑造满意的酒店,满意的酒店成就满意的员工,酒店与员工良好互动,共同发展。

(三)酒店企业文化建设

1.树立科学的、独到的价值观

企业文化内容丰富,辐射面广,其中一个核心内容,就是企业的价值观,它主导和支配着企业文化的其他要素。许多酒店在文化建设中比较重视价值观的建设,但对什么是酒店文化价值观,从哪些方面着手建设,怎样去建设却认识比较模糊。实际上,酒店文化的价值观包含了丰富的内容,除了树立正确的人才观、财富观、时间观、质量观、服务观、信誉观、效益观外,还应树立正确的人本观、知识观、信息观、竞争观、卓越观等具有时代特征的价值观。通过这些价值观的确立,把我们的员工引导到酒店所确定的目标上来,不断地增强承受和理解的能力,建立和谐的人际关系,保证经营中流畅、协调的劳动协作,促使酒店与酒店、员工与员工之间在公平的基础上进行竞争,从而推动酒店业向着健康的方向发展。

2.建设有文化氛围的酒店环境

环境是企业文化的象征,是企业文化的保障。每个酒店都生存于一定的环境之中,并在环境中发展,酒店在适应环境的同时,又改造和创造着环境,企业文化和环境,二者相互依存,相互促进,又相互制约。酒店在努力适应外部环境的同时,又要潜心研究建设好内部环境:一是要建设好酒店的组织环境。重点是建设好用人机制、管理机制和约束机制。二是要建设好心理环境。健康的心理环境可以使人们精神振奋,使企业兴旺发达。三是要建设好物质人文环境。具体讲,就是建设好酒店的工作和生活环境。四是要建设好经营环境。这个环境既包括酒店内部的组织环境、心理环境和物质人文环境,还包括酒店与外部进行的人力、物质、信息、资金等交换时所形成的"边缘环境"。作为酒店,要努力适应经营目标的市场化,适应产品和服务的一流化,适应酒店经营的长远化,适应市场的多变化,适应经营管理工具的电脑化、网络化,适应经营思想的商品化。做到了这六个适应,才能保证酒店有良好的经营环境,在激烈的市场经济中取胜。

3.培育有文化意识的员工队伍

要掌握一流的设备,生产一流的产品,提供一流的服务,形成一流的管理,创造一流的酒店,最终取决于酒店是否有一流的员工队伍,这是酒店文化建设的核心所在。可以这样说,顾客是酒店的上帝,员工就是酒店管理的上帝,员工是物质财富和精神财富的创造者。应该说,大部分酒店是比较注重员工队伍建设的:在业务上加强培训,努力培养；在生活条件改善方面舍得投入，使员工在各自的工作岗位上心情舒畅，工作努力，发挥着自己应有的作用。

发展尽了自己的一份力量。但是，也有部分酒店由于体制方面的原因和经营理念上的偏差，不重视有些甚至忽视员工队伍的建设，在管理上不注意方式方法，员工在生活上得不到应有的待遇，致使人心涣散、精神不振，直接影响到整个酒店的服务质量，更不要说使员工在酒店文化建设中发挥作用了。因此，我们要把酒店文化建设好，一是要有效地吸引广大酒店员工积极地参与酒店的经营管理和决策，增强他们的主人翁意识，激发他们的责任感，在酒店文化建设中做到操主人心，做主人事，干主人活，尽主人意；二是要以酒店为核心，凝聚酒店员工的精神与情感，强化员工对酒店的自豪感，激发其使命意识，促进酒店员工之间的相互团结，使酒店员工能够以献身精神与酒店风雨同舟；三是要通过各种方式形成员工共同的信念与追求，使酒店价值观在员工身上得到充分体现，并使之成为员工自觉提炼和培育酒店文化的强大动力；四是要培育员工形象，使员工形象成为酒店形象最活跃的表现形式。只有这样，才能把员工队伍建设好，才能为酒店的发展注入源源不竭的强大动力。

（四）酒店经营者要加强自身学习

酒店经营者的领导素质和管理素质的高低，是酒店兴衰的决定因素。企业文化中的重要信念，无一例外都是先在上层形成，然后逐渐影响到酒店的全体员工。对于学习的重要性，想必大家都有比较清楚的认识，但是具体行动起来却非常困难，许多管理往往陷于日常繁琐的事务中拔不出来，没有时间来学习和掌握酒店业的最新动态，没有时间来研究酒店的管理思路和方法，死搬硬套其他酒店现成的东西，有的甚至凭经验和感觉来管理酒店，这在现代激烈竞争的酒店业中是很难站得住脚的。我们要学习国家的大政方针，要学习其他酒店先进的管理经验，要学习其他酒店优秀的管理方法。

酒店企业文化建设必须以员工满意为主导，以关爱员工为首要原则，进行一系列的酒店物质文化建设、酒店制度文化建设和酒店精神文化建设，做到以正确的物质价值观引导员工，以较科学的制度规范员工，以高尚的精神文化氛围感召员工。长此以往，形成员工的正确物质价值追求、高尚的道德情操、团队的凝聚力和向心力，酒店的集体荣誉感，职业的使命感与事业心，达到企业文化关爱人、感染人、成就人、发展人的目的，从而使员工满意，心情舒畅，快乐工作，使酒店的效益得以长久，知名度和美誉度得以持久提高。

酒店无论是维持简单再生产还是实现扩大再生产，都需要一定投资活动的支持。酒店投资关系到酒店的生存和发展，是酒店经营战略的重要组成部分。筹集资金既是酒店经营运作的起点，又是决定资金流动规模和经营发展程度的重要环节。

第七节 酒店伦理与道德管理

一、酒店伦理与酒店道德

（一）酒店伦理的概念

在理解酒店伦理的概念之前，应先对伦理与道德的概念有所了解。"伦"是指人的关系，即人伦，"理"是指道德规范和原则，伦理是指人与人相处应遵守的道德和行为准则，是一种有关人类关系（尤其以姻亲关系为重心）的自然法则。道德指的是人类对于人类关系和行为的柔性规定，这种柔性规定是以伦理为大致范本，但又不同于伦理这种自然法则。在某种程度上，伦理更倾向于一种理论，而道德则是伦理在实际中的规范。比如，我们通常会说"一个有道德的人"，而不会说"一个有伦理的人"，会说"伦理学"而不会说"道德学"，即在日常用法中，道德更多用于人，有着更多的主观、主体、个体的意味，而伦理则更具有客观、客体、社会、团体的意味。因此，我们会讨论"酒店伦理学"而非"酒店道德学"。

所谓的酒店伦理指的就是酒店在经营过程中所应遵守的道德和行为准则，是酒店正确处理与内部员工、社会、宾客之间关系的行为规范的总和。酒店伦理是对酒店长期经营实践中所积累并形成的伦理理念、伦理规范、道德要求与道德行为的高度概括，贯穿于酒店经营活动的全过程，规范和指导酒店的日常经营活动。

（二）酒店伦理与酒店道德的关系

由伦理与道德的概念我们可以得知，酒店道德是酒店伦理的外在表现，是社会道德的一部分。酒店道德可以分为酒店公德和酒店私德两部分。酒店公德指的是酒店对于整个社会的道德表现。酒店私德指的是酒店内部员工，包括管理者和普通员工对于酒店和社会的道德表现，即职业道德。酒店道德的形成受到社会生产能力、生产关系和生活形态的影响。随着时代与社会文化的发展，酒店道德所包含的元素及其先后顺序、所持的道德标准都会发生相应的变化，也就是说没有一种道德是永恒不变的。

二、酒店伦理的产生

美国学者提出了企业伦理的观念，但我国对企业伦理的认识与研究尚处在起步阶段。酒店业面对严酷的产品与技术创新要求、经营成本的持续增长和人力资源管理的新挑战，为了生存发展和实现盈利目标，一些酒店企业中频繁出现了裁减人员、侮辱行为、降价竞争、有缺陷的产品、虚假广告、商业行贿，甚至影响与破坏社会环境的行为，酒店伦理问题由此产生。传统观点认为，追求利润是企业发展中的唯一目标和根本目标，企业伦理与企业经营目标没有必然联系，甚至是相互矛盾的。但是，一个只追求利润而无视伦理准则，甚至违反法律法规的企业终将失去公众的信任，不仅会损害诚实经营者和广大消费者的利益，也将影响到企业本身的经营成功，也必将被时代所淘汰。实际上，不单单是企业，凡是由人组成的组织在进行经营活动时都无法避免有关伦理的问题。一个有着伦理道德的企业应当重视人性，与社会和睦共处，积极主动地采取对社会有益并终将对自己有益的行为。

三、酒店伦理的范围

根据与利益相关者的关系，酒店伦理可以分为内部伦理和外部伦理两部分。内部伦理包括酒店与内部员工的伦理、酒店与股东的伦理、酒店与竞争者的伦理；外部伦理包括酒店与宾客的伦理、酒店与政府监管机构的伦理、酒店与社会的伦理。例如如家酒店的使命就是：为宾客营造干净温馨的"家"，为员工提供和谐向上的环境，为伙伴搭建互惠共赢的平台，为股东创造持续稳定的回报，为社会承担企业公民的责任。

1.酒店与内部员工的伦理

人力资源是酒店所有资源中唯一具有能动性的资源，对酒店的生存与发展起着关键的作用。因此，酒店要为员工创造良好的工作环境，提供稳定的薪酬福利，形成和谐的双方关系，并为员工的职业发展进行持续培训，包括各种形式的职前培训和在职培训，真正做到尊重人、激励人、用好人、留住人。

2.酒店与股东的伦理

酒店企业必须积极经营、爱惜企业资产，努力提高投资效益，谋求更多的利润，从而为股东创造更多的权益，保证投资者得到合理的回报。

3.酒店与竞争者的伦理

酒店市场竞争机制的规范与健全需要参与竞争的每一个酒店的支持与行动。不正当的市场竞争永远没有赢家。酒店应做到不参与恶性竞争，不恶意中伤或散播有关竞争对手的虚假信息，无窃取商业机密的行为等。

4.酒店与宾客的伦理

酒店是服务性企业，客人是酒店经营发展的基础和源泉，是酒店存在的重要价值体现。满足客人的需求是酒店生存的王道，酒店要想方设法满足客人各种各样的需求。

5.酒店与政府及监管机构的伦理

政府的行业政策需要酒店的配合和支持，酒店行业监管机构的工作更需要酒店的配合与支持。这样不仅能够推动整个行业发展的规范与合理，同时也是对每一家酒店获取正常经营利益的一种保护。

6.酒店与社会的伦理

酒店作为企业公民要承担一定的社会责任。酒店与社会息息相关，无法脱离社会而独立运作，取之于社会，用之于社会，要重视社会公益，提升企业形象，谋求酒店自身发展与社会责任之间的平衡。

四、酒店伦理的作用

1.有利于激发员工的积极性和主动性

员工的积极性和主动性是对酒店产生认同后的行为反应，表明员工愿意为酒店贡献个人智慧与热情。也就是说，酒店与内部员工之间伦理关系处理得越好，酒店就越能够做到照顾好自己的员工，员工就越愿意照顾好酒店，两者之间是相辅相成的关系。安全的工作环境、良好的管理与沟通、有吸引力的薪酬、履行对员工的合同义务、组织支持、无辱虐行为等都有助于建立良好的酒店与内部员工之间的伦理关系。

酒店伦理水平的高低还会影响员工绩效水平的高低。酒店服务具有整体性，需要每个部门、每个员工的配合与协助，中间任何一个环节出现问题都会影响整体的服务质量和水平。所以酒店要加强团队合作的意识，要让所有部门内部以及部门之间的员工共享彼此信任的信念。在值得信赖的工作环境中，每个员工会更乐意与同事合作，管理者的威信会产生感染力和号召力，工作中的不当行为会大大减少，员工对酒店也会更加满意，更能感受到作为一名酒店员工的价值。这种归属感与安全感会转化为一种强大的内聚力，提高员工的忠诚度与对工作的承诺。

2. 有利于创造满意的客人

作为服务性行业，酒店业以"客人的满意"为最高宗旨，这也是一家酒店能够获得经营成功的最重要因素之一。服务是酒店的主要产品，与其他有形产品不同的是，无形的服务无法申请保护专利，这就使得酒店需要不断地改进、创新服务的方式与内容，从而适应不断变化的宾客需求与偏好。所以酒店既要有标准化的服务，又要有量身定制的个性化服务，不但能满足客人的基本需求，还能使客人通过消费酒店服务产品获得心理需求的满足。总之，酒店应关注客人的反馈，聚焦客人满意，与客人建立长期、稳定的关系。

另外，酒店的公共形象对客人的满意程度也会产生重要的影响。酒店是否参与诸如环境保护、爱惜资源等公共事业，是否参与公益慈善事业等会影响酒店在客人心目中的形象，这些行为意味着酒店作为企业公民对社会责任的承担程度。另外，客人至上并不代表要忽视酒店员工及酒店所在社区等的利益，因为只有伦理地对待员工，员工才会真正把客人的需求放在心上，才能产生真正满意的客人。只有成为一个具有社会责任心的企业，客人才会增加对企业的信心，才会建立长期、稳定的关系。

3. 有利于酒店利润的增加

酒店伦理的建设与发展离不开一定的物质基础，这就需要酒店实现盈利的目标，否则很难培育并发展酒店的伦理文化。因为只有当酒店通过盈利掌握了更多的资源之后，才能在创造满意的客人、信任的员工与公共的信心的同时承担起相应的社会责任，继而带来更好的经营绩效，形成良性循环。伦理地对待客人，能够产生强大的竞争优势，客流量的大小决定了酒店利润的多少；伦理地对待员工，能够提高员工的工作热情及其对酒店的忠诚度，争取到员工的努力与配合，有利于保证酒店日常经营活动的进行；伦理地对待社会，则能够帮助酒店树立积极正面的公众形象，有利于酒店获得更高的利润率。因此，在现代社会和市场中，一个酒店越是讲究伦理道德并具有较高水平的伦理道德，就越有可能获得员工的组织承诺与忠诚，赢得市场上宾客的信任，得到社会上同行的称赞，这些都将成为酒店的无形资本。这种无形的资本、潜在的市场将对酒店的发展长期产生影响。

总而言之，酒店伦理建设能直接提高酒店的伦理素质、伦理水平、伦理价值、伦理形象，这些方面终将以利润和收入等形式转化为酒店的经济效益。

4. 有利于酒店的长期发展

酒店是生产经营企业，要通过向市场提供产品与服务获得经济效益，但这个过程也会对社会和生态环境产生种种影响。如噪声会干扰所在社区居民的生活，洗衣房洗涤剂的使用会对水资源带来一定的危害等。这些负面的影响需要酒店承担起相应的社会责任,分清有益和有害、正当和不正当、合理和不合理的伦理道德界限,不能以损害客人、社区居民、员工、股东等的利益来获取利益,而应当获取合理的利润和效益,正确处理经济效益、社会效益、环境效益三者之间的关系。现在的市场竞争不仅仅是经济效益的竞争,还包括了社会效益、环境效益、伦理道德等的竞争。

如美国教师退休基金会(TIAA-CREF)的投资者被问及,当他们面对两家金融服务公司,其中一家拥有高伦理水平,一家拥有高投资回报,他们会做何取舍?92%的受访者令人惊讶地选择了高伦理水平的公司,只有5%的人选择了高投资回报公司。这也就表明了,越来越多的人已经形成了一个共识,为了短期经济效益而牺牲社会效益、环境效益的做法在根本上不利于经济和社会的持续发展。企业伦理在企业发展中的作用日益重要,重视企业伦理必将成为未来市场经济发展的趋势。

五、酒店企业伦理的建设

(一)社会责任和伦理

根据约翰·弗雷德里希(John Fraedrich)的观点,社会责任是指企业所履行的对社会的积极影响最大化、消极影响最小化的责任。伦理和社会责任两个概念经常交替使用。社会责任就是企业在经营过程中对社会所承担的义务,是企业与社会之间的一种契约;而企业伦理则是企业商业活动的行为准则和规范,指引着各种企业决策。

社会责任有四个层次:法律责任、经济责任、伦理责任和慈善责任。其中法律责任和经济责任是较低层次的社会责任,伦理责任和慈善责任是较高层次的社会责任。法律责任是指企业经营活动的开展要遵守所有的法律法规;经济责任是指企业要为客人提供满意的产品和服务,为股东提供合理的投资回报,为社会提供就业岗位,等等;伦理责任则是指导企业经营活动的原则和标准;慈善责任是指企业可以开展促进公众福利的活动。法律责任和经济责任具有一定的强制性,直接关系到企业的生存与发展。相对而言,伦理责任和慈善责任则不一定强求。但随着时代和经济的发展,伦理责任越来越重要,日渐成为企业活动与决策中不得不去考虑的内容,从这个角度而言,伦理只是社会责任的一个方面。

(二)传统社会责任观与现代社会责任观

1.传统社会责任观

传统社会责任观认为法律责任和经济责任是决定企业业绩好坏最重要的因素。按照传统社会责任的观点,酒店在追求经济效益的同时也会使社会受益,如酒店向市场提供产品和服务会满足客人对酒店产品的消费需求,酒店规模的扩大会提供更多的岗位,增加就业机会,酒店利润的增加会带给股东合理的投资回报等。就像米尔顿·弗里德曼(Milton Friedman)所言,企业的使命就是提供产品和服务,并以此获得利润,这就是对社会的最大贡献,也是真正意义上的对社会尽职。

在传统社会责任观里,酒店的社会责任只有一个,就是在遵守法律法规的前提下,竭尽全力、想方设法去获取利润,任何决策者都没有因参加社会福利而降低企业利润的权利。甚至有经济学家认为,如果企业已经承担起了经济责任和法律责任,就是在满足社会的需求,再让企业去满足其他的需求几乎是不可能的。酒店管理人员都应该致力于股东利益最大化,尤其是现代酒店管理者群体中更多的是职业经理人,并不拥有酒店的所有权，他们的主要责任就是为了股东的利益而进行经营活动，否则就会被认为是对股东的不负责任。

这一时期之所以对社会责任的作用产生怀疑，还有一个重要的原因是社会责任难以用明确的指标进行量化和衡量，从而使得酒店更加相信只要能够实现经济责任和法律责任，就能获得利润的持续化和最大化，从而有能力承担起主要的社会责任。若酒店被迫开展了与社会责任相关的活动，因其而增加的成本最终则会以提价的方式转嫁给宾客。

2.现代社会责任观

现代社会责任观认为，利润最大化不应成为酒店经营的唯一目标。酒店不但要对股东负责，还要对如员工、宾客、社会等其他利益相关者负责，不仅要承担法律责任和经济责任，还要承担起伦理责任和慈善责任。西奥多·莱维特（Theodore Levitt）曾说过，人要活着就必须吃饭，企业要生存就必须有利润，但人活着的目的不是为了吃饭，企业的生存也不仅仅是为了利润。但仍有酒店在经营过程中，为了获利，有形产品如菜肴、客房等质量不合格，无形服务往往说得多、做得少，忽视员工身体健康，最大程度上压榨员工的体力和脑力劳动，甚至为了短期利益而做出浪费资源与污染环境的种种行为。诺曼·鲍伊（Norman Bowie）对此的看法是，如果企业单单注重利润的获取，则可能会产生一个不利的悖论，从而使得企业无法实现目标。他进一步解释说，如果一家企业在关注利润的同时关注利益相关者的福利，那么它就会获得利益相关者的信任和支持，最终实现降低成本、提高效率的目标。

从传统社会观到现代社会责任观发展历程中，企业逐渐认清了这样一个事实：虽然企业的主要任务就是要创造经济价值，但和伦理道德不发生任何关系或者超越伦理道德而采取"伦理道德中立"态度的企业从来就不存在，也不可能摆脱与伦理的关系。

酒店作为企业，其经营行为不仅要满足法律和经济的要求，同时还需要伦理和道德的约束。需要注意的是，不能等到伦理及社会责任问题产生了之后再去思考解决的方法，而应当把伦理与社会责任融入酒店经营中的方方面面，使其成为酒店文化的重要内容，成为酒店各项决策中的一部分，成为指导酒店日常经营活动及全体员工行为的最基本的原则与规范，这样才能形成稳固的酒店伦理理念，塑造高伦理水平的酒店企业，使企业能够长久地生存下去。香港日航酒店为可持续发展设立了专职生态经理，不仅改善了能源供应系统，大幅度降低了污染，还进一步提高了社会美誉度。总之，酒店的生存与社会责任的承担并非水火不容，同时兼顾企业伦理与酒店的生存并非不可能。21世纪以来的企业发展轨迹告诉我们，企业伦理已成为企业赖以长期生存的基石，关注企业伦理建设并真正去贯彻实践，可以使企业获得利润与灵魂的双赢。

（三）酒店企业伦理的建设

1.设定酒店伦理目标

酒店要在市场上生存和发展，其经营活动必须实现盈利，这也导致酒店在发展中往往不由自主地将获利作为衡量经营行为价值的唯一尺度。但是企业伦理强调企业行为不仅具有法律责任和经济责任，还必须有伦理责任和慈善责任。因此，企业经济目标的实现还需要伦理目标的调节和制约，尤其是要通过伦理目标的设定避免或惩罚酒店行业发展中为了实现经济利润最大化而不惜损害其他企业、员工、宾客、社会等利益相关者利益的酒店。

酒店设定自己的伦理目标,从而使得酒店经营行为不仅符合以法规形式体现出来的经济活动的游戏规则,而且能够主动以伦理准则来约束自己的行为,实现道德自律,为实现酒店与环境、社会之间和谐、融洽的关系提供了基本的理念、原则和方法。酒店发展的实践表明,酒店市场的竞争不仅仅是经济效益上的竞争,还包括社会效益和环境效益的竞争,在经济效益相同的情况下,宾客通过"货币选票"将选票留给了更具伦理道德的酒店。因此,要想获得持续发展,酒店所追求的经济目标应是符合企业伦理道德要求的经济目标。为了一时的经济效益而牺牲社会效益和环境效益的行为在根本上是不利于经济和社会的持续发展的,只有将经济目标与伦理目标相融合,才能实现企业与社会发展的长久兴盛。

2.制订并执行酒店伦理守则

酒店伦理守则的主要内容是规范酒店与其员工、宾客、股东、政府、社区、社会大众等利益相关者的责任关系,同时还包含酒店的经营理念与伦理目标。

要想使酒店伦理守则具有效力,必须将其具体化。首先,酒店要将其建立的伦理守则贯彻到酒店经营决策的制订以及重要的日常管理行为中去。其次,酒店要通过一系列的审核、控制和奖惩系统对伦理守则进行强化,通过实际事例让所有员工都意识到酒店绝不允许违反伦理的行为,否则就会受到惩罚。最后,对酒店管理者、一般员工的思想进行伦理教育,抛弃传统的如销售比赛、单纯追求销售额等激励手段,而是教育所有员工在进行决策时既要考虑酒店和个人的利益,还要考虑其他利益相关者的需求,尽最大可能做到诚实、守信、尊重他人。

在制订与实施酒店伦理守则时要注意,管理人员绝不能对违反伦理守则的人员采取姑息或默许的态度,否则将会严重破坏酒店伦理气候的环境。

3.从酒店管理层开始推动伦理建设

酒店管理的主要责任就是教导、促进和启发员工的诚实、正直与公正感。对高层管理者尤其是对德高望重的领袖人物来说,他们的重要职责之一就是赋予酒店的伦理价值观以生命,以身作则,勇于行动,与所有员工一起共同创造一个鼓励各种伦理道德行为的组织环境,让每一个人都感受到遵守伦理是酒店积极生活内容的构成,而非是在管理者压制下的一种被动行为。就此日积月累,以期在员工中形成稳定的共同承担的责任感。

酒店市场竞争的国际化趋势对酒店的诚信经营提出了更高的要求,在创造经济利益的同时,还应将企业伦理作为体制改革的一个重要部分。一个真正的企业家,应该是倡导行业诚信、公平的先行者,通过他们的提倡与践行建立起一套行之有效的伦理监督机制,承担起应尽的社会责任,实现酒店的可持续发展。

4.加强员工企业伦理教育

酒店伦理建设中还应加强对员工的伦理道德教育。通过对员工的企业伦理教育,不仅可以培养员工符合企业伦理价值观的价值观念、思维方式等,还能够提升员工的个人品质,满足其更高层次的精神需求,进一步激发员工的积极性、创造性和敬业精神。在员工伦理教育的方法上,可以借鉴国外一些企业的做法:理论学习上可以邀请诗人或者哲学家为员工上课,为员工在道德思想和行为中注入强大的个人意志,防止破坏性的道德沦丧;实践方面可以组织员工参加一些有意义的社会活动,既可以激励员工的士气,又可以增强酒店的向心力。员工对酒店伦理道德建设的实际参与,不仅能够让员工的聪明才智推动酒店伦理道德的建设,让员工深刻了解到酒店更高一层的使命,还能够让伦理道德风范成为酒店精神风貌的主导,而非一种负担。

六、酒店职业道德概述

(一)职业道德的含义与特点

1. 道德的含义

在西方古代文化中,"道德"(Morality)一词起源于拉丁语的"Mores",原意为"风俗和习惯"。道德在汉语中最早可追溯到先秦思想家老子所著的《道德经》道德是人们在长期共同的生活中逐渐积累并形成的意识、准则与规范,是一种社会意识形态,往往代表着所处社会的价值取向,起判断行为正当与否的作用。经济基础是道德产生的决定因素,一定时代的生产关系只能产生与之相适应的道德体系,适用于社会中的所有人,并通过社会舆论的方式将其内化为个人的品德与行为准则,从而进行人与人之间以及人与社会之间相互关系的调整。不同的社会阶段和文化环境中往往有着不同的道德规范,随着时代与社会文化的发展,道德所包含的元素及其先后顺序、所持的道德标准都会发生相应的变化,也就是说没有哪一种道德是永恒不变的。

2. 职业道德的含义

职业道德就是人们在职业活动中形成的并符合所从事的职业特点要求的道德意识、道德规范与道德品质的总和。职业道德的形成离不开职业活动的开展,是一般社会道德在职业中的具体体现。职业道德既包含有员工在职业活动过程中应遵守的行为要求,也包含职业行为应对社会担负的道德责任和义务。职业道德源于职业活动,但又高于对职业活动的一般要求,体现了对理想职业行为的期望,对职业活动的开展具有无形的影响力与约束力。

3. 酒店职业道德的特点

(1) 鲜明的职业性

职业道德的内容与职业实践活动密切相关,不同的行业和不同的职业有着不同的职业道德要求和标准。酒店职业道德就是对酒店业从业人员职业行为的道德要求,同时也只能对酒店从业人员的职业行为起到规范的作用。

(2) 实践性和历史继承性

酒店职业道德的形成来源于酒店行业的实践活动,是对酒店行业具体职业活动的道德要求的具体体现,并以此为基础形成了酒店行业职业活动所特有的道德规范与道德品质。酒店经营与管理活动中这种特定的道德规范与道德品质具有一定的历史继承性,如微笑服务、细心周到、服务的标准流程与规范等就体现了这一特点。

(3) 形式多样性

酒店职业道德受到多种因素的影响。随着时代发展与宾客需求的多样化、酒店产品不断丰富创新、服务体现个性化,酒店职业道德的内容更丰富,形式更多样。如酒店等级与规模不同、部门与岗位不同,其职业道德便有不同的具体要求。

(4) 较强的纪律性

酒店职业道德是从事酒店行业的行为准则,是酒店职业活动规范性的体现,主要是依靠文化、内心信念等以员工自律的形式发挥作用,具有非强制性的特点,但有时也会以制度、章程或守则等形式出现，要求酒店员工必须遵守。如酒店中对各个岗位制订的行为守则与处罚条例等，使得酒店职业道德具有较强的纪律性。

（二）酒店职业道德的主要范畴

1. 职业良心

职业良心是职业道德的内化，是外在道德标准经内化后所形成的个体内心的一种行为准则，是酒店员工职业道德观念、职业道德情感、职业道德意志和职业道德信念等在个人意识中的统一。职业良心体现了酒店员工的自我道德责任感和道德自我评价能力，如孔子所讲"心不逾矩"。有了职业良心，酒店员工就能自觉规范与调节自身的行为，正确处理个人与酒店、个人与宾客、个人与社会等之间的关系。职业良心的形成离不开酒店员工的自我教育、自我修养和自我提升。

2. 职业纪律

职业纪律是指为了维持正常的经营秩序，酒店员工共同遵守的行为准则。如酒店员工要遵守不迟到、不早退，按照要求与标准开展各项服务工作等最基本的职业纪律。职业纪律具有一定的强制性，不遵守职业纪律的员工，应根据其情节的轻重、态度的好坏受到一定的行政或经济方面的处罚。因此，酒店员工不仅要熟知酒店职业纪律，还要严格遵守酒店职业纪律，培养良好的遵守职业纪律的意识与习惯。

3. 职业技能

职业技能是指酒店员工从事职业活动与完成职业任务时应具备的知识文化和技术能力。职业技能是实现职业道德的基础，有了良好的职业技能才能更好地履行职业道德的要求。酒店员工职业技能的获得一方面来自于员工自身的受教育水平、对知识的渴求程度、实践经验的积累等；另一方面还需要酒店给员工提供长期的、形式多样的、具有较强指导性的培训与锻炼机会，这样才能让酒店员工凭借良好的职业技能为宾客提供高水平的服务，为酒店创造效益，为社会提供高素质的人才。

4. 职业责任

职业责任是指从事一定职业的个体对他人、组织和社会所承担的责任。社会上每一种职业都担负着一定的使命和职责。职业不同，所承担的职业责任也就不同。职业责任一般是以岗位职责、业务规范、规章制度、任务目标或行为公约等形式出现，因此，职业责任具有一定的强制性。若因为责任心不够，给他人、组织或国家造成损失就不好了。如酒店餐饮经营中出现食物中毒事故，不仅要承受舆论的压力，情节严重的还要追究相关责任人的法律责任。因此，酒店员工不仅要熟悉业务，认真履行职业责任，做好本职工作，还要正确处理个人与他人、组织和国家之间的关系。

5. 职业情感

职业情感是指个人在职业生活中所形成的比较复杂而又稳定的主观态度体验，包括了职业理智感、职业道德感、职业热情、职业审美等方面，是联系个人认知与外部行为的桥梁。职业情感是在长期的职业实践活动中形成的，并对具体的职业活动产生强烈的影响。良好的职业情感能够激发酒店员工的工作热情，使其产生高水平的职业道德感和理智的职业观念，这些都会对酒店服务质量的提高、酒店人才资源的稳定及良好的酒店经营绩效产生积极的影响。

6.职业理想

职业理想是指酒店员工对未来职业及所取得成就的选择和向往。树立正确的职业理想，才能明确个人的奋斗目标，增强追求成功而战胜困难的力量。酒店员工只有树立合理的职业理想，才能克服对服务行业的传统偏见；只有形成客观的、切合实际的工作态度，才能敬业、乐业和勤业。同时，酒店员工在追求职业理想的过程中还要树立艰苦奋斗的信念，通过正当途径，付出强大的努力来实现最终的职业成就与目标。

7.职业幸福

职业幸福是指个体在职业活动中因职业理想、奋斗目标的实现而获得的精神上的满足和愉悦。职业幸福因人而异，与所从事的职业、个人价值观、成就目标等密切相关。酒店员工的职业幸福有多种形式，如提供的服务获得宾客的肯定与赞赏；通过个人努力实现一定的职业目标等。酒店员工在追求职业幸福的过程中要处理好个人幸福与集体幸福之间的关系，正确处理物质生活幸福与精神生活幸福的关系。

8.职业荣誉

职业荣誉是荣誉的一种表现形式，包含两个方面的含义：一是指社会对职业行为的社会价值所做出的肯定性评价，二是员工对职业行为所具有的社会价值的自我意识、自我体验与自我评价。职业荣誉形式多样，如物质荣誉和精神荣誉；职业荣誉还有多种级别，如国家级、省级、市级等。职业荣誉意味着社会以及从业人员对职业行为的认可、肯定与赞赏，会让酒店员工形成一定的内心自豪感。因此，职业荣誉具有激励性，是对遵守职业道德行为的奖赏，对酒店员工的职业行为具有积极的推动作用。酒店员工需要树立正确的职业荣辱观，通过正当途径正确获取职业荣誉。

（三）酒店职业道德的作用

1.调节酒店内部与外部的各种关系

职业道德的基本职能是调节职能，对酒店的内部与外部关系起着重要的调节作用。

（1）调节酒店员工内部的关系

职业道德通过无形的压力与有形的规章制度对酒店员工的职业行为进行规范与约束，不仅要求每个员工不断调节与规范职业行为，还促进了内部员工之间的团结与合作。酒店服务具有整体性的特点，无论哪个环节出现问题都会影响宾客最终的服务感受。因此，团队合作显得尤为重要，要求全体员工齐心协力推动酒店与整个行业的发展。

（2）调节酒店员工与宾客之间的关系

从某种程度上来说，酒店业是"态度行业"，因为酒店服务是一种面对面的服务，员工与宾客之间的情感交流与互动较多，员工的态度直接影响宾客对酒店服务的体验。职业道德水平高的员工往往通过无私的服务精神和自觉的服务行为使宾客在住店期间能获得一次愉快难忘的经历，从宾客的满意与快乐中寻找到自身的价值与人生乐趣，进而为酒店、为国家赢得声誉。

（3）它可以调节酒店与社会之间的关系

酒店职业道德是一般社会道德在酒店职业行为中的具体体现。酒店从业人员是一个职业群体。如果每个从业人员都有着良好的职业道德意识与行为，将会对整个社会道德水平的提高发挥积极的作用。

2.有助于服务质量的稳定与提高

酒店良好信誉的形成主要靠产品质量和服务质量，酒店员工高水平的职业道德是产品质量和服务质量的有效保证。全心全意为宾客服务不只是一个职业道德意识问题，还是一个职业道德行为问题，能够通过很多细节体现出来。例如，见到客人在往电梯走时，上前一步为客人按亮电梯开关并微笑致意；看到年老体弱的客人，主动上前搀扶；碰到客人生病时，主动问候并联系医生等。

服务是酒店的主要产品，具有生产与消费的同步性、不可储存等特点，同时客人的多样性和流动性等都增加了服务的难度，不利于服务质量的稳定与提高。在很多情况下，单靠规章制度和行政措施难以保证服务质量。例如，服务中的人情味、超常性，有时就很难用规章制度来检验或衡量；客人在住店期间发生的财物、人身等方面的损害，也很难用规章制度或行政手段去追究服务人员的直接责任。因此，要保证酒店服务质量，常常需要借助于服务人员的职业责任、职业良心、职业荣誉等精神方面的力量，即发挥职业道德的作用。

服务质量是酒店发展的生命线，通过职业道德建设将全心全意为宾客服务落实到服务态度与服务行为上，才能真正做到优质服务。

3.有助于推动行业发展，提升行业形象

酒店行业以及每一家酒店的发展都有赖于高水平的经济效益，高水平的经济效益的产生需要稳定的客源，归根结底来源于高素质的员工。没有满意的员工就无法产生满意的宾客，没有满意的宾客就无法实现理想的经济效益。员工素质主要包含知识、能力、责任心三个方面，其中责任心最重要。知识与能力是提供酒店服务的基础，责任心意味着服务态度，是服务质量的保障。职业道德水平高的酒店员工有较强的责任心和道德义务感，能够做到以维护宾客利益为前提，热心为宾客服务，诚实可靠，拾金不昧。因此，职业道德能促进酒店行业以及每一家酒店的发展，提升行业形象。

（四）酒店职业道德建设的途径

1.理念引导，培养正确的职业道德观念

理念是行为的根基，所有的作为和不作为都是建立在理念的基础上的。一方面，酒店将企业的伦理道德融入企业价值观，作为企业基本理念，引导员工向酒店所设定的伦理道德目标发展；另一方面，酒店要做到理论联系实际，这是职业道德修养的根本方法，因为实践是检验真理的唯一方法。职业道德来源于职业实践，不能高大空，既要符合酒店行业特点以及社会道德的一般要求，又能对职业行为起指引与规范的作用，帮助员工克服传统偏见的影响，在理念的引导下，正确认识服务工作带给自己人生价值的实现，发自内心地认真对待职业发展，在日常的职业生活中实践并不断提高和完善职业道德水平，达到更高的职业道德境界。

2.制度规范，建立良好的沟通渠道与机制

职业道德具有无形的约束与影响力，但同时还需要酒店建立一套规章制度，制订明晰的奖惩制度，通过考核和奖惩制度实现对酒店员工职业行为的明确要求。

职业道德是酒店企业价值观与伦理道德的体现。在强大的教育和培育之下，员工会把企业主导价值观作为自己工作过程中所信奉的规则和理念，但要实现这一点，就必须考虑到酒店员工的理解和接受能力。只有建立良好的沟通渠道与机制才能确保企业的价

值观与伦理理念被员工正确领悟，融入职业道德建设中，并以此来规范职业行为。既要有正式的沟通渠道，如部门工作会议、例会等，还要有非正式的沟通方式，如管理者与一线员工在非工作环境中的交流，一对一地私下沟通等；同时还要有高效的反馈机制，让员工参与到职业道德的建设中来，其所产生的"主人翁"感受与责任感会激发员工的热情，从而认真贯彻执行职业道德的要求。

3.行为约束，发挥骨干员工的带头模范作用

有了理念引导与制度规范，酒店还可制订员工行为规范、服务规范、礼仪规范、人际关系规范等来约束酒店员工的行为，也就是为酒店员工提供更为明细的行为指南。

孔子说："见贤思齐焉，见不贤而内自省也。"这是古人进行自我修养的重要经验和方法。在酒店职业道德建设中还可发挥骨干员工的榜样作用，通过学习先进人物，培养员工高尚的道德品格，因为一线骨干员工具有很强的感召力和影响力，要比管理层来得亲近而且实际。来自一线的骨干员工不仅反映出酒店一线员工的发展潜力，而且为其他一线员工树立了未来发展的目标，指明了工作努力的方向。

酒店伦理是酒店在经营过程中所应遵守的道德和行为准则，是酒店正确处理与内部员工之间、与社会之间、与宾客之间关系的行为规范的总和。酒店伦理是对酒店长期经营实践中积累并形成的伦理理念、伦理规范、道德要求与道德行为的高度概括，贯穿于酒店经营活动的全过程，规范和指导酒店的日常经营活动。酒店伦理是具有高价值的无形资产，为了让酒店能够实现可持续发展，酒店伦理建设势在必行。

酒店作为企业公民，除了最基本的法律责任和经济责任之外，还要承担社会责任和慈善责任。酒店社会责任观也经历了一个从传统社会责任观到现代社会责任观的转变，关注企业伦理建设并真正去贯彻实践可以使企业获得利润与灵魂的双赢。

酒店职业道德是酒店伦理与社会责任在职业行为中的体现，既包含有员工在职业活动过程中应遵守的行为要求，也包含了职业行为应对社会担负的道德责任和义务。酒店职业道德建设对酒店及整个酒店行业的发展、员工的职业生涯管理等都具有积极的意义。

第八节　酒店沟通管理

一、酒店管理与沟通

在现代酒店企业里，所有工作的完成都依赖于沟通。管理者的时间大部分需要花在与员工、上级、其他管理者、宾客、其他酒店组织、媒体和社区等公众的交往与沟通中。因此，现代酒店管理者的主要素质之一就是具有善于交流沟通的能力。酒店各级管理者既要协调组织目标和个人目标，又要扮演"沟通枢纽"的角色，这都需要掌握各种沟通技能。这些重要的沟通技能包括如何提高管理者人际沟通的能力、如何有效地与酒店内部员工进行沟通以及与外部公众沟通的各种方法，还包括在推销酒店产品中的沟通技能、员工冲突和劳动争议中的沟通、如何通过沟通了解员工的需要并进行有效的激励以及酒店突发事件的处理等沟通技能等。

（一）沟通的含义

管理学家卡兹和卡恩认为："信息沟通，即交流信息情况和传达意图，是一个社会系统或组织的重要组成部分。"酒店管理人员如果对沟通缺乏清楚的认识，或者在沟通技巧和方式上存在局限，就会给管理工作增添许多麻烦。本章是管理沟通的入门，重点介绍沟通的内涵和过程、沟通与管理工作的密切关系、管理沟通的基本类型、有效管理沟通的特征以及沟通在酒店管理中的重要作用。

1.沟通的定义

沟通，是管理活动和管理行为中最重要的组成部分，也是企业和其他一切管理者最为重要的职责之一。人类的活动中之所以会产生管理活动和管理行为，都是因为随着社会的发展，产生了群体活动和行为的原因。而在一个群体中，要使每一个群体成员能够在一个共同目标下，协调一致地努力工作，就绝对离不开有效的沟通。在每一个群体中，它的成员要表示愿望、提出意见、交流思想；群体的领导者要了解下情、获得理解、发布命令，这些都需要有效的沟通。因此可以说，组织成员之间良好有效的沟通是组织效率的切实保证，而管理者与被管理者之间的有效沟通是任何管理艺术的精髓。因此，在一个有共同目标的群体或组织中，要协调全体成员为实现目标而努力工作，有效的沟通是必不可少的。

沟通是一个经常使用的字眼。这个词既可以译为"沟通"，也可以译为"交流""交际""交往""通信""交通""传达""传播"等。这些词在中文中的使用尽管会有些微小差异，但其本质都涉及了信息交流或交换，其基本含义是"与他人分享共同的信息"。

对于什么是沟通，可以说是众说纷纭。沟通，有人称之为交流或交往，是一种有悠久历史的社会现象。沟通虽是一个经常使用的字眼，但究竟什么是沟通，却莫衷一是。据统计，一般人认为的沟通的定义有多种。比如，《辞海》认为，沟通泛指彼此相通。而《大英百科全书》认为，沟通就是："用任何方法，彼此交换信息。即指一个人与另一个人之间用视觉、符号、电话、电报、收音机、电视或其他工具为媒介，所从事之交换消息的方法。"拉氏韦尔认为，沟通就是"什么人说什么，由什么路线传至什么人，达到什么结果"。而西蒙（H.A.Simon）则认为，沟通"可视为任何一种程序，借此程序，组织中的一成员，将其所决定意见或前提，传送给其他有关成员"。应该说，西蒙的观点还是很符合管理学中的沟通的含义的。

复旦大学苏勇教授从管理学的角度，特别是从组织管理的要求出发，综合各种有关沟通的定义，把沟通定义为：沟通是信息凭借一定符号载体，在个人或群体间从发送者到接受者进行传递，并获取理解的过程。

综合各种有关沟通的定义及其解释，可以看出，沟通是指主体与客体之间凭借一定的符号载体（语言、文字或其他的表达形式），进行信息传递和交换的过程。沟通的重要职能就是交流信息，是主体与客体交流信息，所以沟通是双方的行为。沟通是人为的，没有人为行动也就无所谓沟通，即使是通信工具之间表现的沟通，没有人的操作也是不能实现的。

2.沟通的内涵

沟通的信息包罗万象。传送者首先把要传送的信息"翻译"（编码）成符号，而接受者则进行相反的"翻译过程"（解码）以接受信息。由于每个人"信息—符号储存系统"各不相同，即"翻译"能力、理解水平各不相同，对同一符号（例如身体语言）常存在着不同的理解，因此导致了不少沟通问题的产生。

沟通是准确理解信息的意义，不是达成协议。良好的沟通常被错误地理解为沟通双方达成协议，是使别人接受自己的观点，而不是准确理解信息的意义。沟通一方明白另一方意思却不同意对方的看法，沟通是有效的。

事实上，沟通双方能否达成一致协议、别人是否接受自己的观点，往往并不是由沟通愿望良好与否这一个因素决定的，它还涉及双方根本利益是否一致，价值观念、信息、编码、通道、解码、收信者（接收者）、噪声、反馈。其中最重要的是三个要素：发信者、收信者和信息。

（1）信息发送者与信息接受者

个人之间的信息交流显然需要有两个或两个以上的人参加。信息沟通至少需要两个主体，即发信者与收信者。信息的接收者像信息沟通者一样，可以是单个人，也可以是一个团体。例如，当酒店宣布对缺勤人员的处罚政策时，接收者可能是全体员工；如果需要对某个员工的缺勤事件进行处理，那么只要与他个人进行沟通就可以了。

（2）信息

信息是发信者传递给收信者的刺激物（思想、观点、感情、意见、建议等）。发信者所传送的信息经过编码的处理，收信者所接收到的信息会受到解码的影响，发送的信息和收到的信息，可能不是一致的。研究信息沟通的重要目的就是要尽可能地克服各种障碍，使这两者接近一致。

一个成功的沟通者往往非常重视信息策略的构筑，即传递的信息内容和方式要根据不同人的特点采用合适的策略。信息策略主要解决两个关键问题：一是怎样强调信息以引发客体的注意和兴趣；二是如何组织策略性信息以保证客体兴趣的保持，最终实现沟通目标。

（3）通道

通道或称渠道，是指信息从发信者传递到收信者的方式。信息传输的通道也会影响信息接收。

（4）反馈

反馈是指接收者把信息返回给发送者，并对信息是否被理解进行核实。反馈是沟通体系中的一个重要方面。在没有得到反馈之前，我们无法确认信息是否已经得到有效的编码、传递和解码。提供反馈有利于增强沟通的有效性应反馈可以检验信息传递的程度、速度和质量。反馈的形式多种多样：直接向接收者提问；对某一问题的回答；对发出信息的解释；或者通过观察接收者的面部表情以获得其对传递信息的反馈。但光凭借观察来获得反馈，还不能确保沟通的效果。观察接收者的反馈方法必须结合直接提问法，才能获得可靠的反馈信息。

（二）酒店管理与沟通

纵观酒店管理的各项职能和酒店管理的各项具体活动，其中充满了沟通活动。酒店管理的实质和核心内容是沟通，酒店管理和沟通有着十分紧密的内在联系，两者有许多相同、相似或共通之处。当然，管理和沟通两者的内涵和外延并非简单地完全相等，它们也有不同或差异。酒店管理者通过沟通要达到管理的目的是：第一，搜集或接收信息，分摊责任，鼓舞士气，控制管理，实施计划；第二，与组织内外各级人员会谈；第三，会议、报告、提案、通报，运用非正式沟通方式。

1.沟通在酒店管理中的作用

沟通在酒店组织、团体的管理中，占有相当重要的地位。它在管理者有效地进行计划、组织、激励、协调、指挥、控制的过程中起着不可替代的作用。沟通状况顺畅与否，直接影响酒店群体的工作效率。沟通在酒店组织管理中的具体作用表现在：

（1）沟通信息的功能

通过沟通，为酒店团体成员提供内部、外部两个方面的信息。内部沟通包括酒店组织成员之间交流信息、经验、知识、思想和情感，了解团体和内部各部门之间的关系、团体成员的需要、团体成员的士气高低与凝聚力大小、管理效能高低、组织发展的前途和困难等。外部沟通包括同各协作酒店的联络以及获得有关的国家法律、方针、政策和市场动态等情报资料。对于一家酒店来说，捕捉产品的销路、旅游市场动态、政策变化等信息，是搞好酒店组织管理、使决策科学化的前提。员工之间、上下级之间，通过沟通，彼此诉说各自的意见和喜怒哀乐的情感，从中获得相互的同情、帮助和支持，有利于解除内心的烦恼，减轻压抑和紧张，从而使人保持愉快、舒畅的心境，有益于增进身心健康。管理者要花时间去听那些遭受压力的同事或下属的任何抱怨，让员工能够畅所欲言。员工遇到挫折或产生心理压力后会产生一些不满情绪，很希望向他人倾诉。这时，如果管理者能倾听员工的想法，就可能有效地降低员工的挫折感并消除员工的压力。

（2）协调功能

沟通是部门之间、员工之间增进互相了解与理解的基本方法与途径。酒店组织是由许多不同的部门、成员所构成的一个整体。为了要达成组织的目标，各部门、成员之间必须要进行密切的配合与协调。只有各部门、各成员之间存在看良好的沟通意识、机制和行为，才能彼此了解、互相协作，进而促进团体意识的形成，增强组织目标的导向性和凝聚力，使整个组织体系合作无间、同心协力。

2.管理与沟通的内在联系

管理与沟通密不可分。成功的管理要通过有效的沟通促成。

（1）所有的管理行为过程，绝大部分就是沟通行为过程

沟通是管理的实质和核心内容，也是管理得以实施的主要手段、方法和工具。如管理职能中的计划，必须有信息搜集、整理、分析作为基础，信息搜集的过程就是沟通的过程。计划制订时需要吸收团队意见，计划制订后需要形成正式文件，并下达给所有与计划执行有关的组织成员。组织领导还需要向组织成员解释计划和计划执行方法与难点，组织成员对计划必须有反馈，必要时还要在具体执行计划时对计划内容进行一些修正等，所有这些管理功能与活动，无一不是沟通行为过程。

（2）大部分沟通行为过程都是管理行为过程

如果把沟通行为过程由人类社会大背景缩小到企业或组织内外部这一较小的范围来考察，从组织行为学的角度看，大量的沟通行为过程必然与企业或组织的管理相关或重叠。除了一小部分沟通行为与过程是个人性的或反管理性的，大部分沟通行为过程都是管理行为过程。

沟通是管理人员能更好地履行计划、组织、领导和控制等职能的润滑剂，但管理人员扮演的多种角色能更有效、更顺利地完成工作。显然，管理沟通为人员与工作的协调一致提供了润滑剂。

①领导

领导的职能是指管理者通过自身的行为活动对员工施加影响，倾其努力实现组织目标并做出贡献。越来越多的研究和实践表明，建立在职位基础上的权威对追随者行为所施加的影响是有限的。现代人更愿意追随那些能够满足大家需要，实现共同愿望的领导者。因此，管理者必须借助管理沟通来展示自身的人格魅力、知识才华和远见卓识，淡化地位与权威的作用，这样才能赢得追随与支持。许多事实表明，有效的领导者同时必然是掌握娴熟沟通技巧的人。

②控制

控制职能是指衡量与纠正员工行为并促成计划完成的各种活动。控制与计划的成败密切相关。为了使员工的行为符合计划与规范的要求，管理控制就是不断地进行防错、查错与纠错等活动。从实质上讲，控制就是不断获得反馈，并根据反馈制定对策，确保计划得以实现的过程。这个过程也有赖于管理者。管理者必须要与提供信息的内部或外部来源者接触，这些来源包括酒店内部或外部的个人或团体。如销售经理从人力资源部经理那里获得信息，这种关系属于内部联络关系；当销售经理通过市场营销协会或与其他酒店企业的销售经理接触时，他就有了外部联络关系。这就要求管理者必须具备优良的会议、会谈等口头和非语言沟通能力。

③监听者

作为监听者，管理者寻求和获取各种特定、即时的信息，以便比较透彻地了解外部环境和组织内部的经营管理现状。如经常阅读各种报纸杂志、政府报告、财务报表等，并与有关人员如政府官员、客户、员工等保持私人接触。换句话说，管理者充当了组织的内部、外部信息的神经中枢。因此，要求管理者除具备基本书面沟通和口头沟通的技巧外，还要有好的理解和倾听能力。

④传播者

管理者起着向组织成员传递信息的通道作用。管理者可以采用所有的信息沟通形式传播信息，如面对面会谈、电话等。管理者无论履行什么管理职能，或在扮演什么管理者角色，都离不开管理沟通。

（3）沟通行为在管理行为中，具有非同寻常的重要性

随着人类社会发展，信息化程度越来越高，在管理行为中，沟通行为具有非同寻常的重要性。在工业革命之前，企业或组织信息交流只能依赖于见面、会谈和通信；等到后来，有了电报电话，信息交流一下加快了许多倍，原来一个月甚至一年才能沟通的信息，变成一个电报、电话就能达成沟通。

交通工具的发展也起到了同样作用。飞机在信息和物质交流方面所起到的无与伦比的巨大作用，使以前不可能的交流沟通成为可能。而到了 21 世纪，人类进入了信息时代，在企业经营管理的资源要素中，劳动力、资本、土地等传统要素的作用虽然依旧巨大，但科技、知识、信息的作用尤其突出。以信息为载体的知识、技术及信息本身，已经成为推动企业和社会经济发展的第一生产力。信息沟通的效果在很大程度上会决定企

业整体经营管理的效果，沟通因此在企业管理中具有了前所未有的重要性。

另一方面，经济和市场全球化促使现代企业成为人数、机构、业务众多的大型的跨区、跨国、跨洲企业。在这样空前巨大和复杂的企业中，管理沟通的难度在客观上成倍增加，成为许多大企业经营管理的关键和瓶颈，从而更凸显了沟通在管理中的地位和作用。

值得人们关注的是，在现代信息社会，随着电子、通信技术的惊人发展，信息本身已经发展成为一个独立的产业部门，并且成为全球经济发展的强劲动力。而在信息产业及其相关企业中，信息的传播、交换、共享速度对企业经营成败更是具有直接决定性意义。在咨询公司，团队沟通、知识共享、协调配合这些管理性质的沟通，负担起了企业资源、智力整合以及为客户创造价值的重任，企业资源的整合基本靠的是成功有效的沟通与组织。在这样的形势下，沟通必然获得越来越多的管理者和管理学家的重视。

（4）自我管理也是一种沟通行为

如果从广义上来理解沟通，管理中原本不属于沟通的自我管理，其中包括组织成员对自己和自己负责的物品的管理，也可以理解成为是另一种以自己为沟通对象的沟通，即自我沟通行为。如此，企业管理中的绝大部分行为都可以被认为是沟通行为，说管理就是沟通或主要是沟通就有了可靠的依据。

事实上，由于人是有思想、会思想、有感情、有情绪的，自我管理时他们所作所为确实在客观上存在着一种自我沟通的行为，尤其是在出现偏差时最为明显。在出现偏差时，自我管理者会与自己进行交流，即与自己进行沟通，通过交流找出偏差原因，然后要求自己及时改进。从沟通学角度来讲，这显然是典型的沟通行为。

（5）其他管理行为中也蕴涵着沟通行为

"对于有一定反馈能力的机器、动物来讲，在原本纯粹的人对机器、动物的管理中，也存在着一种人机对话或者说人机沟通行为。"如运用电脑进行管理或对电脑进行管理时，人与电脑会有信息交换的过程。又如动物园和马戏团中，人对动物的管理过程必然也是人与动物进行有效沟通的过程。

二、酒店人际关系沟通

从管理学角度看，任何组织目标的实现都必须依赖于组织成员的相互协作，而相互协作又必定以良好的人际关系为前提。管理学所关注的重点是人与人之间的信息沟通，也即人际沟通。一般来说，人际沟通既包括一般信息的交流，也包括人们彼此之间的感情、思想、态度、信念、愿望的交流。信息沟通和人际关系是相互作用的。一方面，信息沟通是良好的人际关系的前提；另一方面，人际关系和谐与否又关系到组织沟通的成效。

人际沟通是指人和人之间相互了解、共享信息的交流过程。人际沟通是群体沟通、组织沟通乃至管理沟通的基础。从某种程度上来说，组织沟通是人际沟通的一种表现和应用形式，有效的管理沟通都是以人际沟通为保障的。

人际沟通是一种特殊的信息沟通，是人与人之间的情感情绪、态度兴趣、思想人格特点的相互交流、相互感应的过程。通过人际沟通，可以收集到信息时，必须要分析对方的可能动机、目的、需求等，并且要预料到对方可能会做出的回答，以此获取对方的新信息。比如两个朋友谈话，双方都要顾及对方的情绪、情感、态度、兴趣，并根据对方的反应，对谈话的内容和方式做出相应的改变。可见，人际沟通不是简单的"传递信息"，至少是一种信息的积极交流。

（一）酒店人际沟通

不少酒店中员工之间关系紧张，甚至上、下级对立，一个重要的诱因是酒店中各层次管理者缺乏人际沟通意识和基本的人际沟通技能。因此，酒店各层次管理者需要认识到自己在人际沟通方面存在的不足，认识到人际沟通中存在的种种障碍，并有意识地学习和掌握一些有效的人际沟通策略。

1.酒店人际沟通的特殊性障碍

在人际沟通中，有可能产生完全特殊的沟通障碍。"完全特殊"意指这种障碍不是由于信息通道的失真或编码、译码上的错误，而是由社会、文化或心理因素造成的。

（1）文化系统障碍

①语言障碍

人与人之间的沟通大多是通过语言、文字的交流而实现的。如果沟通双方语言不同、文字不一，对同样一句话或同样一个词有不同的理解，就很难实现沟通。更多的情况是可能引起语意的歪曲和误解，或是断章取义，形成沟通障碍。涉外酒店的中外员工之间有语言沟通障碍，即使同源文化的中国员工之间交流沟通也难免会有障碍，如不同民族和不同的方言区的语言交流障碍。现代汉语可分为北方话、吴语、湘语、赣语、客家话、闽北话、闽南话、粤语八大方言区，而每个地区方言还可以分出大体上近似的一些地方方言。为了使语言交流达到良好交流效果，用语言进行沟通要准确、精练。所谓语言上的准确，就是语言表达得合乎规范。在人际交流场合，要求每一个参与交流的人，尽量使用标准普通话。如果是与外宾交流，那么，也应当使用标准外语。只有把语言说得准确，在语音、词汇、语法等方面遵循统一的标准，人们才能更好地传递信息、交流思想、联络感情。所以，酒店的管理者无论是口头传达上级精神还是书面报告，都要表达清楚，使人一目了然、心领神会。若传送者口齿不清、语无伦次、闪烁其词，或词不达意、文理不通、字迹模糊，都会使接收者无法了解对方所要传递的真实信息。

②文化程度障碍

沟通双方接受教育的程度和文化素养的水平，在沟通中有十分重要的意义。一般来说，程度越接近，沟通越易实现；而水平差距越大，所传信息越不易被理解，也不易被接受，这就形成了文化程度的障碍。教育程度是决定一个人理解能力高低的重要因素。管理者必须认识到这一点，当他们用书面或口头方式传递信息时，要根据接收者的受教育程度（所能理解的能力）来调整他们的用语，以便使沟通有效。

（2）社会系统障碍

社会系统方面的障碍影响因素很多，其中起主要作用的有社会角色地位障碍、观念障碍、习俗障碍等。

①角色地位障碍

酒店里的每个员工都处在不同的位置，都具有不同的组织角色。员工所担任的角色不同，看问题的方式和角度便不一样，就会产生不同的态度和观点以及不同的利害关系。在沟通中时常会因角色地位的不同而发生障碍。有的酒店管理者认为"我手里有权""我能管你",觉得高人一等,从而人为导致沟通障碍。如果一位领导者居高临下,下属会不买你的账,或敬而远之,或产生逆反心理,结果自然会阻塞上下信息的畅通。但换一个角度来说,人也总是要受他所扮演的"角色"的影响。同一个人,在他扮演不同的社会角色时,他的心理状态不可能是完全一样的。例如,当服务员小王以客人的身份,坐在别的酒店里消费的时候,和他在自己的酒店里以服务员的身份,去为客人服务的时候,其心理状态肯定是不一样的。不仅一个人的心理状态会受他所扮演的社会角色的影响,而且他的行为也要受他所扮演的角色所制约。

②观念障碍

观念是一定社会条件下人们接受、信奉并用以指导自己行动的理论和观点。观念本身是沟通的内容之一,同时又对沟通有巨大的影响作用。有的观念是促进沟通的强大动力,有的观念则是阻塞沟通的绊脚石。比如,僵化观念会窒息沟通。僵化观念即把某种认识凝固化、神圣化、奉为永恒真理,是一种静止的观念。其具体的表现是唯经典、唯权威。唯经典就是不管遇到什么问题,都到经典著作中找现成答案,从而堵塞了信息沟通的渠道。唯权威就是为了维护权威不顾真理甚至放弃真理。日常生活中经常遇到这种情况:争论双方只是抓住对方在沟通过程中的某一环节、方面或特性,各执一端,彼此否定,谁也听不进对方的意见,结果谁也说服不了谁。克服沟通观念障碍的根本途径是加强唯物辩证法世界观的修养,牢固树立联系的观点、发展的观点和矛盾的观点。

③习俗障碍

习俗是在一定文化历史背景下形成的具有固定特点的调整人际关系的社会因素。习俗世代相传,是经长期重复出现而约定俗成的习惯。忽视习俗因素会导致沟通障碍的出现。比如,在对客人使用"谢谢"这一礼貌语言时,欧美人习惯为一件事道谢,只谢一次就够了,万不能为同一件事不断道谢,这是他们的礼仪。在我国,如果有人帮了你的大忙,你会在他面前谢了又谢,谢得没完。一再表示感谢,表明谢意之真诚,这是中国人的习惯礼仪,如果对欧美人接连不断地说"谢谢",则被认为糟糕透顶,会使对方感到不能忍受,甚至认为伤感情,太虚伪了,下次不敢再和你打交道了。

总之,各国、各民族、各地区的风俗习惯的差异是客观存在的,在酒店的接待工作中以及与外国人、少数民族、异乡人之间的交往沟通中,要注意了解和尊重对方的风俗习惯。

(3)心理系统障碍

人的心理包括4个因素:知、情、意、行。由于每个人的人格差异,从而导致了认知、情感、意志、行为的不同。在沟通活动中,心理系统的障碍远比文化、社会系统障碍更普遍、更棘手。属于心理系统方面的障碍,主要有认知障碍、情感障碍、个性障碍和态度障碍等。

①认知障碍

认知障碍主要包括自我认知障碍、社会认知障碍。自我认知是指个体对自身及其与外界关系的认知。个体通过自我认知,产生自我意象、自我观念、自我评价,从而构成自我态度和对与之发生关系的他人或群体的态度。

人们往往很难做到主动、客观、全面地认识自己,从而容易发生自我认知度偏差,不能正确地认识自己、评价自己、把握自己,形成沟通障碍。如自卑,它源于对自己的不正确认知和估计,过分地看重自己的短处,而对自己的长处缺乏足够的认知,因而产生了自惭形秽之感。心理自卑,行为必然退缩。想与人来往,又怕被人嫌弃、拒绝;想得到别人的关心与体贴,又会因害羞而不敢亲近。自傲与自卑相反,自傲者则喜欢过高地估计自己,在与人交往沟通的过程中,往往表现出一种"超人感""优越感",以自我为中心。

社会认知主要是指对他人的认知,即指个人在与他人交往接触时,根据他人的外现行为,推测与判断他人的心理状态、动机和意向的过程。如果认知者的认知方法不对头,会人为地形成偏见。交往沟通中一旦发生对他人的认知偏差,就会因此产生"信任危机",引起沟通障碍。酒店的员工在工作中希望得到的不只是金钱的报偿或晋升,他们需要获得同事、主管的认同,并希望周围的人对他产生良好的认知,使自己融入酒店组织之中,获得社交需要和尊重需要的满足。酒店对员工良好的认知还表现在把员工真正作为企业的成员来对待,而不能单纯把他们作为企业的雇员。如上海瑞吉红塔大酒店,员工入职后,新员工培训必须有总经理参加。若总经理没时间,宁可暂停后延,这是雷打不动的原则。这是总经理对培训工作的重视,也是对员工的尊重。

②情绪障碍

每一项活动中,情绪总是伴随着我们的行为出现。每一项活动中,情绪总是伴随着我们的行为出现。在人际交往与沟通中,离开了情绪的共鸣是不可想象的。人与社会之间以及人与人之间的关系,都可以通过情绪反映出来。诸如爱和恨,快乐和悲伤,期望和失望,羡慕和忌妒等。在一家酒店,一位心情烦躁的酒店服务员,觉得客人妨碍了自己的工作,于是就很不耐烦地对客人说:"起来!——让开!——站远点!"像这样去对待客人,就会使客人觉得服务员好像不把他当成一个人,而是在把他当成一件物品来随意摆布。因此,消极情绪会影响沟通。克服消极情绪要求员工自己学会约束和控制行为,学会调节情绪,加强性格方面的修养,同时也要求管理人员为员工有一个好的心情、好的人际关系环境而做出努力。比如和员工经常进行感情的沟通与交流,可以拉近管理者与员工之间的关系;在下达指示时重重拍拍他们肩头并加上一句"你一定能干好的!""我相信你一定行的!"这种稳定心理、给予信任的方式,可以让员工获得好心情并会增加他们获胜的信心。

③个性障碍

每个人都有自己的个性,个性障碍是由个人的个性意向(如需要、兴趣、动机、理想、信念、世界观、人生观)和个性心理特征(如气质、性格、能力等)的差异而引起。一个诚实、高尚、正直的人,发出的信息即使有一些失真,也能为人们所理解和认同;一个虚伪、卑劣、不正直的人,发出的信息虽属千真万确,也往往为人们所曲解。

④态度障碍

如果沟通双方不能以诚相待,彼此歧视,各存戒心,就会形成态度障碍。态度是由认知、情感和意图3种因素组成的。一般来说,一个正常人对某人某事所持的态度中,这3种因素应该是协调一致的。然而态度的知、情、意三要素并不都是协调的,因此也就有了所谓偏见。而这种偏见的产生,往往受到"定势效应"和"社会刻板印象"的影响。

2.酒店管理者人际沟通能力的提高

酒店管理者要提高管理沟通的能力来达到提高管理的效果，首先需要提高管理者人际沟通的能力，解决如何与人相处的问题。管理者首先要做到严于律己和宽以待人。在学习和工作上对自己有高的标准，对自己的缺点有真诚和严格的自我批评精神，而对员工的工作或学习不提不切实际的要求，不强人所难，对别人的缺点或不足，在热心帮助的同时，要有耐心等待、宽厚和谅解的态度。在与人相处中真正做到了严于律己、宽以待人的人，其人际关系一定会搞好。与人相处还需要真心实意和以诚待人。真诚待人是管理者非常美好的风度，对人对事要实事求是，对员工要有正确的认识，要相信人、尊重人。员工工作做出了成绩，要实事求是、真诚地予以肯定和赞扬。这样会使员工觉得他为工作所付出的努力得到了主管的理解、承认和赞许，从而拉近了双方的心理距离，使双方的关系变得亲切和谐起来。对待员工没有诚意，是不会建立起良好的关系的。

（1）重视感情投资，加强人际亲和力

感情投资就是管理者通过一系列能够引起下属感情共鸣的手段，指挥协调下属的工作。他们性情各异，却为何会聚集在你的周围，听你的指挥，为你效劳呢？俗话说："浇树要浇根，带人要带心。"领导必须要搞清下属的内心愿望和要求，并予以适当的满足，才可能让众人追随自己。管理者必须谙熟大多数下属的共同需求：干同样的活儿，拿同样的钱。他们希望工作能得到公平的报酬，他们不满的是别人干同类或同样的工作却拿更多的钱。通常，下属有这样的心理需求：

①被人尊敬。下属希望自己在同事的眼里显得重要，他们希望自己的出色工作得到领导的肯定。

②步步高升的机会。多数下属都希望在工作中有不断晋升的机会，没有前途的工作会使下属产生失望感。

③在舒适的地方从事有趣的工作。大家都希望有一个安全、干净和舒适的工作环境。

④被"大家庭"所接受。他们谋求社会的承认和同事的认可，希望成为组织整体的一部分，希望得到组织的赏识。

（2）建立和谐融洽的关系

上级如果想与下属真诚沟通交流，必须允许下属敢当面批评你。所以，上级应该尽量鼓励下属发表不同意见。鼓励方法有两种：一是放弃自信的语气和神态，多用疑问句，少用肯定句。不要让下属觉得你已经胸有成竹，征求意见不过是形式而已。二是故意把一些薄弱环节暴露给下属，把自己设想过程中所遇到的困难告诉下属，引导下属提出不同的意见。

（3）要乐于听取抱怨

上级要与下属进行心灵的沟通，就要舍得花时间多听一听他们的抱怨。有时候，下属发泄怨言并不是希望你采取什么行动，而是只要你给他们一对善于倾听的耳朵。如果你打算解决下属所抱怨的问题，要事先考虑一下问题发生的原因，避免因操之过急而使矛盾激化。如果你不准备采取什么行动，也要给抱怨者一些理由。

处理抱怨的艺术一定要记住以下几点：

第一，不要轻视。不要认为如果你对出现的问题不加理睬，它就会自行消失。没有得到解决的不满将在下属心中不断膨胀，直至爆炸。

第二，冷却处理。一般而言，当人们争吵时，由于满腔愤怒，往往会出言不逊。在这种情况下，处理的方法便是先冷却一段时间再说。任何感觉都会随时间的消逝而削弱，冷处理不仅可消除不满的情绪，也可形成员工接受指导的气氛。因此，在利用沟通消除下属的不满时，千万不要忽略这一重要方法。

第三，找到应对争执的方法。在酒店组织里，上、下级之间对于解决问题的意见不同或自我意识太强，都可能会引发争执，严重的争执会影响到双方的正常工作，所以应该找到正确应对争执的方法。

第四章 酒店业务管理

第一节 前厅运营与管理

一、前厅部的地位和作用

前厅部（front office）是招徕并接待客人，推销客房及餐饮等酒店服务，同时为客人提供各种综合服务的部门。前厅部的工作对酒店形象、服务质量乃至管理水平和经济效益有至关重要的影响。

第一，前厅部是酒店的营业橱窗，反映酒店的整体服务质量。一家酒店服务质量和档次的高低，从前厅部就可以反映出来。有一位顾客曾说："每当我们走进一家旅游酒店，不用看它的星级铜牌，也不用问它的业主是谁，凭我们'四海为家'的经验，通常就可以轻而易举地判断出这家酒店是不是合资酒店，是不是外方管理以及大致的星级水平。"因此，有人把前厅誉为酒店的"脸面"，这张脸是否"漂亮"，不仅取决于大堂的设计、布置、装饰、灯光等硬件设施，更取决于前厅部员工的精神面貌、办事效率、服务态度、服务技巧、礼貌礼节以及组织纪律性。

第二，前厅部是给客人留下第一印象和最后印象的地方。前厅部是客人抵店后首先接触的部门，因此，它给客人留下第一印象。从心理学上讲，第一印象非常重要，客人总是依据第一印象来评价一家酒店的服务质量。如果第一印象好，那么即使在住宿期间遇到不如意的事情，他也会认为这是偶尔发生的，可以原谅；如果第一印象不好，那么他会认为是必然的，酒店在他心目中的不良形象就很难改变。此外，客人离开酒店时也是从前厅部离开的，因此，这里也是给客人留下最后印象的地方，而最后印象在客人脑海里停留的时间最长。最后，印象的好坏在很大程度上取决于前厅部服务员的礼貌礼节和服务质量，如果服务员态度不好，办事效率不高，就会给客人留下不好的最后印象，使酒店在客人住店期间所提供的良好服务"前功尽弃"。

第三，前厅部具有一定的经济作用。它不仅可以通过提供邮政、电信、票务以及出租车服务等直接取得经济收入，而且其销售工作的好坏直接影响到酒店接待客人的数量。因此，前厅部应积极主动地推销酒店产品，绝不能被动地等客上门。当酒店产品供过于求、市场竞争激烈时，更是如此。

第四，前厅部具有协调作用。前厅部犹如酒店的大脑，在很大程度上控制和协调着整个酒店的经营活动。由这里发出的每一项指令、每一条信息，都将直接影响酒店其他部门对客人的服务质量。因此，前厅部员工（尤其是接待员）必须认真负责，一丝不苟，并经常联络和协调其他部门，以保证酒店正常运转，提高酒店的整体服务质量。

第五，前厅部的工作有利于提高酒店决策的科学性。前厅部是酒店的信息中心，它所收集、加工和传递的信息是酒店管理者进行科学决策的依据，比如在实施收益管理的酒店，管理者就是根据前厅部所提供的客人预订信息来决定未来一个时期内房价的高低。

第六，前厅部是建立良好的宾客关系的重要环节。酒店服务质量最终是由客人作出评价的，评价的标准就是客人的满意度。建立良好的宾客关系有利于提高客人的满意度，争取更多的回头客，从而提高酒店的经济效益。世界各国的酒店都非常重视改善宾客关系，而前厅部是客人接触最多的部门，因此是建立良好宾客关系的重要环节。

二、前厅部的主要任务

前厅部的主要任务有：

1.*接受预订*

接受客人预订是前厅部的主要任务之一。

2.*礼宾服务*

包括在机场、车站接送客人，为客人提供行李搬运、出租车服务和问讯服务等。

3.*入住登记*

前台不仅要接待住店客人、为他们办理住店手续、分配房间等，还要接待其他消费客人以及来访客人等。

4.*房态控制*

酒店客房的使用状况是由前台控制的。准确有效的房态控制有利于提高客房利用率及对客人的服务质量。

5.*账务管理*

包括建立客人账户、登账和结账等项工作。

6.*信息管理*

前厅部要负责收集、加工、处理和传递有关经营信息，包括酒店经营的外部市场信息（旅游业发展状况、国内及世界经济信息、游客的消费心理、人均消费水平、年龄构成等）和内部管理信息（如开房率、营业收入及客人的投诉、表扬，客人的住店、离店、预订以及在有关部门的消费情况等）。前厅部不仅要收集这类信息，而且要加工整理，并传递给客房部、餐饮部等酒店经营和管理部门。

7.*客房销售*

除了酒店市场营销部以外，前厅部的预订处和前台接待员也要负责客房推销工作，包括受理客人预订，随时向没有预订的客人（walk-in guests）推销客房等。

三、前厅部组织架构

前厅部组织架构的设置会因酒店规模不同而不同。其设置及定员会影响酒店的成本水平，在与酒店总经理协商后，前厅部经理要准备一份与酒店总体工资水平一致的前厅部人工预算表。

四、前厅部各班组的职能

（一）接待处

接待处（reception/check-in/registration）通常配备主管、领班和接待员，主要职责是：销售客房，接待住店客人（包括团体客人、散客、常住客人、预订客人和非预订客人等），为客人办理入住登记手续，分配房间；掌握住客动态及信息资料，控制房间状态；制作客房营业日报等；协调对客服务工作。

（二）问讯处

问讯处（information/inquiry）的主要职责是：回答客人问讯（包括介绍店内服务及有关信息、市内观光、交通情况、社团活动等），接待来访客人，处理客人邮件、留言以及分发和保管客房钥匙。

（三）收银处

收银处（cashier/check-out）一般由领班、收银员和外币兑换员组成。收银处因其业务性质通常隶属于酒店财务部，但它位于前台，与前台接待处、问询处等有着不可分割的联系，直接面对客人提供服务，又是前台的重要组成部分，因此，前厅部也应参与和协助对前厅收银人员的管理和考核。

收银处的主要职责是：办理离店客人的结账手续（收回客房钥匙、核实客人的信用卡、负责应收账款的转账等）；提供外币兑换服务；为住客提供贵重物品的寄存和保管服务；管理住店客人的账卡；与酒店各营业部门的收款员联系，催收、核实账单；夜间审核全酒店的营业收入及账务情况等。

（四）礼宾部

礼宾部（concierge）主要为客人提供迎送服务、行李服务和各种委托代办服务，故在一些酒店又称委托代办处、大厅服务处或行李处。礼宾部主要由礼宾部主管（"金钥匙"）、领班、迎宾员、行李员、委托代办员等组成。其主要职责是：在门厅或机场、车站迎送宾客；负责客人的行李运送、寄存及安全；雨伞的寄存和出租；帮助客人在酒店公共场所找人；陪同散客进房并做介绍、分送客用报纸、分送客人信件和留言；代客召唤出租车；协助管理和指挥门厅入口处的车辆停靠，确保畅通和安全；回答客人问询，为客人指引方向；传递有关通知单负责客人其他委托代办事项。

（五）电话总机

电话总机（switch board）的主要职责是：接转电话；为客人提供请勿打扰电话服务、叫醒服务；回答电话问询；接受电话投诉；电话找人；接受电话留言；办理长途电话事项；传播或消除紧急通知或说明；播放背景音乐，等等。

（六）商务中心

商务中心（business center）为客人提供打字、翻译、复印、装订、印名片、长话、传真、订票、上网以及小型会议室出租等商务服务，还可根据需要为客人提供秘书服务。

五、前厅部主要管理人员的工作描述

（一）前厅部经理

1.全面主持部门工作，提高部门工作效率和服务质量，力争最大限度地提高房间出租率。

2.贯彻执行总经理下达的营业及管理指示。

3.根据酒店计划，制定前厅部各项业务指标和规划。

4.按照有关要求，制作未来一个星期、一个月或其他时间段的客房销售预测表。

5.对各分部主管下达工作任务并指导、落实、检查、协调。

6.主持每日主管工作例会，传达酒店例会工作要点，听取汇报，布置工作，解决难题。

7.确保员工做好前厅部各项统计工作，掌握和预测房间出租情况、订房情况、客人到店和离店情况以及房间账目收入等。

8.参与制定并最终提交前厅部员工预算草案。

9.负责前厅部员工的招聘和培训工作。

10.在前厅部员工之间建立和发展良好的沟通关系。

11.检查、指导前厅部所有员工及其工作表现（包括员工的仪容仪表和制服的卫生情况），对前厅部的日常运作（包括预订、入住登记和结账离店等）进行监管，保证酒店及部门规章制度和服务质量标准得到执行，确保前厅部正常运转。

12.每月审阅主管提供的员工出勤情况。

13.对前厅部员工进行定期评估，并按照奖惩条例进行奖惩。

14.与酒店其他部门经理之间建立良好有效的沟通与协调制度，以便为客人提供优质的服务。

与销售部经理加强协调。在团队到达前七天及时了解该团队的具体要求，并通过销售部做好团队的善后工作。同时，参与对酒店客房及其他产品和服务的销售计划的制定。

与客房部及工程部经理加强协作。确保大厅及公共区域的卫生状况良好，设施设备运转正常。

与电脑部经理紧密配合，熟悉电脑程序，确保电脑的安全使用。

就顾客的账务纠纷与酒店财务总监及有关部门经理沟通。

15.协助总经理处理发生在大堂的特殊事件。

16.每日批阅由大堂副理提交的客人投诉记录，亲自处理贵宾的投诉和客人提出的疑难问题。

17.与客人保持密切联系，一经常向客人征求意见，了解情况，及时反馈，并定期提出有关接待服务工作的改进意见，供总经理等参考决策。

18.如总经理或其他管理部门要求，应履行其他义务。

19.检查 VIP 接待工作，包括亲自查房、迎送。

20.了解夜核情况。

21.与社区或商务公司领导保持良好的业务关系。

（二）前台主管

1.协助前厅部经理检查和控制前厅的工作程序，全面负责前厅的接待和问询等日常工作，督导员工为客人提供高效优质的服务。

2.主持前厅工作例会，上传下达，与相关部门做好沟通、合作与协调工作。

3.随时处理客人的投诉和各种要求。

4.每天检查员工外表及工作情况。

5.对员工进行培训并定期评估。
6.下班之前与预订部核对当日及次日的房态。
7.检查有特殊要求的客人的房间并保证这些特殊要求得到关照。
8.及时申领物品,保证前台有充足的办公用品。
9.协助大堂副理检查大厅卫生,陈列酒店介绍等宣传品,并在用餐时间临时接替大堂副理的工作。
10.按要求每月制作有关报表并送至公安部门。
11.完成前厅部经理或其他管理部门交给的任务。

(三)前台领班

1.协助主管做好日常工作。
2.检查、督导前台员工按照工作程序和标准为客人提供优质服务。
3.重视客人的要求及投诉,尽最大努力答复,如遇不能解决的问题,及时报告主管。
4.确保入住登记单详细、准确、清晰,符合有关部门的规定。
5.通知有关部门关于到店房、换房、VIP房和特殊安排房等情况。
6.每天检查和准确控制房态。
每天定时(9:00、16:00和23:00)根据客房部提供的房态表核对房态。
每天定时(12:00、17:00和22:00)认真检查已结账的房间是否已从电脑中销号。如有换房或调价,应记录存档。
7.详细记录交班事项,如有重要事件或需下一班继续完成的事情,应详细记录,并在交班时签名。
8.确保所有的信件、邮包和留言的发送、存放、记录存档无误。
每天10:00、12:00、16:00、21:00,检查邮件、信件、留言。
若发现有未送出的,应及时通知或检查留言。
9.遇特殊情况,如客人不按期到达、延长住房日期、提前离店、客人投诉以及其他紧急事件,处理不了的要及时上报主管或大堂副理。
10.完成经理分派的其他工作。

六、礼宾服务管理

前厅部礼宾服务的主要内容包括:接机服务、客人迎送、门口迎宾、行李接送、行李寄存、邮件递送、留言找人、委托代办、物品租借、投诉客人接待、用车安排、停车管理等,这些是酒店对客服务的重要组成部分,在很大程度上体现酒店的对客服务质量。

(一)"金钥匙"

"金钥匙"是一种委托代办(concierge)服务岗位。"concierge"一词最早起源于法国,指古代城堡的守门人,后演化为酒店的守门人,负责迎来送往和酒店的钥匙,随着酒店业的发展,其工作范围不断扩大,在现代酒店业中为客人提供全方位"一条龙"服务。其代表人物就是"金钥匙",他们见多识广、经验丰富、谦虚热情、彬彬有礼、善解人意。

金钥匙(Les Clefs dr)通常身着燕尾服,上面别着十字形金钥匙,这是委托代办的国际组织——国际酒店金钥匙组织联合会(Union International Concierge Hotel Les Clefs dOr）会员的标志。金钥匙虽然不是无所不能，但一定要竭尽所能，这就是金钥匙的服务哲学。

（二）"金钥匙"的岗位职责

金钥匙通常是酒店礼宾部主管，其岗位职责主要有：

（1）全方位满足住店客人提出的特殊要求，并提供多种服务，如行李服务、钟点医务服务、托婴服务，安排沙龙约会，推荐特色餐馆、导游、导购等，对客人有求必应。

（2）协助大堂副理处理酒店各类投诉。

（3）保持个人的职业形象，以大方得体的仪表、亲切自然的言谈举止迎送抵离酒店的每一位宾客。

（4）检查大厅及其他公共活动区域。

（5）协同保安部对行为不轨的客人进行调查。

（6）对行李员的工作进行管理，并做好有关记录。

（7）对抵离店客人及时给予关心。

（8）将上级命令、所有重要事务记在行李员、门童交接班本上，每日早晨呈交前厅部经理，以便查询。

（9）控制酒店门前车辆活动。

（10）受前厅部经理委派对行李员进行指导和训练。

（11）在客人登记注册时，指导每个行李员为客人提供帮助。

（12）与团队协调关系，使团队行李顺利运送。

（13）确保行李房和酒店前厅的卫生清洁。

（14）保证大门外、门内、大厅三个岗位有人值班。

（15）保证行李部服务设备运转正常；随时检查行李车、秤、行李存放架、轮椅。

进入21世纪，酒店（特别是以接待商务旅行者为主的酒店）开始为客人提供一项全新的服务：电脑与通信技术支持。这逐渐成为金钥匙的一项新职责。客人找金钥匙帮忙往往处理两件事：一是互联网接入；二是设备维修。客人遇到这类问题一般会找商务中心员工或酒店金钥匙，金钥匙如果解决不了，就要请酒店技术人员解决，必要时还要帮客人联系附近的电脑公司。

考虑到客人在电脑与通信技术方面的要求迅速增加，一些豪华或高档酒店已经把提供技术帮助列为正式服务项目，甚至指定专人负责。这类负责人在丽思-卡尔顿酒店称为"技术管家"，在四季酒店称为"电脑礼宾员"。

（三）"金钥匙"的素质要求

金钥匙要以先进的服务理念、真诚的服务态度，通过其广泛的社会联系和高超的服务技巧，为客人解决各种问题，提供高水平的酒店服务。因此，金钥匙必须具备很高的素质。

1.思想素质

（1）遵守国家法律法规，遵守酒店的规章制度，有较强的组织纪律性。

（2）敬业乐业，有耐心，热爱本职工作，有高度的工作责任感。

（3）遵循"客人至上，服务第一"的宗旨，有很强的顾客意识、服务意识。

（4）待人热情，乐于助人。

（5）忠诚。即对客人忠诚，对酒店忠诚，不弄虚作假，有良好的职业道德。

（6）有协作精神和奉献精神，个人利益服从国家利益和集体利益。

（7）谦虚、宽容、积极、进取。

2.能力要求

（1）交际能力：彬彬有礼，善解人意，乐于和善于与人沟通。

（2）语言表达能力：表达清晰准确。

（3）身体健康，精力充沛。能适应长时间站立工作和户外工作。

（4）有耐心。

（5）应变能力：能把握原则，以灵活的方式解决各种问题。

（6）协调能力：能够建立广泛的社会关系和协作网络，能正确处理与相关部门的协作关系。

金钥匙除了应具备待人热情的品质和丰富的知识以外，还应建立广泛的社会关系和协作网络，这是完成客人的各种委托代办事项的重要条件。因此，金钥匙必须具备很强的人际交往能力和协作能力，善于广交朋友，社会关系较广。上至政府官员，下至市井平民，金钥匙都要与他们交往，平时愿意帮助他们，必要时可求助于他们，办成仅靠自己办不成的事情。

当然，金钥匙要建立广泛的社会关系网络，必须以酒店的优势为依托。高档大酒店的知名度、社会影响是金钥匙基于各种社会关系，开展委托代办服务的强大后盾，离开了这些，金钥匙将寸步难行。

3.业务知识和技能

金钥匙必须学识渊博，熟悉酒店业务及旅游等有关方面的知识，了解酒店所在地区旅游景点、酒店及娱乐场所的信息。从某种意义上讲，金钥匙可充当本地的"活地图"。

金钥匙必须掌握的业务知识和技能包括：

（1）熟练掌握本职工作的操作流程。

（2）通晓多种语言。金钥匙服务只有高档酒店才提供。高档酒店的客人通常来自世界各地，对服务的要求也很高，因此，金钥匙应该通晓多种语言（按照中国酒店金钥匙组织会员入会考核标准，申请者必须会说普通话，至少掌握一门外语。）

一名金钥匙经常是这样工作的：刚送走一位意大利客人，正在与德国客人用德语交谈，手里握着一封待处理的用葡萄牙文写的信件，两位美国人5分钟后要来找他解决运输一辆崭新轿车的事情，商务中心有一份从西班牙发来的要求安排一次重要社交活动的传真件要处理……

（3）掌握电脑操作基本技能。

（4）掌握所在宾馆的详细信息资料，包括酒店历史、服务设施、服务价格等。

（5）熟悉本地区三星级以上酒店的基本情况，包括地点、主要服务设施、特色和价格水平。

（6）熟悉本市主要旅游景点，包括地点、特色、服务时间、业务范围和联系人。

（7）掌握一定数量的本市各档次餐厅、娱乐场所、酒吧的信息资料，包括地点、特色、服务时间、价格水平、联系人。按照中国酒店金钥匙组织会员入会考核标准，申请者必须掌握本市高、中、低档的餐厅各5个，娱乐场所、酒吧5个（小城市3个）。

（8）能帮助客人购买各种交通票。

（9）能帮助客人安排市内旅游，掌握其线路、花费时间、价格、联系人。

（10）能帮助客人修补物品，包括手表、眼镜、小电器、行李箱、鞋等，掌握这些维修处的地点和服务时间。

（11）能帮助客人邮寄信件、包裹、快件，了解邮寄事项的要求和手续。

（12）熟悉本市的交通情况，掌握从本酒店到车站、机场、码头、旅游点、主要商业街的路线、路程和出租车价格（大约数）。

（13）能帮助外籍客人解决签证延期等问题，掌握有关单位的地点、工作时间、联系电话和办事手续。

（14）能帮助客人查找航班托运行李的去向，掌握相关部门的联系电话和领取行李的手续等。

七、门童与迎宾

门童（doorman）又称门迎，是站在酒店入口处负责迎送客人的前厅部员工门童值班时，通常身着镶有醒目标志的制服，显得精神抖擞，同时，还能营造一种热烈欢迎客人的气氛，满足客人受尊重的心理需求。

（一）门童的岗位职责

1. 迎宾

客人抵达时，门童要向客人点头致意，表示欢迎。如遇客人乘坐小汽车，则应替客人打开车门，将右手放在车门上方（佛教和伊斯兰教客人例外），并提醒客人"小心碰头"，同时，要注意扶老携幼。此外，门童要协助行李员卸下行李，查看车内有无遗留物品。为了防止客人将物品遗留在车内，酒店可要求门童记下客人所乘出租车的牌号，并将号码转交客人。

2. 指挥门前交通

门童要掌握酒店门前交通、车辆出入以及停车场的情况，准确迅速地指示车辆停靠地点。大型车辆会阻挡门口，故应让其停在偏离酒店正门口的位置。

3. 做好门前安保工作

门童应利用特殊的工作岗位，做好酒店门前的安全保卫工作。注意门前来往行人，警惕可疑分子，照看好客人的行李物品，确保酒店安全。另外，对于衣冠不整、有损酒店形象者，门童可拒绝其入内。

4. 回答客人问讯

因工作岗位的位置特殊，门童经常会遇到客人有关店内外情况的问讯，如酒店内有关设施和服务项目，有关会议、宴会、展览会及文艺活动的举办地点、时间，以及市区的交通、旅游景点和主要商业区等。对此，门童均应以热情的态度，给予客人正确、肯定的答复。

5. 送客

对于结完账要离店的客人，门童要打开大门，一边帮助装行李一边说"多谢您了当客人上车时，预祝客人旅途愉快，并感谢客人的光临。在汽车启动后带着感谢的心情目送客人离开视线，以便客人有其他需求，及时跟进服务。对于逗留中暂时外出的客人，只说一声"您走好"就够了。客人是要离店，还是暂时外出，可以通过行李和气氛来判断。

（二）门童的素质要求

管理人员可选用具有下列素质的员工担任门童。

（1）形象高大魁梧。与酒店建筑的门面一样，门童的形象往往代表了整个酒店的形象，因此要求门童身材高大挺拔。

（2）记忆力强。能够快速记住客人的相貌、行李件数以及出租车的牌号。

（3）目光敏锐、接待经验丰富。门童在工作时可能会遇到形形色色、各种各样的人或事，必须灵活机智地妥善处理。

（4）知识面广。能够回答客人有关所在城市的交通、旅游景点等方面的问题。

做一名优秀的门童并不容易。世界著名的日本新大谷酒店的负责人曾说过：培养一个出色的门童往往需要十多年的时间。这句话可能有点夸张，但说明了门童的重要性和很高的素质要求。

（三）门童的选择

为了体现酒店的特色，增强酒店对客人的吸引力，酒店门童的选择可以有一定的特色。

1.由女性担任门童

酒店的门童通常由男性担任，所以被称为"doorman"，但使用女性也未尝不可，因为餐厅的迎宾员大都由女性担任。由女性担任门童不仅具有特殊的魅力，而且能够突破传统，标新立异，从而受到客人的欢迎。事实上，国内已有酒店开始起用女性担任酒店的门童，如国际假日集团管理的广州文化假日酒店的门童就由一位身着黑色燕尾服的女性担任。

2.由长者担任门童

虽然称之为"门童"，但这一岗位并非一定要由青年人担任，有气质、有特点的老年人同样可以做好门童工作，而且可以成为酒店的一大特色和吸引客人、扩大影响的一大卖点。济南有一家大酒店曾经登报向社会公开招聘了几位学识渊博、气质高雅的离退休老教授担任门童，这些老教授面目慈祥、热情礼貌、微笑服务，赢得了社会的赞许和广大顾客的好感，产生了良好的广告效应。

3.雇用外国人做门童

除了考虑用女性和长者担任门童以外，还可以考虑雇用外国人（如印度人）做门童，使酒店具有异国情调，树立酒店的国际化形象，增强对国内外客人的吸引力。

八、行李服务管理

行李员（bellman）的工作岗位位于酒店大堂一侧的礼宾部（行李服务处）。礼宾部主管（或金钥匙）在此指挥、调度行李服务及其他大厅服务。每天早上一上班，礼宾部主管就要在电脑上查询或分析由预订处和接待处送来的预计"当日抵店客人名单（expected arrivals）和"当日离店客人名单"（expected departures），以便掌握当日客人的进出店情况，做好工作安排。以上两个名单中，尤其要注意 VIP 和团体客人的抵离店情况，以便做好充分准备，防止出现差错。行李员还是酒店与客人之间的桥梁，通过他们的工作可使客人感受到酒店的热情好客,因此,酒店应重视发挥行李员的作用。

(一)行李部员工的岗位职责

1.行李员的职责

行李员不仅负责为客人搬运行李,还要向客人介绍店内服务项目及当地旅游景点,帮助客人熟悉周围环境,跑差(送信、文件等)、传递留言、递送物品、替客人预约出租车。

2.行李领班的职责

行李领班的岗位职责是支持和协助主管的工作,管理并带领行李员、门童为客人提供服务。

(1)协助主管制定工作计划。
(2)准备好部门员工的排班表。
(3)完成上级管理部门和人员下达的所有指令。
(4)监督、指导、协助行李员和门童完成其工作任务。
(5)确保抵离店客人及时得到优质的行李服务。
(6)对抵店客人和离店客人分别表示欢迎和欢送,必要时为客人提供搬运行李等服务。
(7)督促行李员认真做好行李的搬运记录工作。
(8)为住店客人提供各种力所能及的帮助。
(9)引导客人参观房间设施。
(10)适时地向客人推销酒店的其他设施。
(11)重视客人的投诉,并把这些投诉转达给相关部门,以便迅速解决。
(12)协助酒店有关部门和人员为住店客人过生日、办周年纪念活动等。
(13)每天检查行李部设施,确保处于良好的工作状态。
(14)做好行李部设备的保管、清洁和保养工作。
(15)留意宴会指南和大厅内其他布告,保持其正常放置。
(16)认真填写交接班记录,记下已完成的工作内容及有待下一班继续完成的工作,写上日期、时间和姓名。

(二)行李部员工的素质要求

为了做好行李服务工作,要求行李领班及行李员具备一定的素质,掌握一定的知识,了解店内外诸多服务信息。

(1)吃苦耐劳,眼勤、嘴勤、手勤、腿勤,和蔼可亲。
(2)性格活泼开朗,思维敏捷。
(3)熟悉本部门工作程序和操作规则。
(4)熟悉酒店内各条道路及有关部门位置。
(5)了解店内客房、餐饮、娱乐等各项服务的内容、时间、地点及其他有关信息。
(6)广泛了解当地名胜古迹、旅游景点和购物点,尤其是那些地处市中心的购物场所,以便向客人提供准确的信息。

世界闻名的日本帝国酒店对行李员提出的要求是:看到提行李的顾客走近大门,立即帮他打开大门,接过行李;看到大厅内顾客脸上出现迷惑的表情,应尽快以自然温和的态度接近他，询问可以提供什么帮助；在任何情况下都要注意观察顾客，学会在一瞬间"看出"顾客下一步想要做什么，以便准确地提供他们所期待的服务。

九、前台接待与销售管理

前台接待与销售工作是前厅部的核心工作内容。前台员工除了要为客人提供热情服务以外，还要增强销售意识，掌握销售工作的艺术与技巧，尽可能缩短客人办理入住登记的等候时间，提高工作效率和客人的满意度。

前台销售工作的最佳境界是将合适的客房卖给合适的客人，而非将最高价格的客房卖给客人，否则，即使客人勉强接受了，心里也不舒服、不满意，以后就不会再来，也不会将酒店推荐给亲友，这样，酒店将永远失去一位客人和许多潜在的客人。

（一）前台接待业务流程

1.前台接待业务的主要工作内容

前台接待的主要工作内容包括为客人办理住宿登记手续（check-in）、修改客单、更换房间、调整房价，以及办理客人续住、取消入住、延迟退房等。

2.散客入住接待程序

客人的住宿登记手续是由前台接待员负责办理的。接待员要向客人提供住宿登记表，负责查验客人有关证件，为客人开房，并指示行李员引领客人进客房。

前台接待业务流程如下：

（1）向客人问好，对客人表示欢迎。
（2）确认客人有无预订。
（3）登记验证，安排房间。
（4）收取押金。
（5）询问客人是否需要贵重物品寄存服务。
（6）将欢迎卡和房卡（房间钥匙）交给客人。
（7）指示客房或电梯方向，或招呼行李员为客人服务。
（8）将客人的入住信息通知客房部。
（9）制作客人账单。

（二）客房分配

应根据酒店空房的类型、数量及客人的预订要求和客人的具体情况进行客房分配。为了提高工作效率，减少客人住宿登记时间，对于预订客人（尤其是团体客人）应在客人抵达前提前预分配房间（pre-assign room）通常在客人抵达的前一天晚上进行。分好后，将客房钥匙、房卡装在写有房号和客人姓名的信封内，等客人抵店并填完住宿登记表后交给客人。团体客人的房间存在两次分配，由于接待员不了解团员之间的关系，不便提前确定哪两位客人住在哪个房间，因此在装有钥匙的信封上只能注明房号或团队名，而不能写上客人姓名。对于每个房间的具体安排，要等到团队到达后，由熟悉团队情况的领队或导游落实。

（三）客房分配的艺术

1.排房的顺序

客房分配应按一定的顺序进行，优先安排贵宾和团体客人等，通常采用的顺序为：

（1）团体客人。
（2）重要客人（VIP）。
（3）已付定金等保证类预订客人。
（4）要求延期的预期离店客人。
（5）普通预订客人，有准确航班号或抵达时间。
（6）常客。
（7）无预订的散客。
（8）不可靠的预订客人。

2.排房的艺术

为了提高酒店开房率和客人的满意度，客房分配应讲究一定的艺术。

第一，要尽量使团体客人（或会议客人）住在同一楼层或相近的楼层。这样做的好处在于：便于同一团体客人之间的联系，便于团队的管理；在团队离店后，便于将空余的大量房间安排给下一个团队，有利于提高住房率。此外，散客怕受到干扰，一般不愿与团体客人住在一起。因此，对于团体客人要提前分好房间或预先保留房间。

第二，对于残疾、年老、带小孩的客人，尽量安排在离服务台和电梯较近的房间。

第三，把内宾和外宾分别安排在不同的楼层。内宾和外宾有不同的语言和生活习惯，应分别安排在不同的楼层，以方便管理，提高客人的满意度。

第四，不要把敌对国家的客人安排在同一楼层或相近的房间。文化差异较大国家的客人也可安排在不同的楼层。

第五，要注意房号的忌讳。如西方客人忌"13"，我国港澳及沿海等地的客人忌"4""14"等带有"4"的楼层或房号，因此，不要把这类房间分给上述客人。例如，有一年大年初一，一位香港客人来到某酒店，当发现服务员给他安排的房间是"1444"号时，愤然离去。

第六，对于晚到的宾客，应尽量安排隔壁无人的房间。每天凌晨，酒店都会迎来一些宾客。这些宾客抵达后，在走廊内边走边聊天、洗漱、看电视、打电话等都会产生一些噪声，可能对周边的宾客产生影响。因此，酒店在为这些宾客排房时，应尽量安排隔壁无人的房间。如果房间出租率比较高，应在靠近电梯的角落安排房间，将影响降至最低。

第七，对于常客和有特殊要求的客人予以照顾。回头客是酒店的宝贵资源。为了让回头客成为忠诚顾客，酒店一般会收集回头客的消费习惯，形成客历档案。一旦有回头客预订，预订中心要及时查看客历档案，根据其喜好的房间号码、朝向、楼层、房型等安排房间。如果房间较满而无法满足其个性化需求，应在客人抵达前电话告知，并采取弥补措施，取得客人的谅解。一旦其他客人退房，应及时征询客人需要是否调换房间。

（四）前台销售的艺术

如果说客房部和餐饮部是酒店的生产部门，那么前厅部就是酒店的销售部门，尤其是在没有设立独立的营销部门的酒店，前厅部要承担起酒店销售任务。因此，前厅部员工（特别是前台员工）一定要掌握前台销售艺术与技巧。

1.把握客人的特点

不同的客人有不同的特点，对酒店有不同的要求。比如，商务客人通常是因公出差，对房价不太计较，但要求客房安静明亮，办公桌宽大，服务周到、效率高，酒店及房内办公设备齐全，有娱乐项目；旅游客人要求房间景色优美、干净卫生，但预算有限，比较在乎房间价格；度蜜月者喜欢安静、不受干扰且配有一张大床的双人房；知名人士、高薪阶层及带小孩的父母喜欢套房；年老的和有残疾的客人喜欢住在靠近电梯和餐厅的房间……因此，前台接待员在接待客人时，要注意从客人的衣着打扮、言谈举止以及随行人数等方面把握客人的特点（年龄、性别、职业、国籍、出行动机等），进而根据其需求和心理，做好有针对性的销售。

2.销售的重点在于客房而非价格

接待员在接待客人时，一个常犯的错误就是只谈房价，而不介绍客房的特点，结果常常使很多客人望而却步，或者勉强接受，心里却不高兴。因此，接待员在销售客房时必须对客房做适当的描述，以减弱客房价格的分量，突出客房能够满足客人的需要。比如，不能只说："一间500元的客房，您要不要？"而应说："一间刚装修过的、宽敞的房间……""一间舒适、安静、能看到美丽海景的客房……""一间具有民族特色、装修豪华的客房……这样描述才容易为客人接受。

当然，要准确地描述客房，必须首先了解客房的特点。这是对前台员工的基本要求。酒店可安排他们参观客房，并由专人讲解客房的特点，以加深印象。

3.从高到低报价

从高到低报价，可以最大限度地提高客房的利润率和客房的经济效益。这就要求接待员在接待客人时，首先确定一个客人可接受的价格范围（根据客人的身份、来访目的等判断），在这个范围内从高到低报价。根据消费心理学，客人常常会接受最先推荐的房间，如客人嫌贵，可降一个档次，向客人推荐价格次高的房间，这样就可将客人所能接受的最高房价的客房销售出去，从而提高酒店经济效益。

接待员在销售客房时，还要注意不要一味地向客人推销高价客房，否则会使客人感到尴尬，甚至产生反感情绪，或者即使勉强接受了，今后也不会再次光顾。所以，最理想的状况是将最适合客人消费水平的房间推荐给客人，即将最合适的房间推荐给最合适的客人。

（五）选择恰当的报价方式

根据不同的房间类型，客房报价有三种方式：

1.冲去式报价

先报价格，再提出房间所提供的服务设施与项目等，这种报价方式比较适合价格较低的房间这种报价方式主要针对消费水平较低的顾客。

2.鱼尾式报价

先介绍所提供的服务设施与项目，以及房间的特点，最后报出价格，突出客房的居住条件，减弱价格对客人的影响。这种报价方式适合中档客房。

3.夹心式报价

夹心式报价又称三明治式报价，即在介绍所提供服务的过程中进行报价，这能起到减弱价格分量的作用。例如，"一间宽敞、舒适的客房，价格只有600元，这个房价还包括一份早餐、一杯免费咖啡、服务费……"这种报价方式适合中高档客房，可以针对消费水平高、有一定地位和声望的顾客。

（六）注意语言艺术

前台员工在推销客房、接待客人时，说话不仅要有礼貌，而且要讲究艺术性，否则，即使没有恶意也可能得罪客人。比如，应该说："您运气真好，我们恰好还有一间漂亮的单人房！"而不能说："单人房就剩这一间了，您要不要？"

（七）客人犹豫不决时要多提建议

客人犹豫不决时，是客房销售能否成功的关键时刻，此时，前台接待员要正确分析客人的心理活动，耐心地消除他们的疑虑，多提建议，不要轻易放过任何一位可能住店的客人。要知道，这种时候，任何忽视、冷淡与不耐烦的表现都会导致销售的失败。

（八）采取利益引诱法

这种方法是针对预订了房间的客人而言的。有些客人虽然已经预订，但预订的房间价格较低，当这类客人来到酒店住宿登记时，前台接待员有对他们进行二次销售的机会，即告诉客人，只要在原价格的基础上稍微补价，便可得到更多的好处或优惠。比如，"您只要多付 50 元钱，就可享受包价优惠，除住宿外，还包括早餐和午餐"，客人通常会接受服务员的建议。这不仅使酒店增加了收入，还使客人享受到更多的优惠，有更愉快的住店经历。

前厅部员工应该明白，自己的职责不仅是销售酒店客房，而且要不失时机地销售酒店其他服务产品，比如餐饮、娱乐等。如果不向客人宣传，酒店的很多服务设施和项目有可能长期无人问津，因为客人不知道。其结果是，客人感到不方便，酒店也蒙受了损失。

在向客人推荐这些服务时.应注意时间与场合。若客人傍晚抵店，可以向客人介绍酒店餐厅的特色和营业时间、酒店的娱乐活动及桑拿服务；若客人深夜抵店，可向客人介绍 24 小时咖啡厅服务或房内用膳服务；若客人经过通宵旅行，清晨抵店，很可能需要洗衣及熨烫外套，这时应向客人介绍酒店洗衣服务。

十、收银业务管理

收银业务的主要功能包括为客人建立账户、收取押金、日常消费的记账、收款、结账等账务处理，覆盖客人从预订、入住、在店到离店各个期间与账务相关的工作。

（一）结账业务管理

结账业务（check out）由前台收银员办理，是客人离店前所接受的最后一项服务。为了不影响客人的事务，给客人留下良好的最后印象，结账业务的办理要迅速，一般要求在 3～5 分钟内完成。

（二）办理结账业务时的注意事项

1.散客结账时的注意事项

第一，客人结账时，要收回房门钥匙。如客人暂不交钥匙，要提醒楼层服务员收回钥匙，并记下楼层接话人工号。

第二，通知楼层服务员迅速检查客房，以免出现客人遗留物品、房间物品丢失或损坏等现象。

第三，委婉地询问客人是否还有其他临时消费（如电话费、早餐费等），以免漏账，给酒店造成损失。

111

第四，做好客人信用卡及支票的验证工作，包括其真伪、有效期、限额的验证等。

2.团体客人结账时的注意事项

第一，结账过程中，如出现账目上的争议，及时请结账主管人员或大堂经理协助解决。

第二，收银员应保证在任何情况下不将团队房价泄露给客人，如客人要求自付房费，应按当日门市价收取。

第三，团队延时离店，须经销售经理批准，否则按当日房价收取。

第四，凡不允许挂账的旅行社，其团队费用一律到店前现付。

第五，团队陪同无权私自将未经旅行社认可的账目转由旅行社支付。

（三）诚信退房与快速结账服务

为了加快退房速度，提高客人的满意度，国内一些高星级酒店开始推行诚信退房和快速结账服务，为宾客开辟了快速退房通道。

1.诚信退房

诚信退房服务是指宾客在退房时自报在客房的消费情况，收银员据此结账退房，无须等待服务员查房，加快了结账速度，可让宾客享受"无等待"服务。如果没有其他消费，可以立刻办完结账手续，时间不超过3分钟。这不仅有助于提高客人的满意度，还会进一步增强酒店员工的服务意识、质量意识、品牌意识。

2.快速结账

一些国际酒店集团管理的高星级酒店还向持有国外信用卡的外国客人提供快速结账服务，客人离店时，无须在前台等候办理结账业务，只要填写放在前台的快速结账卡，并将其置于大堂的快速结账表收集箱即可，表明客人同意授权酒店从本人入住时出示的信用卡中收取入住酒店期间发生的所有费用，此后，酒店会将客人的账单明细及发票寄给客人指定的地址。

旅行社对团体客人或接待单位对所接待客人通常有"全包"（既包房费，又包餐费）和"房包"（只包房费，其余自付）两种形式。对于"房包"者，酒店可收取一定数量的预付款，担保其签单消费行为，避免日后出现纠纷，如遭客人拒绝，则在电脑上做相应处理，同时可在房卡和登记卡上注明，这样，各消费点就不会接受其签单赊账行为。

3.对持信用卡的客人，提前向银行要授权

对持信用卡的客人，可采取提前向银行要授权的方法，提高客人的信用限额。如信用卡公司拒绝授权，超出信用卡授权金额的部分，要求客人以现金支付。

4.制定合理的信用政策

信用政策包括付款期限、消费限额、折扣标准等。如某大酒店规定对住店5次以上的客人给予更优的信用政策。

5.建立详细的客户档案

通过建立详细的客户档案，掌握客户企业的性质和履约守信程度，决定针对客户所采取的信用政策。

6.从客人是否被列入黑名单等发现疑点，决定是否收留

在很多国家，酒店如发现有逃账、赖账的客人，就会立即将其名单送交酒店协会，协会将其列入黑名单，定期通报会员，各酒店可以拒绝接待这类客人留宿。中国旅游协

会信息中心在北京地区设立了反逃账信息网,会员酒店将每个逃账者的资料输入信息中心,信息中心汇总后,每半个月向会员通报一次。在尚未开展这项服务的城市,酒店应促使并协助酒店协会为会员提供这项服务。

7.加大催收账款的力度

催账是防止逃账的一种重要手段,尤其对那些即将倒闭而被迫赖账或准备赖账的客户,要加大催收力度。这些客户通常会表现出以下几种迹象:

(1) 付款速度放慢,以各种理由要求延期付款;

(2) 改变或推翻协议,要求改变汇率或折扣,如不同意则拒绝付款;

(3) 客户不接电话或以各种理由拒绝会面;

(4) 改变付款银行或开空头支票;

(5) 公司频繁搬迁办公地;

(6) 一反常态,突然大笔消费。

催收时,要注意方式方法,以免得罪客户。

8.与楼层配合,对可疑宾客密切注意其动向

前台要与楼层配合,盯紧可疑宾客,以防逃账事件发生。

9.不断总结经验教训

前台员工要善于从接待实践中不断总结经验教训,防止逃账事件的发生。

四、夜间稽核

白班收银员忙了一整天,可能会出错,到了深夜工作较清闲时,必须有人核对账目,确定账项记录等有无错误或遗漏,以维护酒店利益。这就是夜间稽核的主要任务。

夜间稽核(night audit)又称夜核,是在一个营业日结束后,对发生的所有交易进行审核、调整、对账、计算并过入房租,统计汇总,编制报表,备份数据,结转营业日期的过程。除了上述任务以外,夜核工作还包括:确认未到预订,检查应离未离客房,办理自动续住,解除差异房态,变更房间状态,检查过夜租、每日指标及营业报表等。

前台的夜间稽核工作是由夜核员进行的。夜核员负责前台每日交易账目的平衡,也可以作为前台夜间接待员发挥职能(工作时间为23:00~7:00)夜核员必须熟练掌握会计学原理,具有平衡财务账目的能力,还要有前台接待员的工作经验,并能与财务总监保持良好的沟通。

夜核员一般由财务部人员(强调夜核工作的财务职能)或前台接待人员(强调房态管理职能)担任,也有酒店安排电脑部员工担任。

第二节 客房运营与管理

一、客房部的地位与作用

客房部是酒店为客人提供服务的主要部门。酒店是以建筑物为凭借,通过为顾客提供住宿和饮食等服务取得经营收入的旅游企业,其中客房部所提供的住宿服务是酒店服

务的重要组成部分。由于客人在酒店的大部分时间是在客房度过的，因此，客房服务质量（设施是否完善，房间是否清洁，服务是否热情、周到、快捷）在很大程度上反映了整个酒店的服务质量。客人对酒店的投诉与表扬也大多集中在这一部门。

此外，客房部还是酒店取得营业收入的主要部门。酒店通过为客人提供住宿、饮食、娱乐、交通、洗衣、购物等服务取得经济收入。就中国而言，由于经济的发展和中国特有的饮食文化，近年来餐饮收入在酒店营业收入中所占比重不断上升（已经超过客房成为酒店营业收入的第一大来源），但从世界范围来看，客房租金收入仍占酒店营业收入的50%以上，是酒店营业收入的主要组成部分。由此可见，客房部在整个酒店经营中占有重要地位。

二、客房部的主要任务

简单地说，客房部的主要任务就是"生产"干净整洁的客房，为客人提供热情周到的服务。具体而言，有以下几点：

1.保持房间干净、整洁、舒适

客房是客人休息的地方，也是客人在酒店停留时间最长的场所，因此，必须始终保持干净整洁的状态。这就要求客房服务员每天检查、清扫和整理客房，为客人创造良好的住宿环境。

由于客房服务员具有清洁卫生的专业知识和技能，因此，客房部除了保持客房的清洁以外，通常还要负责酒店公共场所的清洁卫生工作。

2.提供热情周到有礼的服务

除了保持客房及酒店公共区域的清洁卫生，客房部还要为客人提供洗衣、缝纫、房餐等服务，接待来访客人，为客人端茶送水等。在提供这些服务时，服务员必须有礼貌、动作迅速。

3.确保客房设施设备时刻处于良好的工作状态

必须做好客房设施设备的日常保养工作，一旦设施设备出现故障，应立即通知酒店工程部维修，尽快恢复其使用功能，以便提高客房出租率，同时确保客人的权益。

4.保障酒店客人生命和财产的安全

安全需要是客人最基本的需要之一，也是客人投宿酒店的前提。酒店的安全事故大都发生在客房。因此，客房服务员必须具有强烈的安全意识，保管好客房钥匙，做好钥匙的交接记录。一旦发现走廊或客房有可疑的人或事，或有异样的声音，应立即向上级报告，及时处理，消除安全隐患。

5.负责酒店所有布草及员工制服的保管和洗涤工作

除了负责客房床单、各类毛巾等的洗涤工作，客房部通常还要负责客衣以及餐厅台布、餐巾等的洗涤工作，以及酒店所有员工制服的保管和洗涤工作。

三、客房部组织架构

管理工作是通过设置组织架构和落实岗位职责来完成的，组织架构的设置和客房定员将直接决定客房管理的效率和酒店的经济效益。客房管理人员要掌握科学的定员方法，实现组织架构的精简高效和客房定员的科学合理。

（一）客房部组织架构设置

酒店规模大小不同、性质不同、特点不同及管理者的管理意图不同，客房部组织架构也会有所不同。客房部组织架构的设置要从实际出发，贯彻机构精简、分工明确的原则。

大中型酒店客房部的组织架构可参照进行设置。小型酒店可对其进行适当压缩、合并，去掉主管（或领班）等中间管理层。

（二）客房部各班组的职能

1.宾客服务中心

中外合资酒店及由外方管理的酒店通常都设有宾客服务中心。宾客服务中心既是客房部的信息中心，又是对客服务中心，负责统一调度对客服务工作，掌握和控制客房状况，同时负责失物招领、发放客房用品、管理楼层钥匙，并与其他部门进行联络、协调等。

2.客房楼面班组

客房楼面由各种类型的客房组成，是客人休息的场所。每一层楼都设有供服务员使用的工作间。楼面人员负责全部客房及楼层走廊的清洁卫生，同时负责客房内用品的替换、设备的简易维修和保养，并为住客和来访客人提供必要的服务。

3.公共区域班组

公共区域班组负责酒店各部门办公室、餐厅（不包括厨房）、公共洗手间、衣帽间、大堂、电梯厅、各通道、楼梯、花园和门窗等公共区域的清洁卫生工作。

4.制服与布草房班组

制服与布草房班组负责酒店所有工作人员的制服，以及餐厅和客房所有布草的收发、分类和保管。对有损坏的制服和布草及时进行修补，并储备足够的制服和布草以供周转使用。

5.洗衣房班组

洗衣房班组负责收洗客衣，洗涤员工制服和对客服务的所有布草、布件。对于洗衣房，不同的酒店有不同的管理模式。洗衣房一般由客房部管理，但在有的大酒店是一个独立的部门，而且对外服务。小酒店可不设洗衣房，将洗涤业务委托专门的洗衣公司。

四、客房部经理

（一）客房部经理的岗位职责

客房部经理（executive housekeeper）全权负责客房部的运行与管理，负责计划、组织、指挥及控制所有房务事宜，督导下属管理人员的日常工作，确保为住店客人提供热情、周到、舒适、方便、卫生、快捷、安全的客房服务。

1.监督、指导、协调全部房务活动，为住客提供规范化、程序化、制度化的优质服务。

2.配合并监督客房销售控制工作，保证客房出租率最高。

3.负责客房的清洁、维修、保养。

4.保证客房和公共区域达到卫生标准，确保服务优质、设备完好。

5.管理好客房消耗品，制定房务预算，控制房务支出，并做好客房成本核算与成本控制等工作。

6.提出年度客房各类物品的预算.并提出购置清单，包括物品名称、牌号、单价、厂家及需用日期。

7.制定人员编制、员工培训计划，合理分配及调度人力。

8.检查员工的礼节礼貌、仪表仪容、劳动态度和工作效率。

9.与前厅部加强协调，控制好房态，提高客房利用率和对客服务质量。

10.与工程部加强协调，做好客房设施设备的维修、保养和管理工作。

11.检查楼层的消防、安全工作，并与保安部紧密协作，确保客人的人身及财产安全。

12.拟定、上报客房部年度工作计划、季度工作安排。

13.建立部门工作的完整档案体系。

14.任免、培训、考核、奖惩客房部主管及领班。

15.按时参加店务会，传达落实会议决议、决定，及时向总经理和店务会汇报。主持每周客房部例会、每月部门业务会议。

16.处理投诉，发展同住店客人的友好关系。

17.检查贵宾客房，使之达到酒店要求的标准。

（二）客房部经理的素质要求

客房部经理是酒店最忙碌、最重要的部门经理之一，全面负责客房部的日常管理工作。作为一名客房部经理，应具备以下素质：

（1）有一定的房务工作和管理经验。

作为客房部最高管理者，客房部经理必须具有房务工作经验，并具有客房主管以上管理工作经验。

（2）有强烈的事业心和工作动力。

强烈的事业心和工作动力是干好每一项工作（尤其是管理工作）的基本保证，同时也是激励下属员工的重要因素之一。因此，客房部经理应该能够进行自我激励，有在事业上取得成就（自我实现）的强烈愿望。

（3）有旺盛的精力、良好的体魄。能够胜任经常性的超时工作。

（4）有较好的业务素质和较宽的知识面。

除了掌握旅游业基本知识以及房务服务与管理的专业知识（如布草、地面材料、家具、清洁剂和清扫工具以及财务会计、设计、室内外装饰等方面的知识），还要懂得心理学、管理学等。不懂业务就是外行，就会出现"瞎指挥"的现象。只有具有较高的业务水平和专业素质，才能使员工信服，才能赢得员工的尊重，增强凝聚力，做好各项管理工作。

（5）有优秀的个人品质。

为人正直，能公平合理地处理各种关系和矛盾。

（6）有良好的人际关系和较强的沟通能力。

管理工作中难度最大的是对人的管理，因此，客房部经理应该具有较强的人际沟通能力，能与下属、上级、其他部门的管理人员及客人进行良好的沟通。这意味着管理人员应该能增进同事的信任和合作，并能获得顾客的认同和好感。

（7）有组织协调能力。

能协调好本部门各区域、各班组之间的关系以及本部门与酒店其他部门之间的关系。

（8）有较强的语言和文字表达能力。

客房部经理要有说服人的本领，要像推销商那样，能够向下属员工及同事清晰地说明自己的意图。此外，还要有写作能力，能够撰写房务管理的有关文件和工作报告。

（9）有基本的电脑知识和电脑操作能力。

酒店及客房管理逐步实现计算机化。客房管理人员必须掌握一定的电脑知识和操作技能。

（10）有一定的外语水平。

高星级酒店会接待国外客人，因此，房务部经理必须具有一定的外语水平，能够用流利的英语与外宾交流。

（11）仪表仪容、言谈举止得体，有良好的个人修养。

经理的个人修养不仅反映管理人员的个人素质，而且代表着酒店的形象。

（12）有管理意识和创新精神。

服务人员要有服务意识，同样，管理人员要有管理意识，这是做好管理工作的前提。此外，客房部经理不能墨守成规，要有创新精神。

（13）掌握管理艺术。

五、客房服务质量管理

（一）宾客服务中心的职能

1. 信息处理

有关客房部工作的信息几乎都要经宾客服务中心初步处理，以保证问题及时得以解决。

2. 对客服务

由宾客服务中心统一接收服务信息，并通过电话等现代化手段向客房服务员发出服务指令。即使宾客服务中心不能直接为客人提供有关服务，也可以通过调节手段来达到这一目标。

3. 员工出勤控制

所有客房部员工上下班都要到此签名，这不仅方便了考核和工作安排，而且有利于增强员工的集体意识。

4. 钥匙管理

客房部所使用的工作钥匙都集中于此签发和签收。

5. 失物处理

整个酒店的失物及其储存都由宾客服务中心负责，这有利于失物招领工作统一管理，提高工作效率。

6. 档案保管

宾客服务中心保存着客房部所有的档案资料，必须及时补充、更新和整理，这对于保持档案资料的完整性和连续性具有十分重要的意义。

为及时了解和处理客房服务中随时出现的各种问题，掌握宾客和员工的动态，客房管理人员（特别是主管）应将自己的办公室设在宾客服务中心。一些客房主管将自己隔绝起来，不关心每天发生什么事情，也不知道出现的各种问题，不利于做好管理工作。

（二）宾客服务中心的运转

宾客服务中心 24 小时为客人提供服务，可设一名领班或主管负责日常事务。宾客服务中心采取每天三班制，根据酒店规模的大小和客房数量的多少，每班可设两名或两名以上接听电话及处理相应问题的服务员，另外要配备相应的专职对客服务员。

从某种意义上讲，宾客服务中心的主要工作是接听客人有关客房服务需求的电话。因此，在宾客服务中心工作的员工必须具备话务员的素质，接听电话、回答客人问询必须礼貌热情，否则将影响服务质量，有损酒店的形象。

（三）宾客服务中心的服务项目及服务规程

1.客房小酒吧

为了方便客人，大部分酒店都在客房内放置冰箱向客人提供酒水、饮料和简单的食品，一些高档酒店还在客房内设有小型吧台。

为了加强对这些食品和饮料的管理，酒店应设计一份记有冰箱（或吧台）内食品、饮料的种类、数量和价格的清单，并要求客人将自己每天消费的食品、饮料如数填写。酒单一式三联，第一、第二联交结账处作为发票和记账凭证，第三联作为补充酒水食品的凭证。

客房服务员每天早晨对其进行盘点，将客人实际消费情况通知前台收款处，随后对冰箱中所缺食品和饮料予以补充。

2.房餐服务

房餐服务（room service）在欧美国家旅馆业中比较常见，是应客人的要求将客人所点餐饮送至客房的一种服务。常见的房内用餐有早餐、便饭、病号饭和夜餐等，其中以早餐最为常见。

提供房餐服务时，酒店要设计专门的房餐服务餐牌，摆放在床头柜或写字台上，上面标明房餐服务电话号码。另外，提供房餐服务通常要收取 20%～30%的服务费。

提供房餐服务的方式有几种。在一些大酒店里，这项服务是由餐饮部负责的，餐饮部设有房餐服务组，由专职人员负责；在另外一些酒店则是由餐厅服务员将餐饮送到楼层，再由楼层服务员送进客房，采用这种服务方式的酒店，要求客房服务员必须熟悉菜单，并掌握一定的餐厅服务技能。

房内用餐可以用托盘提供，也可以用餐车送上，这要视所送餐饮的多少而定，如用餐车送餐，要小心谨慎，以免因地毯不平或松动而洒漏。另外，送餐时必须使用保温和保持清洁卫生的用具。

提供房餐服务时，要注意及时将客人用过的餐具和剩物撤出（一般在一小时后征得客人同意撤出），以免影响房内卫生。收东西时，要注意清点餐具并检查有无破损，同时要注意随手更换烟灰缸、玻璃杯，擦净桌上的脏物，以保持房内清洁。最后，不要忘记请客人在账单上签名。

另外，为客人提供房餐服务，还应注意方法的多样性。例如，香港某酒店客房送餐菜单中，有一个深受客人欢迎的特色项目是让客人自己创新，设计自己喜爱的餐食（包括调味汁、制作方法等）。这项业务在该酒店客房送餐服务订单中占到近40%。

3.洗衣服务

酒店向客人提供的洗衣服务（laundry service），从洗涤方式上可分为三类：干洗（dry-cleaning）、水洗（laundry service）和烫洗（pressing）。高档衣料以及毛织品、绸缎真丝品等一般干洗。从洗涤速度上可分为普通服务（regular service）和快洗服务（express service），每种服务都要在规定的时间内完成，普通服务一般在早上9：00以前收取衣服，当天送回，快洗服务则要求收到客衣后3~4小时内洗完送回。快洗服务会给洗衣房的工作带来不便，一般要加收一倍的服务费。

无论是干洗、水洗还是熨洗，也不论是普通服务还是快洗服务，都要求客人预先填好洗衣登记表。这张表可置于写字台上或与洗衣袋一起放在壁橱里，客人有洗衣要求时，要在上面注明自己的姓名、房号、日期、所需洗涤各类服装的件数，并标明要求提供普通服务还是快洗服务。服务员进房收取衣服时，要仔细核对表中所填衣服的数量是否与客人放进洗衣袋的衣物相符，同时检查一下口袋内有无物件、纽扣，有无脱落、严重污损、褪色、布质软不堪洗涤等情况，发现问题应向客人指明，并在登记表上注明。

为了避免不必要的麻烦，酒店方面还应在洗衣登记表上注明在洗涤过程中出现某些情况时的处理方法，如洗涤时客衣缩水或褪色的责任问题，出现洗坏或丢失情况时的赔偿问题（按国际惯例，赔偿费一般不超过该客衣洗涤费的10倍）。鉴于很多客人待洗衣服的价值远远超过洗涤费的10倍，如衣服损坏或丢失，按洗涤费的10倍进行赔偿不能补偿客人的损失，酒店可考虑推出"保价洗涤收费方式"，即按客人所送洗衣物保价额的一定比例收取洗涤费。

洗烫干净平整的客衣送回时，应根据洗衣单存根联仔细核对清楚，比如衣物的件数、房号、客人姓名等。随后，将客衣送至客房，请客人查收，待客人点检清楚后再离房，并向客人道别。最后，在存根联上注明送衣日期、时间，并签上姓名。

4.托婴服务

住店客人外出旅游时，有时带孩子会感到很不方便，为了解决这个问题，很多酒店都为住店客人提供托婴服务（babysitting），客人外出或有商务应酬时，可以把孩子交托给客房部，由客房部委派专人照管（或由客房女工兼管），并收取一定服务费。

要按客人的要求照看孩子，不要随便给孩子吃东西，尤其要注意孩子的安全。

5.擦鞋及其他服务

高级酒店一般都为客人提供擦鞋、钉纽扣和缝补等服务，以方便客人。客人需要擦鞋服务时，会将鞋放在壁橱内的鞋筐中（或打电话到宾客服务中心），服务员做房时，应将鞋筐里的鞋子收集起来，并在擦鞋服务单上写清房号。鞋擦好后，要按房号将鞋子连同鞋筐放回客人房门口或壁橱内。

另外，遇雨雪天气，客人外出归来，鞋子上易沾有泥泞，此时服务员应主动要求帮客人擦鞋，这样做不仅会使客人满意，还可以避免弄脏酒店和房内地毯。

6.手机充电服务

如今手机已经成为人们的生活必需品，酒店为客人提供手机充电服务是必不可少的服务项目。酒店应该准备好各种常用手机的充电器或多功能充电器，满足客人的需要。

酒店的服务项目一般都会在酒店的服务指南中列明，需要强调的是，服务指南应摆放在客房写字台的桌面上,而不应放在写字台的抽屉内或其他地方(如床头柜的抽屉里),以方便客人查找。

六、提高客房服务质量

(一)客房服务质量的基本要求

1. 真诚

是否真诚,反映了服务员的服务态度。要为客人提供最佳服务,客房服务员不能有完成任务式的心态,应发自内心地处处为客人着想,也就是突出一个"暖"字。很多酒店服务质量差,究其原因,主要是服务人员的态度不好,缺乏真诚和热忱,如对待客人没有笑脸,不使用敬语,甚至与客人争辩。客房部的每一个员工都要调整好自己的心态,把酒店的客人当成自己的朋友,以主人的身份来接待客人,替客人着想,这是提供优质服务的保证。

真诚服务实际上也是感情服务,是在用心为客人提供服务,体现在服务的各个环节之中和细枝末节之处。

2. 高效

强调高效,就是要求服务快速准确。在客房对客服务中,很多投诉都是由于缺乏效率引起的。因此,国际上著名的酒店集团都对客房各项服务有明确的时间要求。例如,希尔顿国际酒店集团对客房服务员的要求是:在25分钟内整理好一间符合酒店卫生标准的客房。

3. 礼貌

对客人彬彬有礼,是客房服务质量的重要组成部分,也是客人对客房服务员的基本要求之一。服务员礼貌待客的表现为:在外表上,讲究仪容仪表,注意发型服饰的端庄、大方、整洁,挂牌服务,给客人一种乐意为其服务的形象;在语言上,文明亲切,讲究语言艺术,注意语气语调;在举止姿态上,要热情主动、彬彬有礼,坐、立、行和操作均有正确的姿势。此外,客房服务员还要注重礼节。

4. 微笑

微笑服务是客房服务员为客人提供真诚服务的具体体现,是服务工作的基本要求。微笑不仅是热情友好的表示、真诚欢迎的象征,而且是旅游者的感情需要,能给旅游者带来宾至如归的亲切感和安全感。

(二)提高客房服务质量的途径

1. 培养员工的服务意识

员工的服务意识是员工的基本素质之一,也是提高服务质量的基本保证。很多情况下,客房部服务质量上不去,服务员遭到客人的投诉,并不是因为服务员的服务技能或操作技能不熟练,而是因为缺乏服务意识,不懂得"服务"的真正含义,没有深刻理解服务工作对服务员的要求。客房部的很多工作是有规律的,客房管理人员可以制定服务程序和操作规范来保证服务质量,但也有很多问题或事件是随机的,若要正确处理,就要求服务员必须具有服务意识,掌握服务工作的精髓。

2. 强化训练,掌握服务技能

客房服务员的服务技能和操作技能是提高客房服务质量和工作效率的重要保障,也是客房服务员必备的条件。客房管理人员应通过加强训练、组织服务技能竞赛等手段，提高客房服务员的服务技能。

3.为客人提供微笑服务

一位日本客人说："论长相，中国的服务小姐比我们日本姑娘漂亮得多。论微笑，我们每位日本姑娘都比你们的小姐笑得好。"此话不假，正如一位酒店管理专家对我国酒店的评价："多数员工的面部表情是冷冰冰、木呆呆、阴沉沉的。平时员工之间交谈时笑意盎然，一见到客人就立即板起面孔要使客房员工为客人提供微笑服务，必须使员工认识到：

（1）微笑服务是客房服务质量的重要组成部分，是客人对酒店服务的基本要求。

（2）为客人提供微笑服务是对酒店员工的基本要求。

（3）笑口常开会使服务生辉。

（4）是否为客人提供微笑服务，反映出一个人的礼貌礼节和整体素质。

4.为日常服务确立时间标准

服务质量是与一定的服务效率相联系的，服务效率是衡量服务质量的重要标准。对于客人所需要的服务，必须在最短的时间内提供，对于商务客人要尤其重视这一点，他们往往惜时如金，时间观念极强。因此，为了提高服务质量，客房部必须为各项日常服务确立时间标准，作为对服务员进行监督考核的标准。

5.与酒店其他部门加强协作

要提高客房服务质量，还应与酒店其他部门（特别是前厅部、工程部、餐饮部、保安部等部门）加强协作。客房部与这些部门的联系密切，客房部的对客服务工作必须得到上述部门的理解和支持，客房部也必须理解和支持上述部门的工作，与这些部门加强信息沟通。

6.征求客人对服务质量的意见.重视与客人的沟通

客人是服务产品的消费者，对服务产品的质量最有发言权，最能发现客房服务中的薄弱环节，因此，征求客人意见、重视与客人的沟通是提高客房服务质量的重要途径。

7.加强员工在仪表仪容与礼貌礼节方面的培训

服务员的仪表仪容与礼貌礼节不仅体现员工的个人素质.而且反映酒店员工的精神面貌，是房务部对客服务质量的重要组成部分。管理人员必须加强相关培训。

8.为客人提供个性化服务。

第三节　餐饮运营与管理

一、餐饮部概述

餐饮部包括中餐厅、西餐厅、宴会厅、多功能厅、咖啡厅、酒吧等，属于酒店管理系统，是酒店重要的创收部门。

餐饮部的主要任务是生产高质量的餐饮产品，并通过为客人提供热情、周到、细致的服务，使宾客获得物有所值的就餐享受。与此同时，餐饮部还应努力控制餐饮成本，提高餐饮经营的利润水平。

高质量的餐饮产品不仅要符合卫生标准，而且要在色、香、味、形、器等方面不断创新。此外，还要将饮食与保健相结合，注重营养配餐，以满足客人高层次的餐饮需求。为此，要求行政总厨、各厨师长以及主要的厨师均接受过营养配餐方面的专业培训。有条件的酒店还可设立专门的营养配餐师。

餐饮部不仅要为客人提供高质量的餐饮产品，而且要为客人创造良好的就餐环境，提供热情周到、宾至如归的服务，使客人不仅得到物质上和生理上的满足，而且得到精神上和心理上的享受。

除了做好对外营业，很多酒店的餐饮部还要做好员工食堂的管理工作（有一些酒店由人力资源部负责员工食堂的管理）。管理好员工食堂具有重要意义，它不仅可以保证员工的身体健康，而且可以调动员工的积极性，使员工能够以愉快的心情和饱满的工作热情为客人提供高质量的服务。

二、餐饮经营管理的内容

1.菜单设计

菜单设计是餐饮企业经营管理的首要工作，也是餐饮业务的起点。从现代营销学的角度看，菜单设计实际上是餐饮产品设计的一项重要内容。菜单设计首先要考虑目标客源市场的特点和需求，其次要考虑酒店自身资源和市场竞争环境的制约。

2.厨房管理

菜肴的口味和质量是餐饮企业生存和发展的基础，也是餐饮产品的核心。而菜单的设计、菜谱的开发、厨房的业务流程、厨房的布局、出品的质量控制、成本管理以及厨房生产的组织、人员配置、卫生和安全等都是厨房管理的重要内容。其中，菜肴的质量管理和成本控制是厨房管理的主线。

3.餐厅及服务管理

现在的餐饮消费已不再是"为了生存而就餐"，餐饮消费发展到了一个注重用餐体验、讲究用餐经历的阶段。美好用餐经历的创造，离不开优秀的服务。因此，在餐饮经营管理上，服务越来越重要。在餐饮产品的推销过程中，服务质量不仅关系到顾客的满意度，而且直接关系到菜肴和酒水的销售量，关系到餐厅的营业收入以及整个酒店的经济效益。要为顾客提供更好的餐饮消费体验，除了提高服务水平外，还要关注餐厅的设计、布局、装饰、色彩、主题、温度、绿化、餐具等，为顾客营造良好的用餐氛围。

4.原料、物品的采购管理

餐饮原料、物品的采购关系到餐饮的成本控制、菜肴质量、利润率以及员工的心态。从目前的情况看，餐饮原料采购的管理是餐饮经营管理中的一个难点，也是一个重点。餐饮经营管理中应采取有效的技术手段，对原料、物品的采购进行控制。

5.酒吧和酒水的管理

在餐饮部的各类产品中，酒水具有较高的利润率。酒水经营的成功，不仅可以为餐饮部带来巨大的利润，而且可以为餐厅和酒店带来良好的声誉。与菜肴的设计开发一样，也要从目标客源的特点出发，为餐饮部的酒水设计科学合理的酒单，并重视酒水的开发。

三、餐饮经营管理的任务

餐饮经营管理的目的是通过优秀的营销和管理,满足顾客对于餐饮服务的各种需求,获取利润,激发员工的工作积极性。其具体任务主要有以下几个方面。

1.以市场为基础,合理设计菜单

菜单是为满足目标客源市场的餐饮需要而设计的,因此必须了解目标客源市场的消费特点和餐饮需求,例如掌握不同年龄、性别、职业、民族和宗教信仰的顾客的餐饮习惯和需求,并以此为基础设计适合目标顾客的菜单,从而确定餐馆经营类型、规格、餐饮内容和特色,并据此选购设备和配备工作人员。

2.研发餐饮新品种,以特色求生存、求发展

酒店餐饮的竞争实力来自差异化。与众不同的餐饮产品、用餐环境和服务,能够使酒店餐饮与竞争对手区别开来,形成自己的特色,实现错位竞争。重视餐饮新品种的开发,目的是在继承传统的基础上,开发出新的菜肴品种,并把自己的特色保持下来,最终在市场上形成鲜明的形象,创造出自己的品牌。

3.做好餐饮的宣传促销,增加销售额

酒店餐饮部要不断加强餐饮产品的宣传促销,以年度经营计划为指导,研究顾客的需求,选择推销目标,制定内部和外部促销计划,开展各种有效的促销活动,积极招揽各种宴会,做好节假日和各种餐饮的宣传促销工作,以争取更多的顾客并提高顾客的人均消费额。

4.合理使用人力资源,提高劳动生产率

餐饮业是劳动密集型行业,不仅员工多,而且厨师等技术人员的工资水平较高,因此人工成本在餐饮经营管理费用中占有相当大的比例。餐饮经营管理的任务之一就是要合理地定编定岗,根据劳动定额合理组织人力和安排员工的工作、休息时间,在保证食品质量和服务质量的前提下,最有效地使用人力资源,降低人工费用,提高盈利水平。

5.不断提高菜肴质量和服务水平

科学地确定餐饮食品质量和服务质量标准,不断提高质量水平,是餐饮部经营管理的主要任务。餐饮部的经营管理应以岗位责任制为中心,建立相应的规章制度,制定标准菜谱以及各岗位的操作规程和质量标准,严格进行检查监督。采购部应抓好采购、验收、贮藏、发放过程中的原料质量检查,以保证原料符合食品加工的要求;厨房部应抓好原料粗加工、精加工和烹调的质量检查,督促厨师严格按照标准菜谱的要求操作,并努力改进加工、烹调技术,不断提高食品质量。餐饮服务人员应坚持按照服务规程进行操作,不断完善服务细节,并以个性化服务提高顾客对餐馆的服务评价,提高餐饮产品的外围质量。

6.控制成本,增加利润

餐饮部增加利润的重要途径之一就是做好成本控制,降低成本,增加盈利。餐饮原料种类繁多,用量不一,成本的泄漏点多,因此餐饮部的成本控制涉及一系列环节。比如,要根据制定的标准成本率确定合理的食品销售价格;有效地对食品原料的采购价格进行控制;加强原料验收、贮存、发放管理以减少原料的损耗浪费。厨房部要严格按照标准菜谱的要求进行操作,并做好成本核算和成本分析工作,在保证食品质量、数量符

合标准的前提下，尽量减少损耗、降低成本，增加企业的盈利。

7.确保食品卫生和饮食安全

餐饮卫生和安全是否符合标准直接影响到餐厅的信誉和经济利益，因此，餐饮企业必须加强食品卫生和饮食安全的管理，强化预防措施，确保食品卫生、环境卫生和员工个人卫生都符合要求，杜绝食品污染、食物中毒等事故发生。

四、餐饮部组织架构

（一）餐饮部的组织架构

酒店的规模不同，其组织架构也有所不同。

（二）各部门的主要职能

1.餐厅部

餐厅部是为宾客提供食品、饮料和良好服务的公共场所。根据所提供的食品、饮料和服务的不同。

2.厨房部

厨房部是酒店的主要生产部门，负责整个酒店各式菜点的烹饪、菜点的创新、食品原料采购计划的制定以及餐饮部成本控制等工作。

中厨部：负责中餐食品和饮料的制作。

西厨部：负责西餐食品和饮料的制作。

3.管事部

负责厨房、餐厅、酒吧等处的清洁卫生及所有餐具、器皿的洗涤、消毒、存放、保管和控制。

五、厨房设计与管理

厨房管理的目标是确保菜肴质量、卫生标准和厨房生产安全，努力提高工作效率，降低生产成本。

（一）厨房设计与布局

1.厨房设计应注意的问题

第一，要根据厨房生产的实际需要，从方便进货、验收、生产及厨房的安全和卫生等主要方面着手。

第二，要为餐厅的发展和厨房业务的扩展，以及将来厨房可能安装新设备等留有余地。

2.厨房生产流程

传统厨房的生产流程是指从烹饪原料的初加工、切配到菜点的烹调和包装（装盘）都在同一厨房内完成。通常，这种厨房的菜点加工和烹调在客人点菜之后才进行，营业前的准备工作较少。

现代厨房的生产流程与传统厨房有所不同，菜点的全部生产过程不在同一厨房完成，而是根据菜点生产的需要，将厨房分为主厨房（加工厨房或生产厨房）和分厨房（餐厅厨房）。许多菜点的半成品和成品由主厨房负责生产，而分厨房只负责将半成品或成品加热，提供给消费者。

（二）厨房位置的选择

厨房位置的选择尤为重要，既要与厨房的生产流程相适应，有利于生产之间的联系，有利于厨房生产管理，又要靠近相应的餐厅，有利于缩短服务员上菜的路线和时间，有利于消费者品尝到的菜点质量最佳。厨房位置选择的具体要求是：

第一，尽可能靠近相应的餐厅，并与餐厅处于同一平面。这样的选择有利于保持菜点的质量和风味特点，缩短服务员上菜的路线和时间。

第二，主厨房和分厨房应设在同一建筑区域或同一楼层。这样的选择有利于生产管理，有利于水、电、气等设施的相对集中，有利于节省多种开支。

第三，主厨房要尽量靠近食品原料储藏区。这样的选择有利于货物的运送，有利于领取原料及进行原料初加工。

（三）厨房面积的确定

确定厨房的面积对生产至关重要，影响到厨房的工作效率和工作质量。面积过小，会使厨房拥挤和闷热，不仅会影响工作速度，而且会影响员工的工作情绪或身心健康；面积过大，会使员工工作时的行走路线过长，既浪费时间又耗费体力，还会增加清扫、照明、维修设施等费用。更重要的是，厨房过小将无法满足顾客需要，过大则造成酒店营业面积的浪费，影响酒店的经营效益。

确定厨房面积是厨房设计中较大的难题，这是因为确定厨房面积的因素有许多。厨房的生产功能除涉及厨房进料情况、制作工艺、设备种类、设备规格，还涉及餐厅面积和就餐人数等。

除上述要素以外，在确定厨房的面积时还应考虑厨房的高度。厨房的高度影响厨师的身体健康和工作效率，过低使人感到压抑，影响生产速度和质量，而且容易造成经济方面的损失；过高则使建筑费用、维修费用、能源费用和清洁费用增加。考虑到以上因素，传统厨房的高度为3.6～4.0米；现代厨房（有空气调节系统）的高度为2.7～3.0米。这些数据在设计厨房时可作为参考。

在确定厨房的面积时还应考虑厨房的通风。传统厨房虽然有一定的高度，但采用的是自然通风，在生产高峰无法及时排除油烟和潮湿空气，因此，必须增加排风设施（如排风罩、换气扇和空调器等），改善厨房的通风条件。

（四）厨房设计布局的基本要求

厨房设计就是确定厨房的规模、形状、建筑风格、装修格调。厨房布局则是具体安排厨房各部门的位置以及厨房设施设备的分布。厨房的设计布局依据酒店规模、位置、星级档次和经营策略的不同而不同。厨房设计布局是否合理对餐饮企业的生产经营有极大影响，科学的设计和布局可以帮助厨房减少浪费，降低成本，方便管理，提高工作质量。因此，作为一名餐饮管理人员，必须对厨房的基本设计、布局原理与常识有所了解。

厨房设计布局的基本要求是：

1.保证工作流程连续通畅，货物与人员走动路线分流

厨房原料进货和领用路线、菜品烹制装配与出品路线要避免交叉回流，特别要防止烹调出菜与收台、洗碟、入柜的交错。在设计布局时应充分考虑厨房物流和人流的路线，不仅要留足领料、清运垃圾的推车通道，而且要兼顾大型餐饮活动时餐车、冷碟车进出顺畅。如果是开放式厨房，还要适当考虑餐厅可能借用厨房抬、滚餐桌。

2.厨房各部门尽量安排在同一楼层，并力求靠近餐厅

厨房的不同作业点应集中紧凑，安排在同一楼层、同一区域，这样可缩短原料、食品的搬运距离，便于互相调剂原料和设备用具，有利于垃圾的集中清运，切实减轻厨师的劳动强度，提高工作效率，保证出品质量，减少客人等餐时间，同时也便于管理者的集中控制和督导。如果同一楼层面积不够容纳厨房全部作业点，可将库房、冷库、烧烤间等安排到上下楼层，但要求它们与出品厨房有便利的垂直交通工具相联系。

厨房与餐厅越近，前后台的联系和沟通越便利，出品的节奏、速度越容易控制，跑菜员的工作量越小，产品质量就越可能达到规定的要求。厨房与餐厅尽量安排在同一楼层，不应以楼梯踏步连接餐厅，如无法避免高低差，应以斜坡处理，并有防滑措施和明显标识。

3.兼顾厨房促销功能

厨房虽然是餐饮后台，但若设计独具匠心，不仅可以活跃餐厅气氛，而且可以促进销售。鲜活水产品售价不菲，若将活养箱池置于餐厅与厨房连接处，正面可供就餐宾客观赏、选点，背面方便厨房员工取捞作业，不仅优化了餐饮环境，而且可以刺激客人的消费欲望。当服务人员向客人展示所点鲜活水产品时，将对餐厅的消费产生导向效应。同样，色泽诱人、香气四溢的各类烧烤制品布置于明档，由衣着整齐、动作娴熟的厨师操作，无疑也将起到引导消费的作用。对这样的厨房，不仅要精心设计、精细施工，还要配备增氧、恒温、换水设施，保证相关餐厅及厨房美观大方、卫生整洁。

4.强调食品及生产卫生和安全

厨房的设计布局必须考虑卫生和安全因素，如设备的清洁是否方便，厨房的排污和垃圾清运是否顺畅。卫生防疫部门近年对酒店餐饮生产提出了更高的卫生标准，在厨房设计方面要求：原料与垃圾的进出必须有专门通道．原料与菜点的运送路线不能交叉；熟食间必须单独分隔，并配备空调、新风、消毒杀菌等设施，保持其独立、凉爽、通风，还须配备专供操作人员洗手消毒的水池；拣摘蔬菜等初加工均不得直接在地面进行。因此，蔬菜加工间需配备矮身工作台，以保证原料卫生和操作方便。另外，厨房的防火、防盗以及食品原料的安全贮存也应在设计布局时予以充分考虑。

5.设备尽可能兼用、套用

现代酒店大多设有多功能餐厅、小宴席厅以及风味餐厅、零点餐厅等，提供产品的厨房相应增加。厨房若不能合理安排布局，必然会配齐多套厨房设备。尤其是多功能餐厅的厨房，使用频率不是很高，厨房设备大多闲置，很不经济。因此，在设计厨房时应尽可能合并厨房的相同功能，如将点心、烧烤、冷菜厨房合而为一，集中生产制作，分点灵活调配使用，以节省厨房场地和劳动力，大大减少设备投资。在厨房设计中，首先必须保证各厨房出品及时、质量可靠，一味追求省、并、俭可能事与愿违。

6.符合相关法律法规

《中华人民共和国食品卫生法》对有关食品加工场所的规定，卫生防疫部门、消防部门等提出的要求，对厨房的设计布局都有重要影响。

（五）厨房管理的主要任务

厨房管理的主要任务是做好厨房出品质量管理、餐饮产品创新、厨房卫生管理、厨房安全管理，努力降低生产成本。

1. 厨房出品质量管理

出品质量是酒店餐饮市场得以开发和巩固的前提和基础。如果一家酒店只有豪华的餐饮环境，而没有高质量的菜点和吸引人的招牌菜，就不具备市场竞争力。因此，酒店厨房必须从餐饮原料的采购、加工以及厨师的培训等各个环节入手，通过标准化、制度化的生产和管理，确保餐饮产品质量。这是餐饮企业和生产部门的立足之本。

2. 餐饮产品创新

餐饮经营的最终目标是通过满足顾客需求，不断增加餐饮收入和经营利润。为此，厨房管理的一项重要任务就是根据自身资源特点和现代饮食潮流以及餐饮业发展趋势。不断研制和创新餐饮产品，通过增强其餐饮产品对顾客的吸引力，提高餐饮产品的竞争力，从而为酒店增加收入，创造利润。

为了增加餐饮收入，除了不断提高餐饮出品质量、创新餐饮产品以外，还要经常举办各种餐饮活动，淡化餐饮经营的季节性差异。

我国大多数酒店、餐馆在经营中有明显的季节性。在淡季，顾客减少，厨房生产设备和人员往往闲置或比较空闲。此时，厨房应适当调整其产品，并举办各种美食节和各种促销活动来扩大影响，增加人气，以招徕宾客淡化季节性差异，为企业多创利润。

（六）厨房卫生管理

厨房卫生管理是厨房管理工作的重要内容，主要包括厨房的环境卫生和菜肴卫生两大方面。

厨房卫生管理直接影响到所生产菜肴的卫生，若管理不善，严重的情况下还会危及客人的生命安全。因此，厨房在生产的各个环节要严格执行国家有关食品卫生的法律法规，以及酒店的相关规章制度。

（七）厨房安全管理

厨房安全管理有三个方面：一是菜肴卫生引起的安全问题；二是操作中的各类工伤事故（包括摔伤、割伤、烫伤、电击伤、扭伤等）；三是火灾的防范。

要严格按照卫生管理的有关规定做好餐饮用具的消毒工作，严格遵守厨房安全生产的有关规定，防止出现各类安全问题。

（八）厨房成本控制

酒店餐饮经营的目标是增加收入，创造利润，而成本控制是增加利润的一种重要手段。所以，厨房管理的一个非常重要的任务就是做好厨房生产的成本控制。

就厨房而言，构成产品成本最重要的因素是原料成本和人工成本。在厨房生产中，一方面要在菜点制作过程中坚持标准化、规范化生产，严格按标准菜谱进行操作。要实行层层管理监督，使产品质量达到预期的标准。要在满足就餐者要求的前提下，保证获得合理利润。另一方面，厨房消耗的主料、配料、调料和燃料决定了单位产品的实际成本。能否获得利润，取决于生产过程中能否科学合理地使用原料以提高原料的使用率。有效地降低成本，就能获得稳定的利润。另外，厨房员工属于技术人员，人工成本往往比较高。因此，合理配备人员，量才使用，人尽其能，充分挖掘潜力，调动员工积极性尤为重要。提高工作效率，可降低人工成本，使产品成本下降，有利于企业获取更高的利润。

（九）厨房管理的方法

1.充分调动员工的积极性

餐饮企业工艺较复杂，厨师手工操作占有很大比重，员工的工作积极性对出品质量和工作效率有直接的影响。员工的工作积极性调动起来了，工作效率就可以提高，产品质量就更有保障。因此，应运用情感管理手段，配合经济的、法律的、行政的各种管理手段，激发员工的工作热情，充分调动员工的工作积极性，增强企业凝聚力，保持骨干技术队伍的稳定性，培养员工敬业爱岗的精神，形成对技术精益求精的风气。这是保证餐饮企业顺利生产的前提和基础。

2.设计合理的人员配置方案，建立高效的生产运作系统

厨房生产要有效地利用人力资源，这直接关系到厨房的生产形式和完成菜点制作任务的能力，也关系到厨房的工作效率、出品的质量、信息的沟通和各项工作的落实。

要有效地配置厨房人员，首先要合理设置厨房的各部门，保证厨房所有工作和任务都能得到落实。其次，要明确厨房各岗位、各工种的职责，并在分工的基础上协调关系，科学合理地配备员工。

除了要合理地配置人员，厨房还要建立一个科学、精练、高效的生产运作系统，这既包括设施设备布局、信息传递、质量控制等方面要经济、优质和快捷，也包括餐饮生产工艺流程、出品要省时便利，保持较高的规格水准，并实现厨房生产的专业化、标准化、规范化、制度化。

3.制定标准菜谱和工作规范

（1）制定标准菜谱

酒店对菜单上的所有菜肴都应制定标准菜谱，列出这些菜肴在生产过程中所需各种原料、辅料和调料的名称、数量、操作程序、每客份额和装盘器具、围边装饰的形式等。

具体来说，标准菜谱的制定包括五项基本内容：标准烹调程序；标准份额；标准配料量；标准的装盘形式；每份菜的标准成本。

标准菜谱的制定，不仅能够确保菜肴质量，而且是厨房实施成本控制的基础工作。如果没有标准，产品所消耗的原料成本就难以控制。

需要说明的是，很多菜肴的标准菜谱并不是通过一次烹饪就可立即确定的，必须进行多次试验和实践，不断地改进和完善，直至生产出的菜肴色、香、味、形俱佳，并得到顾客的欢迎和认可。此时各项标准才能确定下来，并制作统一的文字说明和成品彩图供生产人员使用。

（2）制定工作规范

为保证各项操作高效有序，餐饮部行政总厨等厨房管理者必须为厨房员工制定明确的工作规范和质量标准，统一厨房的业务操作程序，并加以督导。

餐饮生产的各项工作规范和质量标准应满足以下要求：管理者与员工一致认可；切实可行；便于衡量和检查；具有一定的稳定性。

（十）制定管理制度

厨房管理制度一般包括：厨房工作纪律、出品制度、员工休假制度、交接班及值班制度、卫生检查制度、设施设备使用维护制度、业务技术考核制度等。这些管理制度既是维护餐饮生产秩序所必需的基本制度，也是厨房员工的行为规范和准则，它说明什么

可以做、如何去做、可以得到什么奖励，什么不可以做以及这样做会受到什么惩罚。管理制度一旦制定公布，就对所有厨房工作人员产生效力，厨房管理人员应严于律己，带头执行，以确保制度的严肃性和公平性。

餐饮生产管理者在制定基本管理制度时，必须根据本企业生产的具体情况，从实际出发，尤其应该注意以下几个方面：

1.要从便于管理和兼顾员工利益的立场出发，不可生搬硬套、主观臆断，在管理制度的制定过程中发动厨房员工参与讨论，或在正式出台前征求员工意见。

2.内容要具体且切实可行，避免空洞，同时也要便于执行和检查。

3.表述要言简意赅，各项制度之间、各项制度与餐饮企业的总体制度之间不应有矛盾的地方。

4.措辞应以正面要求为主，注意策略与员工情绪。

制度建立以后，还应根据执行情况逐步完善，比如员工的奖罚等较为敏感，相关规定应表述明确、界定清楚。为了避免制度流于形式，厨师长应加大督查力度，避免厨房有安排、无落实的管理通病，确保日常工作严格按规定执行。

（十一）对厨师的工作进行考评

为了落实厨房管理的各项规章制度，还必须对厨师的工作实绩进行考评。评估的方法是：分析一定时期（例如一周或一个月）之内，每位厨师的销售额、制作量、顾客的反映及点名制作的数量等。

另外，餐厅服务人员也提供了考评的信息来源。从餐厅服务员那里可以了解到顾客对每位厨师的出品的满意程度及意见等。对工作实绩较差的厨师，酒店应及时加以培训、指导及提醒，并采取一定的经济制裁手段。管理者还应调动他们的工作积极性，以确保厨房菜肴的质量。

四、菜单设计与管理

菜单是酒店餐厅提供给顾客的一份带价目表的菜肴清单，也是餐饮部为客人服务和提供菜肴的依据。

（一）菜单的种类

由于各酒店餐饮部的经营类型、档次及经营项目各不相同，因此对菜单的内容选择、项目编排以及外观设计均有不同要求，从而形成了截然不同的餐厅菜单。

依据不同的分类标准，可将菜单分为多种类型。按照餐饮形式和内容，可分为早餐（茶）菜单、正餐菜单、宴席菜单、团队菜单、冷餐自助餐菜单、宵夜点心菜单以及酒水单；按照市场特点，可分为固定菜单、循环菜单、当日菜单和限定菜单等；按照菜单的价格形式，可分为零点菜单、套餐菜单和混合菜单；按照餐饮企业经营类型，可分为餐桌服务式餐厅菜单、自助式餐厅菜单和外卖送餐式餐厅菜单；按照中西餐就餐方式，可分为中餐菜单和西餐菜单。

1.菜单的基本类型

综合考虑各类餐饮企业的经营类型、经营项目、就餐形式及服务对象等因素，菜单主要分为以下四大基本类型。

（1）零点菜单

零点菜单又称点菜菜单或散客菜单，是餐厅中最基本、最常见也是使用最广泛的一种菜单。零点菜肴品位较高，种类丰富，客人可根据自己的喜好按菜单点菜。

零点菜单的基本特征主要有：

①为兼顾客人不同口味与层次的需求，零点菜单菜品较多。

②菜品价格高、中、低档搭配适度，尤其是正餐零点菜单，使顾客有充分的选择余地。

③反映餐厅经营特色与等级水平，突出主菜与特色菜。

2.套餐菜单

套餐也称套菜、定菜，就是从各类菜品中选配若干菜品组合在一起，以一个包价销售的一套菜肴。套餐菜单按照餐别可分为中、西早餐套餐菜单和中、西正餐套餐菜单；按照服务人数可分为个人套餐菜单和多人套餐菜单。个人套餐菜单一般多见于中、西快餐厅，多人套餐菜单则常见于各类餐桌服务式餐厅。餐饮企业推出各种套餐菜单的目的有二：一是迎合不同顾客的需要；二是充分利用餐厅现有资源增加餐饮企业的收入。

与零点菜单相比，套餐菜单具有以下基本特征：

（1）经济实惠。套餐菜单的计价是以每客、每套或每桌计价，每个套餐的包价通常比客人单独零点加起来便宜。

（2）品种大众化。套餐菜单上选用的菜品大都是大众习惯享用且制作较简便的品种。

（3）组合简单。每套菜肴的品种一般较少，便于客人选择。

（4）可循环使用。无论是中、西早餐套餐菜单还是中、西正餐套餐菜单，除快餐厅外，每次提供给客人选择的套数不宜太多，一般为3～5套，但这些套餐菜单可循环使用，如每周循环一次。

（5）在节日或特殊场合，套餐菜单中也可选用部分制作精细、档次较高的菜品。

3.宴席菜单

宴席菜单是为宴席而设计的，由具有一定规格、质量的一整套餐品组成的菜单。严格来说，宴席菜单也属于套餐菜单，只是由于人们举行宴席的目的、档次、规模、季节、宴请对象及地点各不相同，宴席菜单在规格、内容、价格方面同其他套餐菜单有所区别。因此，宴席菜单可以说是一种特殊的套餐菜单。

与其他套餐菜单相比，宴席菜单的特殊性主要表现在以下三个方面：

（1）设计的针对性与及时性。餐饮企业必须根据宴席预订信息或临时针对宴席顾客的不同需要来进行菜单设计，即便是同一餐厅、同一时间、同一价格，菜单内容也会因不同宴席目的与宴请对象而大相径庭。这也是宴席菜单与套餐菜单最主要的区别之一。

（2）内容的完整性。无论宴席的目的与档次如何，在菜单设计上都要遵循一定的设计规则，按照就餐顺序设计一套完整的菜品。如中式宴席菜单一般要求有冷菜、头菜、热荤菜、素菜、甜菜、汤、席点、水果、饮料等一整套餐品。

（3）菜品编排的协调性。在为宴席菜单选择菜品时，除了要求做工精细、外形美观，还要求在色、香、味、形、器、质地等方面搭配协调，避免雷同与杂乱；菜品的选择还应与宴席性质及主题协调呼应；菜单上的菜品编排要体现主次感、层次感和节奏感，使所有菜品融合为有机统一的整体。

4.自助餐菜单

自助餐菜单与套餐菜单的主要区别是：套餐菜单无论是以人还是以桌为计价单位，总是以一定品种和数量的菜品进行包价销售，自助餐菜单则是提供一定品种菜品，任顾客随意选用，无论数量多少，都按每位顾客定价收费。也就是说，顾客选择消费套餐，是以一定价格将套餐菜单上的菜品全部购买，吃不完可打包带走；选择消费自助餐，则只有在餐厅提供的菜品中任意享用的权利，不能打包带走。自助餐菜单主要运用于经营自助餐、自助餐宴席以及自助式火锅的餐厅。由于自助餐需要将菜品提前备好，供客人自由选用，因此自助餐菜单上菜品的选择具有以下特点：

（1）一般选用能大量生产、出品快速并且放置后质量下降慢的菜品。热菜要选用易于加温保温的品种。

（2）无论是中式自助餐还是西式自助餐，餐饮企业一般都将菜品进行合理编排与搭配，形成多套自助餐菜单，循环使用。

（3）品种风味一般要大众化，避免使用少数人群喜爱的风味菜。

（4）品种数量一定要合理预测与安排，如果盲目制备，极易造成浪费。

（二）按照菜单更换的频率分类

按照菜单更换的频率，可将菜单分为以下几种类型。

1.固定性菜单

固定性菜单的内容与形式一般相对固定，不常变换。这种菜单主要适用于顾客流动性很大的餐饮企业。

2.循环性菜单

循环性菜单是餐饮企业准备在一定时期内循环使用的几套菜单。常见的循环周期为一周，即一周后再从第一套菜单开始循环使用。有些餐厅根据不同季节准备四套菜单，以解决不同季节原料的供应问题。

3.即时性菜单

即时性菜单是餐饮企业根据某一较短时间内原料的供应情况和生产能力制定的菜单。其特点是菜单菜品不固定，菜单使用时间短或每天更换。

（三）菜单设计的原则

菜单设计就是综合考虑餐饮企业目标市场的需求状况、购买力与动机、企业规模档次、企业市场定位、市场竞争等因素，并结合菜单分析等方法，对菜单菜品的选择、价格、菜单档次及供餐方式进行决策。

餐饮企业的菜单一经确定，就必须按照菜单的要求去购置设备用具、招聘人员、组织生产、安排销售与服务，因此，菜单设计对于餐饮企业的生产和经营管理至关重要。

进行菜单设计时，应注意把握以下原则。

1.树立酒店市场形象，突出酒店风格特色

菜单是生产与消费之间的桥梁。顾客在见到餐饮产品前，有关餐饮企业产品与服务的信息主要来自菜单与服务人员的介绍。因此，企业应充分利用菜单，设法在顾客心目中树立起有别于其他餐饮企业的鲜明独特的形象，突出企业餐饮风格特色。如从菜品风

味、著名品种、菜单价格、流行菜式、就餐类别、消费优惠等方面确立企业形象。另外，菜单要尽量选择反映餐饮企业风格特色、厨房最擅长的菜式品种进行推销，突出企业的招牌菜和特色菜，同时注意品种搭配，不断推陈出新。

2.及时把握市场需求，深入研究客人饮食习惯与偏好

由于目标市场的需求容易受到诸多因素的影响而发生变化，因此餐饮管理人员在进行菜单设计时，要及时把握市场需求的变化，对菜单进行调整；即使是同一目标市场，人们受到职业、年龄、受教育程度、文化背景等因素的影响，在饮食习惯和偏好方面存在许多细微差异。餐饮企业应有意识地收集、整理、统计有关资料和数据，深入研究目标顾客的饮食习惯与偏好，为菜单设计提供依据和参考。

3.充分掌握原料供应状况，正确核算成本利润

凡列入菜单的菜式品种，餐饮企业应无条件地保证供应，餐饮管理者应清楚地认识到这一餐饮管理基本原则的重要性。如果一家餐厅的菜单品种丰富多彩，甚至可以说包罗万象，但当顾客点菜时却常常得到无法提供的回答，在这种情况下，无论餐厅向顾客说出多么正当的理由，做出多么耐心的解释，都会令顾客失望和反感，进而引起顾客对餐厅诚实度和信誉的怀疑，极大地损害餐饮企业在顾客心目中的形象。因此，在进行菜单设计时，应充分掌握各种原料供应状况，如市场供求关系、采购及运输条件、季节、餐厅地理位置等，以确保原料供应充足。

由于菜单上各种菜品的成本不同，甚至差异很大，因此餐饮管理人员在考虑菜单品种时，应首先正确核算菜品的成本与毛利，了解菜品的盈利能力；其次要考虑菜品的受欢迎程度，即潜在的销售量；最后还要分析菜品之间的相互影响，即一种菜品的销售对其他菜品的销售是有利还是不利。

4.注重营养搭配，满足多种需求

随着生活水平和认识水平的提高，人们进入餐厅的目的已不仅仅是解决温饱这一基本生理需求，而是品尝美味佳肴，进行人际交往。尤为重要的是，人们已经认识到大鱼大肉、酒足饭饱并不意味着营养均衡的科学饮食。尽管选择什么样的饮食是就餐者自己的事，但向广大消费者推荐并提供既丰富多彩又营养健康的饮食，是每个餐饮工作者义不容辞的责任。为此，菜单设计者还必须认真分析人体营养需求这一因素，以满足顾客的多种需求。

5.充分考虑企业现有生产能力，避免菜单设计的盲目性

菜单上的品种都必须由厨房生产出来，因此餐饮企业的生产能力限制了菜单菜品的种类和规格。而影响餐饮企业生产能力的因素主要是厨房的设备条件和员工的技术水平。如果不考虑企业的现有生产能力而盲目设计菜单，即使设计得完美无缺，也是毫无意义的。同时，菜单上各类菜品的数量搭配要合理，以免造成一些设备过度使用，而另一些设备使用率过低甚至闲置，或一些岗位的厨师工作量过大，而另一些厨师却空闲无事。

（四）菜单分析与调整

菜单分析与调整也称菜单工程（menu engineering，ME），是指餐饮企业开业后对菜单的执行情况以及菜单上各类菜品的销售情况进行调查，分析顾客对菜单的接受程度以及菜品受欢迎程度，并据此对菜单品种、价格、编排顺序、生产工艺、服务程序等进

行适当调整，以提高餐厅的经济效益。

菜单分析与调整是菜单管理中一个十分重要的环节，对于编制餐饮生产计划、进行餐饮经营决策有重要的意义。

1. 菜单分析与调整的指标

在进行菜单分析时，餐饮管理者可用顾客欢迎指数和销售额指数两个指标来分析菜品的受欢迎程度（即畅销程度）和菜品的盈利能力。

顾客欢迎指数反映顾客对某个（类）菜品的相对喜欢程度，以顾客对各种菜品购买的相对数量表示，其具体计算方法是将某个（类）菜品的销售份数百分比除以各个（类）菜品的应售百分比。

需要说明的是，无论被分析的菜品项目有多少，任何一类菜品的平均顾客欢迎指数均为1，超过1说明菜品受顾客欢迎，超过越多越受欢迎，表明该菜品属于畅销产品；同样，任何一类菜品的平均销售额指数均为1，超过1说明菜品的盈利能力强，超过越多盈利能力越强，表明该菜品属于高利润菜品。

2. 菜单分析与调整的要求

菜单分析为菜单更换、新品种开发、生产计划提供重要的信息。在计算两个菜单分析指标并利用其进行菜单分析时，应注意以下几点：

（1）菜单品种应分类进行分析

虽然不同种类的菜品之间会存在一定的竞争性，但竞争最明显的往往是同一种类中的几个菜品。在同类菜品中，某个菜品的畅销通常会降低其他菜品的销售量，同一顾客一般不会在同一进餐时间既点红烧鲤鱼又点清蒸鲤鱼。因此，菜单分析应按品种划分类别，在同一类别中对直接竞争的菜品进行分析，但可按不同标准进行分类。

（2）菜品销售的数据应取一段时间的累计值或平均值

在计算顾客欢迎指数和销售额指数时，不能只取一两天的数据，而要取较长一段时间的累计值或平均值，否则不具有代表性，不能说明问题。

（3）做好销售原始记录的管理汇总工作

必须做好销售原始记录的管理汇总工作，确保数据的准确性。

（五）菜单分析与调整的方法

顾客欢迎指数与销售额指数可以说明菜品的畅销程度和盈利能力，因此可以根据计算结果将被分析的菜品分为四类：畅销高利润菜品、畅销低利润菜品、不畅销高利润菜品和不畅销低利润菜品，并对每一类菜品做出相应的决策。

对于畅销高利润的菜品要予以保留，因为它能为餐饮企业带来高额利润，同时又受到顾客欢迎。

对于畅销低利润的菜品，各餐饮企业应根据餐厅档次、目标市场需求、市场竞争等情况采用多种策略。比如，对部分品种予以保留，以吸引顾客；对一些有开发潜力的品种集中力量进行创新，使其成为畅销高利润菜品；对少量品种则予以淘汰。

对于不畅销高利润的菜品应根据不同情况分别对待。比如，某些不太畅销但其价格能体现餐厅档次、满足部分愿意支付高价的客人的菜品可予以保留；但那些在较长时间内销售量很小且呈下降趋势的菜品，会使菜单失去吸引力，因而应予以取消。

不畅销低利润菜品一般应予以取消。但有时餐饮企业对少量有助于营养平衡、风味平衡和价格平衡的品种在一定时期内也予以保留。

五、餐饮产品定价

餐饮产品在定价之前必须首先确定定价目标，定价目标必须与餐饮企业的营销目标相协调，这也是企业选择定价方法和制定价格策略的依据。

（一）定价目标

1.以利润最大化为定价目标

这是指餐饮企业期望通过制定较高价格来迅速获取最大利润。一般来说，此类餐饮企业的产品在市场上处于有利地位，但由于竞争者的加入、替代品的出现等原因，其有利地位不会持久。所以企业的定价目标应着眼于长期的理想利润兼顾短期的理想利润，不断提高产品质量和经营管理水平。

2.以维护或提高市场占有率为定价目标

这是指餐饮企业通过运用低价格策略，增加产品销售数量，来维持或提高市场占有率。企业通常为了打开市场、提高知名度而选择这种定价目标。但企业在运用低价格策略时应考虑自身的实力，同时应遵循市场规律，防止不正当的价格竞争导致企业两败俱伤。

3.以稳定市场价格为定价目标

这是指餐饮企业为了保护自己，避免不必要的价格竞争，牢固地占有市场。在产品市场竞争和供求关系比较正常的情况下，以稳定的价格取得合理的利润。

4.以应对与防止竞争为定价目标

这是指餐饮企业根据市场竞争状况来制定产品价格。对于实力较弱的餐饮企业，主要采取与竞争者价格相同或略低于竞争者价格的定价；对于实力较强且想提高市场占有率的企业，可采用低于竞争者价格的定价；对于资产雄厚且拥有特殊技术、著名品牌的企业，可采用高于竞争者价格的定价或一开始就将价格定得很低，从而迫使弱小企业退出市场或阻止竞争对手进入市场。

（二）定价方法

餐饮定价主要有三种方法：成本导向定价法、需求导向定价法、竞争导向定价法。

1.成本导向定价法

成本导向定价法是餐饮企业在餐饮产品定价中运用最广的方法，在具体使用中主要有两种方法。

（1）成本系数定价法

以食品原材料成本乘以定价系数，即为食品销售价格。这里的定价系数是计划食品成本率的倒数，如果经营者将自己的食品成本率确定为 40%，那么定价系数为 100%/40%，即 2.5。

这种方法是以成本为出发点的经验法，使用比较简单，但定价者要避免过分依赖自己的经验，考虑要全面充分，并留有余地。

（2）毛利率法

2.需求导向定价法

成本导向定价法比较简单,也很实用,但在经营过程中,管理者不仅要考虑成本,还需要考虑顾客愿意并能够支付的价格水平,需求导向定价法则是根据顾客对餐饮产品的认识和需求程度来定价的方法。

(1) 声誉定价法

餐厅如果需要招徕注重身份地位的目标客源,就必须注意餐厅的声誉。这些客人总是要求最好的:餐厅的环境最好,服务最好,食品、饮料质量最好,当然也愿意支付较高的价格。如果价格过低,这些客人反而会质疑菜品质量,或者因没有"面子"而不愿光顾。价格对他们来说反映了菜品质量和个人身份地位,餐厅可用高价来吸引这类高消费者。

(2) 诱饵定价法

有些餐厅为吸引客人光顾,将一些菜品的价格定得很低,甚至低于成本(还有餐厅将部分菜肴免费提供给客人)。其目的是将客人吸引到餐厅,而客人到餐厅后还会消费其他菜品,这些低价菜品就起到了诱饵作用。诱饵菜品的选择十分重要,通常是客人选用较多、较为熟悉且做工简单的菜品,或者选择竞争对手的菜品。价格便宜符合客人追求实惠的心理,而且这些菜品制作简单,餐厅不会赔本。

(3) 需求后向定价法

许多餐厅对菜品定价时,首先调查客人愿意支付的费用,以此为出发点调整餐厅菜品的配料数量和品种,压缩成本,使餐厅获得薄利。例如,某酒店原来主要接待国外旅游者,由于新建了许多高档酒店,该酒店不得不改变经营方向,招徕当地居民。其做法是,先根据当地居民的生活水平确定西餐套餐每客 40 元,然后选择制作简单、经济实惠的主食、面包、咖啡等,吸引客人前来就餐,使餐厅有薄利。

(4) 系列产品定价法

系列产品有两类。一类是向同类目标市场销售的系列产品,比如餐厅零点菜单上的系列产品供应同类普通客源。在对这类系列产品定价时,不能对各个菜品孤立地定价,而要先协调总体价格水平,看能否被目标客源所接受。各个菜品的定价虽然以成本为基础,但并不绝对按成本定价。要在客源群体愿意支付的价格范围内按成本分出几个档次。例如蔬菜类菜品,客人能接受的价格为 20～40 元,餐厅按各菜品的成本确定四个价格档次:20 元、25 元、30 元、40 元。

3.竞争导向定价法

竞争导向定价法就是以竞争对手的价格为基础定价,而不是固守价格与成本及需求之间的关系,以达到维持和扩大本企业市场占有率以及增加销售量的目的。竞争导向定价法主要有以下几种。

(1) 随行就市法

这是一种最简单的方法,即将竞争者的菜品价格为己所用。这种定价方法在餐饮业中运用甚广,特别是许多无明显经营特色、资金不雄厚、技术力量不强且经营者无太多经营经验的餐厅,经常采用这种定价方法。由于市场上流行的价格已为顾客所接受,因此采用此种方法进入市场较为稳妥,风险小。

（2）率先定价法

这是一种主动定价的方法，企业大胆地抢先确定产品价格，当市场需求和竞争态势发生变化时，又最先提高或降低价格。这种定价方法一般为实力雄厚或产品独具特色的企业所采用。

此方法的优点是能抢先抓住市场机会，占领市场，尽早地获得竞争优势。缺点是风险比较大，在对市场信息理解不透或对市场趋势判断错误的情况下会做出错误的决策，导致失掉部分市场份额或造成损失。

（3）追随领导企业定价法

此方法以同行业中占有较大市场份额或影响最大的企业的价格为标准来确定价格，是一种以避免和减少价格竞争为目的的定价方法。其优点是可减少同行之间互相压价而造成的损失，缺点是不利于保护顾客利益和推动行业进步。

（4）最高价格法

此方法是在同行业竞争者中对同类产品总是确定高于竞争者的价格。这种定价法旨在以质量取胜。其优点是能避免互相压价而使同行企业减少收入，鼓励企业致力于提高质量、创新产品。但是在同行企业都努力提高质量的情况下，要在质量上优于竞争者并非易事，往往会受到资金、技术和领导能力等因素的制约，如果在顾客的心目中留下同质高价或低质高价的印象，就会被顾客排斥。

（5）同质低价法

此方法是在同行业中对同样质量的同类产品确定低于竞争者的价格。这种方法一方面用低价将顾客从竞争者那里争取过来，占据尽可能大的市场份额；另一方面加强成本控制，尽可能降低成本并坚持薄利多销，使企业有利可获。其优点是鼓励企业加强成本控制，提高生产和经营效率，同时为顾客提供最大利益。缺点是会迫使其他企业也降低价格以保持其市场份额，容易引起价格战。

（三）定价策略

定价策略是根据餐饮市场的具体情况，从定价目标出发，灵活运用价格手段，使其适应市场的不同情况，实现企业营销目标的方法。

1.新产品定价策略

（1）撇脂定价策略

这是一种高价格策略，即在新产品上市初期将价格定得很高，以在短期内获取高额利润。采取这种策略能在短期内获取高额利润，尽快收回投资成本，但由于可获得暴利，会对竞争者产生强大的吸引力，导致激烈竞争，从而使价格下降。

（2）渗透定价策略

这是一种低价格策略，即在新产品投入市场时以较低价格吸引消费者，从而迅速打开市场。但餐饮企业在运用渗透定价策略时也有可能导致投资回收期较长，若不能迅速打开市场或遇到强有力的竞争对手，会遭受重大损失。

（3）满意定价策略

这是一种折中价格策略，它吸取上述两种定价策略的长处，采取比撇脂价低但比渗透价高的适中价格，既保证了餐饮企业获取一定利润，又能为消费者所接受。

2.心理定价策略

（1）低数字定价策略

此方法是利用顾客对不同数字产生的价格高或低的心理反应，采用给顾客低价感觉的数字作为产品价格，以吸引顾客。

顾客重视价格的第一位数字。第一位数大，给人一种价格高的感觉，当人们看到69元，感觉价格为60多元，而对71元的感觉是70多元，实际的差别仅为2元，但给顾客的感觉却有10元之差。

价格数字的位数少，给人以价格低的感觉。因此在定价时尽量不要达到100元、1 000元、10 000元等整数，而是在95元、995元、9 995元左右，尽管只相差几元，但人们的心理感受大不相同。

在一定数字范围内的价格，人们的感觉相差不大。例如，对于86～139元，人们的感觉是100元左右；对于140～179元，感觉是150元左右。在调整价格时，尽量不要超出同一范围，这样顾客就不易察觉价格的上涨。

（2）整数定价策略

高档餐厅的菜品、一般餐厅高档次的菜品，通常采用整数定价法。整数价格相对于带尾数的价格（例如500元比起498.8元）来说更符合人们追求体面的心理。另外，购买高档产品的客人对于细微的价格差异并不敏感，而带尾数往往令客人感到麻烦。整数定价策略还便于餐厅管理人员计价、结账、收款和进行收入管理。

（3）吉祥数字定价策略

如今流行一种以吉祥数字定价的方法，以迎合顾客追求吉祥的心理。比如，"8"表示"发财"，"6"表示"顺利"，"9"表示"永久"，等等。

3.折扣价格策略

（1）数量折扣

餐饮企业为鼓励客人反复光顾或大量消费，在客人的消费达到一定次数和金额后给予一定的折扣优惠。

（2）低峰时段价格优惠

餐饮企业为鼓励客人在低峰时段前来消费而给予一定价格优惠。这种策略对经营时间长的咖啡厅和快餐厅十分有效。例如，某些餐厅在生意低峰时段推出半价优惠和买一送一优惠。

六、餐饮成本控制

餐饮成本控制是餐饮经营管理的重要内容，由于餐饮的成本结构制约着餐饮产品的价格，而餐饮产品的价格又影响着餐厅的经营和餐厅上座率，因此，餐饮成本控制是餐饮经营的关键。在餐饮经营中，保持或降低餐饮成本中的生产成本和经营费用，尽量提高食品原料成本的比例，使餐饮产品的价格和质量更符合市场需求、更有竞争力，是保证餐饮经营效益和竞争力的具体措施。

（一）餐饮成本控制的含义

餐饮成本控制是指在餐饮生产经营中，管理人员按照酒店规定的成本标准，对餐饮产品的各成本因素进行严格的监督和调节，及时揭示偏差并采取措施加以纠正，从而将餐饮实际成本控制在预期之内,以保证实现企业成本目标。餐饮成本控制不仅包括控制餐饮产品的成本,而且包括控制餐饮的经营费用,使之不高于相同档次的酒店或餐厅,以提高自身的市场竞争力。

(二)餐饮成本的构成

1.餐饮产品成本

餐饮产品成本主要由主料成本、配料成本和调料成本构成。

主料是餐饮产品所用的主要原材料,其成本在总成本中的占比较大,例如西冷牛排中的牛排成本,宫保鸡丁中的鸡肉成本。配料是餐饮产品中的辅助原材料,其成本在总成本中的占比相对较小,例如,西冷牛排中的马铃薯和蔬菜的成本,宫保鸡丁中的辣椒、腰果或花生米的成本。但在不同餐饮产品中,配料的种类各不相同,有的种类较少,有的种类多达十种以上,使产品成本构成变得比较复杂。调料也是复杂餐饮产品中的辅助原材料,主要起色、香、味、型的调节作用,例如,宫保鸡丁中的食用油、酱油、味精、调味酒等。

2.人工成本

人工成本指参与餐饮产品生产与销售(服务)的所有管理人员和员工的工资、福利、劳保、服装和员工餐等费用。随着餐饮企业对人才日益重视,人工费用随之水涨船高,高薪聘请主厨已不是什么新鲜事。一位行政总厨的工资水平相当于餐饮总监的工资水平,有的甚至接近酒店总经理的工资水平,就连一般的厨师及管理人员的费用也都较高。对于餐饮企业来说,这部分成本仅次于食品原料成本。据估计,目前国内餐饮业中人工成本占营业额的30%左右,因此,它也是餐饮管理者要认真分析和控制的成本。

3.经营费用

经营费用常常指在餐饮产品生产和经营中,除食品原料与人工成本以外的成本。具体包括:房屋的租金,生产和服务设施设备的折旧费(即固定资产的折旧费),燃料和能源费,餐具、用具和低值易耗品费,采购费、绿化费、清洁费、广告费、公关费等。

(三)餐饮成本控制的内容

1.食品原料成本控制

食品原料成本是中餐和西餐菜肴的主要成本,包括主料成本、辅料成本和调料成本。食品原料成本通常由食品原料的采购量和消耗量两个因素决定,因此,成本控制的主要环节包括两个方面:食品原料的采购和食品原料的使用。

2.人工成本控制

人工成本主要取决于用工数量和员工工资。人工成本控制就是对从事餐饮生产和经营的员工的数量及工资总额进行控制。现代化的餐饮经营和管理应从实际生产和经营的需要出发,充分挖掘员工潜力,合理地确定定员编制,控制非生产经营用工,防止人浮于事,以先进合理的定员、定额为依据控制员工人数,使工资总额稳定在合理的水平上。

(1)用工数量控制

在人工成本控制中,管理人员首先要对用工数量加以控制。这就要求尽量减少缺勤工时、停工工时、非生产和服务工时等,提高员工出勤率、劳动生产率及工时利用率,严格执行劳动定额。

（2）工资总额控制

为了控制人工成本，管理人员应控制餐饮员工的工资总额，并逐日按照每人每班的工作情况，对实际工作时间与标准工作时间进行比较和分析，并加以总结和报告。

（3）燃料和能源成本控制

燃料和能源成本是菜肴生产和经营中不可忽视的成本，尽管它在菜肴成本中的占比可能很小，但是在餐厅的经营成本中仍占有一定的比例。要控制燃料和能源成本，就要教育和培训全体员工，使他们重视节约能源，了解节约燃料和能源的方法。此外，管理人员还应当经常对员工的节能工作和效果进行检查、分析和评估，并提出改进措施。

（四）餐饮成本控制的程序

1. 制定标准成本

在餐饮成本控制中，首先应当制定生产和经营餐饮产品的各项标准成本。标准成本是对各项成本和费用开支所规定的数额界限。酒店餐饮部门制定的标准成本必须有竞争力。

2. 实施成本控制

实施成本控制就是依据酒店或餐厅制定的标准成本，对成本形成的全过程进行监督，并通过酒店或餐厅每日或定期的成本与经营情况报告及管理人员的现场考察等，及时揭示餐饮成本的差异并采取控制手段。实施成本控制不能纸上谈兵，一定要落到实处，即管理人员不能只看报表，一定要对餐饮产品的实际成本定期进行抽查和评估。

3. 确定成本差异

成本差异是标准成本与实际成本的差额。管理人员通过对餐饮产品生产和销售中的实际成本与标准成本的比较，计算出成本差额（可能高于实际成本，也可能低于实际成本），并分析实际成本脱离标准成本的程度和性质，确定造成成本差额的原因和责任，以便消除这种成本差异。

4. 消除成本差异

餐厅的管理人员和厨师长通过挖掘员工潜力，提出降低成本的新措施，修订原来的标准成本，或对成本差异的责任部门和个人进行考核和奖罚等一系列措施，强化成本控制意识，加强生产和经营的管理，以使实际成本尽可能接近标准成本。

（五）餐饮成本控制的环节

1. 餐饮产品成本控制的环节

餐饮产品成本控制包括以下八个环节，涉及食品生产的全过程。

（1）采购控制

采购是食品成本控制的第一个环节。某些食品能否产生利润，往往在采购阶段就已经决定了。要搞好采购阶段的成本控制工作，就必须做到：

坚持执行原料采购规格标准。酒店应根据烹制各种菜肴的实际要求，制定各类原料的采购规格标准，对采购的原料从形状、色泽、等级、包装等方面加以规定，并在采购工作中严格执行。这不仅是保证餐饮产品质量的有效措施，也是最经济地使用各种原料的必要手段。

严格控制采购数量。过多地采购原料必然导致过多贮存，不仅占用资金，增加仓库管理费用，而且容易引起偷盗、原料变质损耗等问题，因此，餐厅应根据营业情况、现有库存量、原料特点、市场供应状况等，努力使采购计划与实际需要相符。

采购价格必须合理。食品原料采购者应该在确保原料质量符合采购规格的前提下，尽量争取最低的价格，因此采购时要做到货比三家。原料价格是否与原料质量相符是检验采购工作效益的主要标准。

（2）验收控制

验收控制的目的除了检查原料质量是否符合酒店的采购规格标准外，还在于检查交货数量与订货数量、实际价格与报价是否一致。因此，验收工作应包括：

①对所有验收的原料、物品都应称重、计数和计量，并如实登记。
②核对交货数量与订购数量是否一致，交货数量与发货单原料数量是否一致。
③检查原料质量是否符合采购规格标准。
④检查购进价格是否与所报价格一致。
⑤如发现数量、质量、价格方面有出入或差错，应按规定采取拒收措施。
⑥尽快妥善贮存、处理各类进货原料。
⑦正确填制进货日报表、验收记录等票单。

进货日报表中，应将生鲜食品、饮料、罐头等分类列示。在大型酒店中，还应将食品原料的发送地填写清楚，以便有关部门进行计量管理。

验收时，如发现有些商品数量不足，规格有差别，或其他与要求有差异的情况，要详细记入验收记录。验收记录一式三联，会计、采购员、验收员各执一联。采购员可凭此办理追加或退货手续。

对于肉类等高价品，应在每块肉上加注肉签。肉签一式两份，一份加在肉上，另一份由库房管理人员掌握，便于根据先进先出原则进行库存管理。

检查验收的工作重点在于：是否按订货规格进行验收；箱装食品原料中间或底部有无异常，是否查清。

（3）库存控制

库存是食品成本控制的一个重要环节。为了保证库存食品原料的质量，延长有效使用期。减少和避免因原料腐败变质引起食品成本增加，杜绝偷盗损失，原料的贮存应注重以下几方面的控制。

第一，人员控制。原料的贮存保管工作应由专职人员负责，任何人未经许可不得进入库区。库门钥匙须由专人保管，门锁应定期更换。

第二，环境控制。不同的原料应有不同的贮存环境（如干藏仓库、冷库、冷藏室等），一般原料和贵重原料也应分别保管，库房的设计建造必须符合安全卫生要求，在有条件的情况下应在库区安装闭路电视监控库区人员活动。

第三，日常管理。原料贮存保管工作应有严格的规程，其基本内容包括以下几个方面：①各种原料都必须有固定的贮存地方，原料经验收后应尽快存放到位，以免造成损失。②为了有效地防止腐烂，首先应对生鲜食品加以保管，对温度进行严格控制，避免因贮存时间过长造成减重、腐烂、鲜度下降。贮存过程中，要防止细菌繁殖，仓库中地面湿气较重，因此，库存品最好放在距地10～15cm的货架上，直接入口的食品要放在塑料包装中保存。③对于库存品要经常按易腐性进行检查，其顺序如下：贝类、鱼类、奶类、奶油类、蛋类、猪肉、鸡肉、牛肉。对于出现异常的食品原料，例如破损的罐头，生虫的各类粉，日期不明的贝类、奶类等应及时处理，防止污染。采用先进的贮存方法能增强防腐效果。④各类原料入库时应注明进货的日期，并按照先进先出的原则调整原料位置和发放原料，以保证食品原料质量，减少原料腐败霉变的损耗。⑤定期检查记录干藏仓库、冷藏室、冷库、冷藏箱柜等设施设备的温湿度，确保各类食品原料在合适的环境中贮存。⑥保持仓库区域清洁卫生，杜绝鼠害、虫害。⑦每月月末，保管员必须对仓库的原料进行盘存并填写盘存表。在盘存时该点数的点数，该过秤的过秤。盘存中发生的盈亏金额与本月的发货金额之比不能超过1%。为某酒店盘存表。

（4）出库控制

从成本管理的角度出发，出库控制的基本原则是只准领用食品加工烹制所需的实际数量的原料。这就要抓好以下几个方面。

建立申领制度。任何食品原料的发放，必须以已经审批的领料单为凭据，以保证正确计算各领料部门的食品成本。原料使用部门应指定专人负责本部门所有原料的领用工作，同时酒店应有提前交送领料单的规定，使仓库保管员有充分的时间正确无误地准备各种原料。领料单一般一式三联，厨师长根据生产需要填写后，一联交给仓库作为发放原料的凭证，一联由厨房保存，用以核对领到的食品原料，还有一联交给酒店或餐厅的成本控制员保存。领料单不仅作为领料凭证，而且是食品成本控制的基础资料。

对于肉类等高价品的出库管理有多种方法。要求按烹调所需的大小规格进行采购，或采购后按统一标准进行加工。特别是对于小型餐厅，长期坚持按需烹调，不仅可以避免浪费，还能增加经济效益。

对于长期未使用的在库品，应主动提醒厨师长，避免造成死藏。

规定领料次数和时间。仓库全天开放，在任何时间都可以领料的做法并不科学，因为这样会助长厨房用料无计划的不良风气。酒店应根据具体情况，规定仓库每天发料的次数和时间，以促使厨房做出周密的用料计划，避免随便领料，以减少浪费。

控制食品原料的直接发放。这是指仓库验收员把刚验收过的新鲜蔬菜、水果和鲜活的水产品原料直接发放给厨房，由厨师长和厨师班验收并签字。由于厨房每天都需要这些原料，且不宜长时间贮存，几乎所有餐饮企业每天将鲜活食品原料以直接发放形式向厨房提供。

（5）加工控制

食品原料的加工对企业食品成本也有很大影响，如不加以控制，往往会造成原料浪费。因此，在食品原料的加工阶段必须注意以下几个方面：

第一，切割烹烧测试。严格按规定的操作程序和要求进行加工，达到并保持原料应有的净料率。对于肉类、禽类、水产类及其他主要原料，酒店应进行切割，将烹烧损耗控制在许可范围内；检查粗加工、切配工作的效绩，减少粗加工、切配过程中的原料浪费。

第二，对粗加工过程中的剔除部分（肉骨头等）应尽量回收，提高其利用率，做到物尽其用，以降低成本。

第三，坚持标准投料量是控制食品成本的关键之一。在菜肴原料切配过程中，必须使用称具、量具，按照标准菜谱中规定的投料量进行切配。酒店对各类菜肴主料、配料投料量的规定应制表张贴，以便员工遵照执行，特别是在相同菜肴采用不同投料量的情况下，更应避免差错。

第五，切配时应根据原料的实际情况，坚持整料整用、大料大用、小料小用、下脚料综合利用的原则，以降低食品成本。

（6）烹调控制

烹饪过程中提倡一锅一菜，专菜专做，并严格按规程进行操作，力求不出或少出废品，有效地控制烹饪过程中的食品成本。

（7）配餐控制

酒店中不少菜肴是成批烹制的，因而必须按规定的分量装盘，也就是说，应按标准菜谱所规定的分量装盘，否则会增加菜肴的成本，影响毛利。

（8）销售控制

在销售过程中也可能引起食品成本的增加，销售控制的目的是确保在厨房生产的、在餐厅销售的所有食品都能获得营业收入。

第一，有效地使用订单控制营业收入。顾客点菜时，服务员应正确记录并下单，厨师不应烹制订单上未记录的任何菜肴。若出现问题，应立即查明原因，采取措施，防止问题再次发生。

第二，防止或减少由于员工贪污盗窃而造成的损失。餐饮企业应注意监督以下现象：①服务员用同一份订单两次从厨房领菜，将其中一次的现金收入塞入自己的腰包。②服务员领用食品，订单上却不做记录。③服务员可能会少算亲友账单的金额或从亲友的账单上划去某些菜肴。④服务员可能偷吃食物。

餐饮企业应建立健全各项制度，同时加强对员工的职业道德教育并开展业务培训，让员工树立良好的服务意识，端正服务态度，提高服务技能，尽量降低食品成本。

第三，抓好收款控制。①防止漏记或少记菜品价格。②在账单上准确填写每个菜品的价格。③结账时核算正确。④防止漏账或逃账。⑤严防收款员或其他工作人员的贪污、舞弊行为。

第四，认真审核原始凭证，确保餐饮企业的利益。

2.餐饮费用控制的环节

（1）劳动力成本控制。随着社会的发展与进步，劳动力成本逐渐成为餐饮企业的一项重要支出，加强劳动力成本的控制是餐饮企业管理人员的一大任务。餐饮企业为降低成本，提高经济效益，可采取下列方法来控制劳动力成本。

（2）制定科学的劳动定额。劳动定额是指对餐饮企业员工在一定营业时间内应提供的服务或应生产制作的餐饮产品数量的规定。科学的劳动定额应根据餐饮企业确定的服务或产品质量标准及工作难度等内容来制定。

（3）配备适量的员工。在制定各岗位的劳动定额的基础上，餐饮企业应根据各自的规模、营业时间、营业的季节性等因素来配备适量的员工。一般应安排一定时间的试验期以使员工的配备更准确，在试验期内，企业应记录每天或每餐的营业量，以判断各岗位员工的实际生产效率是否符合预先规定的劳动定额，从而作出增减员工的决定。

（4）合理排班。餐饮企业的岗位很多，工作性质也不同，因此，员工的班次必须适应餐饮经营的需要，根据企业的营业量及有关员工工作时间的法规灵活合理地排定。管理人员在排班时，应在满足餐饮企业经营需要的前提下，既发挥员工的潜力，又考虑员工的工作效率,并保障员工的身心健康。

3.水电及燃料费用控制

餐饮企业的水电及燃料费用控制一般有以下方法。

(1)编制年度预算。餐饮企业的水电及燃料消耗较大,一般可根据前一阶段水电及燃料消耗的实际费用来确定未来某一时期(一般为年度)的费用。在年度水电及燃料费用预算的基础上,可编制某项费用的月度消耗标准。

(2)加强水电及燃料的日常管理。①教育员工养成节约水电的习惯。餐饮企业的水电节约关键在于员工,管理人员应教育并督促员工养成节约用水用电的良好习惯。②加强对水电及燃料设施设备的保养。如果餐饮企业的设施设备等坏了再修理,一是难度大,二是费用高(耗能大),所以设施设备管理的关键在于保养,要预防其出故障。这就要求厨师、服务人员在日常使用设施设备时严格按规程操作,维修人员加强巡查,以便在设施设备出现小毛病时及时修好,避免出现跑、冒、滴、漏现象。只有这样,餐饮企业的水电及燃料费用才有可能控制在规定的消耗标准之内。

(3)定期进行费用差异分析。为确保餐饮企业的水电及燃料消耗控制在月度消耗标准之内,餐饮企业应认真记录各项费用的实际消耗量并与标准对照,如发现问题,应仔细分析,找出产生问题的原因,采取有效的相关措施,从而降低费用支出。

4.餐饮用具的控制

餐饮用具的单位价值较低,但极易消耗,如不严格控制,将直接影响餐饮企业的经济效益。其管理要求为:

(1)确定消耗标准。餐饮企业管理者应根据企业的实际情况,分别确定各类用品的消耗标准,并监督服务人员切实执行。一般来说,餐饮用具的总体消耗标准为餐饮企业营业收入的 0.5%~1%,餐饮企业应根据各自的等级和档次灵活确定。

(2)定点存放。各类不同的餐饮用具应有固定的存放位置,严禁乱堆乱放,以免无故损耗,增加不必要的支出。

(3)定人管理。餐饮企业一般应指定专人负责餐饮用具的管理,同时应制定相关的领用手续并严格执行。

(4)定期盘存。餐饮用具的盘存一般每月一次,要检查餐饮用具的消耗量是否在规定的消耗标准内,如发现问题,应及时分析并找出原因,采取相应的措施。

(5)制定相应的管理制度。餐饮企业管理人员应制定详细的餐饮用具管理制度,如餐饮用具损耗统计制度、奖惩制度等。某些餐饮企业为调动所有员工自我控制餐饮用具的积极性,规定餐饮用具节约部分的75%用于奖励员工,超支部分则全额从员工奖金中扣除,取得了明显的效果。还应注意,餐饮用具的控制必须以满足消费者需要为基础,而不能单纯为了控制餐饮用具,致使出现破损餐具上桌或某些用品缺乏供应的情况。

七、餐饮服务管理

餐饮服务是餐饮企业经营的主要业务和重要的工作环节之一。餐饮服务质量的高低直接影响餐饮企业的经营效果,餐饮企业只有加强餐饮服务的管理,提高服务质量,才能在激烈的竞争中求得生存和发展。

（一）餐饮服务人员的素质要求

服务人员自身素质如何，决定了其服务水平的高低。为了向宾客提供更优质的服务，餐饮服务人员应不断地充实自己。

餐饮服务人员的素质要求主要表现在以下几个方面。

1. 基本素质

（1）在岗爱岗，敬业乐业

餐饮服务人员应尊重、热爱自己的职业，明白自己工作的意义。只有敬业才能乐业，只有乐业才能在工作中不断钻研，不断创新，努力提高服务质量，提升自身素质。

（2）热情友好，宾客至上

餐饮服务人员应以饱满的热情、友好的态度来接待每一位宾客，牢记"客人永远是正确的"，在任何时候、任何场合都要为宾客着想。

（3）文明礼貌，优质服务

餐饮行业是窗口行业，每位服务人员都应懂礼节、讲礼貌，这是为宾客提供服务的基础。只有在工作中时刻注意自己的言行举止，熟练掌握各项服务技能，才能不断地提高服务水平。

（4）团结协作，顾全大局

餐饮服务需要很强的协作性，服务人员在工作中应发挥团队精神，相互协作，为宾客提供周到的服务，无论发生什么事，都要顾全大局，本着维护酒店形象和顾客第一的思想，去对待和处理问题。

（5）忠于职守，廉洁奉公

餐饮服务人员应明确自己的岗位职责、工作范围，在自己的岗位上尽最大努力做好工作，同时廉洁奉公，洁身自好，不做有损酒店形象的事情。

（二）业务素质

餐饮服务人员在业务方面的素质主要包括知识和技能两部分。

1. 业务知识

（1）菜肴、酒水知识。熟悉中、西菜系的特点及各大菜系中著名菜品的主料、风味。能够识别中外名酒，鉴别其品质、年份及最佳饮用时机。

（2）烹饪知识。了解中、西餐的基本烹饪方法及要求，了解现代厨房管理程序。

（3）食品营养卫生知识。了解主要食物的营养价值，懂得营养配餐，具有食品卫生知识。

（4）习俗知识。了解各国的风俗习惯、宗教信仰、民俗礼仪、饮食习惯和禁忌等。

（5）其他相关领域知识。了解服务心理学、营销学、酒店管理、法律、电气设备方面的知识。

2. 业务技能

（1）服务技能。掌握摆台、斟酒、上菜、分菜等服务技能，并熟练掌握中、西餐服务程序。

（2）沟通能力。能够与同事、上级管理人员以及顾客进行良好的沟通。

（3）表达能力。有较强的理解和表达能力，并至少掌握一门外语，可为外宾提供餐饮服务。

（三）身体素质

餐饮服务人员的工作并不轻松，"日行百里不出门"，站立、行走、托盘等都需要一定的腿力、臂力和腰力，所以要有健康的体魄才能胜任此项工作。服务人员必须每年进行一次体检和卫生知识培训，取得健康证后方可上岗。患有各种传染病和皮肤病的人不宜从事餐饮服务工作。

（四）礼貌修养

懂礼节、讲礼貌是餐饮服务人员必须具有的基本素质，主要表现在微笑服务、仪容仪表、行为举止和服务用语等方面。餐饮服务人员在对客服务过程中要始终面带微笑，有良好的仪容仪表、规范的行为举止（包括站姿、走姿、手势等），使用礼貌的服务用语。

（五）预防员工偷窃的方法

餐饮业大部分的收入是现金，如果没有完善的制度，这些现金极可能成为小偷觊觎的目标。在忙碌的餐饮服务中，金钱的操作大都是由低薪的基层员工（如酒水员、出纳、服务员等）来负责，使得盗窃事件屡见不鲜。如要防患于未然，必须依靠完善的制度，加上密而不疏的监控系统。

控制的目标是要减少偷窃的机会，时下使用最多的控制方法是"点菜单法"点菜单为一式三联（或四联），服务员逐一记下客人所点的餐饮品名，一联送进厨房以制备餐品，一联由客人保留，另一联则交柜台出纳等。这样就可以达到初步的控制作用，因为如果没有逐项将餐品列出，点菜程序就不能完成，厨房也就无法准备。在稽核时，可逐项对照厨房制备的项目是否和客人付账的项目一致。最近流行的电脑点菜也是一种有效的控制方法。此外，有些员工的认识上有误区，认为只要不是偷钱，顺手牵羊拿一些食品是无可厚非的事，算不上偷窃。事实上，只要挪用餐饮企业所属的财物都是盗窃行为，对企业的财产会造成或多或少的损失。预防此类盗窃可借助制度，例如要求下班后将储藏室、冰箱上锁，钥匙交由可信赖的专人保管；规定员工专用通道，途中监督。此外，规定工作时间不可吃东西也是防范员工偷吃的方法之一。

酒店防范员工偷窃的方式一般是：权限分明，且每一个职责只归属某一个人，减少可以靠近任何资产的员工人数；将现金柜的金额降至最低，定期轮换经手现金的员工；要求经手现金的员工做详细的记录并经常做外部稽核。但是不论采用何种方式，增强员工的道德感与向心力，适时进行鼓励或奖赏，甚至实行单位利润中心制度等，都是管理者努力的方向。

第五章　酒店服务心理与服务质量管理

第一节　酒店服务心理概述

一、心理和心理学

1.心理的含义

心理一词的"心"在汉语中是指心思、心情、心意,通常也指人的思想、感情。"理"是指道理、条理、准则、规律。心理的含义是指人的思想、感情的规律。

人的心理是在动物进化到一定阶段,由于对周围环境的长期适应而产生的。最初出现的心理现象是简单的感觉。在外界环境的影响下,随着神经系统的发展,出现了知觉、记忆、思维、情感、性格、能力等心理现象,心理是这些心理现象的总称。

2.心理学的概念

心理学是研究心理现象及其发生发展规律的科学。它所研究的对象是人类自身的心理现象,包括心理过程和个性心理特征两个方面。

人类经历了漫长的进化史,尽管心理现象早就与人类同在,但它形成一门独立的科学仅有一百多年的历史。德国心理学家冯特(Wilhelm Wundt,1832年—1920年)在莱比锡大学建立了世界上第一个心理试验室,采用自然科学的实验方法,对感觉、知觉、注意、情绪等心理现象进行了研究,才把心理学从哲学中分化出来,使其成为一门独立的新学科。心理学的产生标志着人类对自身心理世界认识的深化和发展。由于社会进步和科学技术的发展,从而促进了心理学的进一步深化,心理学出现了许多专门为社会各部门服务的分支学科。如医学心理学、工程心理学、教育心理学、社会心理学、管理心理学、运动心理学、军事心理学、司法心理学、消费心理学、商业心理学、服务心理学、旅游心理学等。心理学分支的急速发展,反映了社会对心理学的需要。科学家们预言,心理学将成为21世纪的带头科学。

二、心理现象的实质

人的心理活动尽管早已存在,而且每个人都有切身体验,但是,对于人的心理活动究竟是怎样产生的,至今仍争论不休。早在公元前300多年前,古希腊哲学家亚里士多德(Aristoteles,前384年—前322年)在他的名著《灵魂论》中,曾提出人的心理现象是灵魂活动的结果,认为人入睡做梦是灵魂离开人体所致。这种把人的心理现象看成是脱离物质、虚无缥缈的灵魂活动的产物,显然是唯心主义的错误观点,但时至今日还有人相信。

我国在春秋战国时期,著名学者荀况认为"心所以万殊者,成外物而不一也","味与声色,在物不在我,接于我之血气,能辨之而悦之",明确提出人的心理现象是"物"

引起的,是人"心"的活动的产物。在这种认识下,我国的象形文字,凡是与人的心理现象相关联的词汇,几乎都保留"心"或"忄"偏旁。荀况把人的心理活动归结为心脏的一种机能,尽管是唯物主义观点,但毕竟不科学,也不符合事实。

随着科学技术的不断进步,尤其是生物学、生理学、神经解剖学和脑科学的产生和发展,人们才逐步认识到,人的心理既不是物质之外的"灵魂"所产生,也不是心脏的属性,它是人脑的一种机能,人脑才是产生心理现象的器官。

1.心理是人脑的机能

人的大脑是以特殊方式组织起来的物质,其内部结构非常复杂。就它的机能作用而言,到目前为止,世界上还没有发现能与人脑相比的其他物质。一个人如果大脑发育不全,不仅表现为神经呆滞、智力低下,而且难以生存。即使一个人大脑健全,如果意外事故使大脑发生损伤或发生病变,也会严重破坏其心理活动的正常进行。在酒店工作中,我们常见到的醉酒客人胡言乱语、行为反常,就是因为大脑组织在酒精作用下所产生的暂时性障碍所致。

2.心理是客观现实的反映

心理是人脑的机能。但如果单纯依靠人脑本身,离开了客观现实,没有客观现实作用于大脑,同样不能产生心理现象。

这里的客观现实是指独立存在于人的意识之外的物质世界,包括被自己意识到和未意识到的。"反映"是一切物质的普遍属性。当某一物质受到其他物质影响时,就在其自身表现出这种影响的痕迹。痕迹的表现,就是反映。人脑对客观现实的反映,既不像泥塑,任外界压力打下印迹,也不像照镜子,仅照出外界事物的影像。人脑对客观现实的反映,表现为当大脑的感受器接触了客观现实后,大脑中就形成了这一客观事物的映像;同时通过内部语言这一中介,揭示客观事物的意义,导致人对这一事物的看法和所持的行动倾向,从而产生一系列心理活动。

人的大脑对客观现实的反映不是消极被动的。人们为了学习、工作、生活、人际交往等,会积极主动参与这些实践活动。人的一切心理现象、一切反映形式,如认识、情感、意志、动机、兴趣、能力、性格等,都是在上述实践活动中发生发展的。因此,实践活动是心理发生发展的基础。

综上所述,从心理产生的生理机制来看,心理是人脑的机能,人脑是心理的器官;从其内容来看,心理是对客观现实的反映,客观现实是心理活动内容的源泉;从其产生的条件来看,心理是在实践活动中发生发展的,实践活动是心理发生发展的基础。

三、心理过程

心理过程是指人在客观事物的作用下,在一定时间内大脑反映客观现实的活动过程。这个过程又可以分为认识过程、情感过程和意志过程三个方面。

1.认识过程

认识过程是指人们认识客观事物的心理活动过程,它是形成正确心理的前提条件。认识过程包括注意现象和感觉、知觉、记忆、想象、思维等心理活动。

(1)注意

①注意的概念 注意是人的心理活动对一定事物的指向和集中。注意本身并不是一种

独立的心理活动，而是各种心理活动顺利完成的重要条件。任何心理活动在开始时，总是表现为注意这一心理现象，离开注意，心理过程是无法实现的。

②注意的特征 注意具有两个特征。一是具有指向性，即心理活动选择和确定的特定对象和范围。如酒店前厅行李员接待宾客时，心理活动首先反映出来的是各种行李；而餐厅服务员在宾客点菜时，其心理活动只是注意专心听记客人所点菜品的名称。二是具有集中性，即心理活动能在特定对象和范围中保持并深入。如餐厅服务员为客人斟酒、客房服务员值夜班、总台服务员收银等，都需要服务员排除干扰、集中注意力，才能避免发生差错。

③注意的种类 注意按其目的和意志努力程度可分为无意注意、有意注意和有意后注意。

无意注意又称不随意注意，是一种没有预定目的、不需意志努力而产生的心理活动。如餐厅服务员突然听见餐具被打碎的声响，客房服务员听见房内惊叫等，都立即会产生这种注意。

有意注意又称随意注意，是一种有预定目的、需意志努力而产生的心理活动。如迎宾员对进出酒店客人的迎候、餐厅服务员上菜、客房服务员清扫房间等都需要这种注意。

有意后注意是指有预定目的，但由于形成了技能技巧而不需意志努力就能维持的一种注意。如服务员熟练地摆台、叠花、铺床、整理房间等。有意后注意来源于有意注意，是热爱本职工作并刻苦训练的结果。

（2）感觉与知觉

①感觉与知觉的概念 感觉和知觉都是"注意"于客观事物后，人脑所产生的一种反映。感觉是通过感觉器官直接反映事物的个别属性，如颜色、气味、味道、声音、温度、形态、重量等，它不能反映事物整体实质的意义，在现实生活中很少单独存在。知觉虽然也是通过感觉器官直接反映事物，但它是经过大脑初步分析和综合后形成的事物的整体形象，反映了事物的各种属性，能够反映事物的表面特征和外部联系，在现实生活中大量存在。

由此可见，感觉是知觉的基础，知觉是感觉的深入。在认识过程中，感觉和知觉是认识客观事物的起点。

②感觉与知觉的特征 感觉具有三个特征。一是感觉具有适应性。即在某种刺激的持续作用下，人的感觉发生变化的现象，尤以视觉、嗅觉、味觉、肤觉最为明显，听觉和痛觉的适应不明显。二是感觉具有转移性，又称感觉的相互作用。如盲人的听觉和肤觉特别灵敏；牙痛病人害怕噪声；吃甜食后再吃水果会觉得水果很酸等，都说明感觉器官不仅能相互发生影响，而且同一感觉器官在不同条件下对同一刺激所产生的感觉并不相同。三是感觉具有个别差异，即对同一刺激，不同的人产生的感觉存在差异，如飞行员、射击运动员的视觉特别好，音乐指挥的听觉非常敏锐，中医师手指的触觉更是灵敏。

知觉具有四个特征。一是知觉具有选择性。即知觉可以优先反映某些对象或对象的某些特征。如宾客住进客房，会首先知觉房间的整洁、卫生状况；与服务员接触，会对服务员的微笑产生知觉。二是知觉具有理解性。即人们根据自己的实践经验来知觉对象。如面对一根木头，儿童知觉是玩具，木工知觉是木料，艺术家知觉是木雕原料，清洁工人知觉是垃圾。三是知觉具有整体性。即知觉是各种感觉的综合反映。如宾客对酒店服务质量的知觉，是通过对环境、卫生、装饰、服务员仪表、服务项目等多方面的感觉才产生的。四是知觉具有恒常性。即当知觉条件在一定范围内变化时，知觉的映像仍保持不变。如提到国旗，无论是白天还是晚上，人们都会知觉其颜色是红色。

③感觉与知觉的种类感觉可分为两大类。一类是外部感觉，主要有视觉、听觉、嗅觉、味觉和肤觉；另一类是内部感觉，主要有运动觉、平衡觉、机体觉等。

知觉一般分为空间知觉、时间知觉、运动知觉和错觉四类。

（3）记忆

①记忆的概念记忆是过去经历过的事物在人脑中的反映。人们在生活实践中所感知过的事物、思考过的问题、体验过的情感、从事过的活动，都会在大脑中留下印象，而且能在一定的条件下再现出来，这种复杂的心理过程就是记忆。

记忆在人的心理活动中占有重要地位。如果没有记忆，人类就不可能积累知识经验，进行高级的认识活动和发展个性。正因为有了记忆这种心理过程，人们才能把对事物的反映保存在头脑中，才可能更全面、更深入地认识新事物，从而进行更复杂、更高级的心理活动。因此，记忆是整个心理活动的基本条件。

②记忆的基本过程记忆的基本过程可以分为记和忆两个方面。记又包括识记和保持两个过程。识记就是识别和记住事物，即把感知过、思考过和体验过的事物保留在头脑中。保持就是将识记过的事物进一步在头脑中巩固，以防遗忘。忆也包括再认和回忆两个过程。再认又称认知，是指所经历过的事物再度出现时，能够熟悉并确认出来，它是对记的过程的检验。回忆又称重现，指识记过的事物不在眼前，但能在头脑中重新回想起来。回忆不是识记的简单再现，它须伴随着联想、思维等心理活动的参与才能实现。

③记忆的种类记忆按其内容可分为形象记忆、情感记忆、运动记忆和逻辑记忆。按保持时间的长短，可分为瞬时记忆、短时记忆和长时记忆；按其方法，可分为理解记忆和机械记忆；按有无明确目的，又可分为无意记忆和有意记忆。

（4）思维

①思维的概念思维是人脑对客观事物概括的和间接的反映过程。思维是以人的感觉与知觉所获得的感性认识为前提，并在社会实践的基础上进行的，是认识过程的高级阶段。思维又称理性认识，俗称思考。它能反映事物一般特征和规律，对于人们了解过去、把握现在、规划未来，更好地认识客观事物有重大意义。

②思维的特征思维具有三个特征。其一是间接性。即思维不是直接反映客观事物，而是通过其他媒介反映出来的。如服务员根据客人的口音判断其籍贯；根据客人询问客房设施，知晓其住宿要求和消费水平。其二是概括性。即思维反映的不是个别事物或事物的个别属性，而是同类事物的共性和事物之间的联系。如酒店的各种服务规范就反映了宾客的共同要求。其三是借助语言。包括借助内部语言、外部语言、形体语言、面部表情等反映思维。没有语言，人的思维活动无法进行。

③思维过程思维是通过人脑对已有的感性材料进行分析、综合、比较、抽象、概括等过程实现的。

分析是人脑把事物的整体进行分解和把整体事物的个别属性分解的过程。如把客房整理分解为敲门通报问话，开灯，开窗帘，检查家具、电器、管道，撤床，撤茶具，清除垃圾，做床，抹灰，吸尘，整理家具，配齐物品，清洗卫生间，检查有无遗漏，关窗帘、关灯，退出关门等步骤。

综合是把事物的个别特征和个别属性结合起来进行分析、思考的过程。如将上述房间整理步骤联系在一起，就形成了客房整理规范。

比较是人在思考过程中把某一类的事物加以对比，从而确定它们的异同及相互关系。如宾客对酒店服务质量的对比、对菜肴风格的对比。

抽象是人在思考过程中，把事物本质属性和非本质特征区别开来，找出事物的共同属性和本质特征的过程。

概括是把事物的共同属性和本质特征加以综合，并推广到同类事物中去的过程。如宾客对酒店的地理位置、交通状况、内外环境、设施设备、服务项目、收费标准等都有各自的要求和标准，但共同的要求是服务质量优秀。因此，千方百计提高酒店的服务质量就是酒店业的共同属性。

④思维的分类按其发展水平和目的要求的不同，思维分为动作思维、形象思维和抽象思维。

（5）想象

①想象的概念在人脑中对已有的形象进行加工改造而创造新形象的心理过程就是想象。如服务员根据画图折叠各种餐巾花型、厨师依照菜谱烹制各种菜肴等均属想象活动。

想象的基本材料是被感知的事物在大脑中保留的形象。但它不是这些固有形象的简单再现，而是经过加工改造后出现的人们从未感知过或现实中尚不存在的新形象。因此，想象不受时间和空间的限制。

②想象的分类想象按有无预定目的，可分为有意想象和无意想象；按创造程度，可分为再造想象和创造想象。创造想象中有一种特殊形式——幻想，它是一种指向未来并与人的愿望相联系的想象。幻想可分为积极幻想和消极幻想两类。积极幻想又称理想，是符合事物发展规律的幻想，对人有激励作用；消极幻想又称空想，它违背事物发展规律，使人想入非非，涣散斗志。

2.情感过程

情感过程是人们对客观事物经过认识过程之后在大脑中所产生的一种内心体验过程。人在认识接触外界事物时不是麻木的，而总是表现出自己的内心体验。如喜欢或讨厌、满意或失望、愉快或痛苦、崇敬或鄙视、紧张或轻松等。

（1）情感的三个层次人的情感的产生和发展与人的实践活动有密切的关系。根据这种关系可将情感分为三个层次。

①情绪是一种主要和生理需要相联系的内心体验。如快乐、悲哀、烦躁、愤怒、恐惧等。它伴有情景性和冲动性，比较不稳定，是人和动物所共有的。

②情感是一种主要和社会性需要相联系的内心体验。如友谊、责任、荣誉、美感、尊重、热情等。它的情景性和冲动性不强烈，也较为稳定，为人类所特有，带有社会历史制约性。

③情操是一种高层次的情感。它是以高尚的思想为核心，并与人的日常行为、品德相结合的情感倾向，如道德感、理智感、爱国主义、舍己救人等。

(2) 情感的基本形态

①激情激情是一种强烈的情感表现形态，如狂喜、暴怒、惊恐、绝望等。它往往发生在强烈刺激或突如其来的变化之后，具有迅猛、激烈、难以抑制等特点。在特定条件下，常能调动身心的巨大潜力。

②心境是一种较微弱而持久的情感形态，如愉快、焦虑、悲观、冷漠等。它往往在一段长时期内影响人的言行和情绪。人们的工作成败、生活条件、健康状况、人际关系处理等，都会对心境产生不同的影响。

③应激是一种由于出乎意料的紧张而引起某种行为反应所产生的情感形态。如人们在出现发生火灾、控制失灵、发生伤亡等危险情景时，或在宾客应接不暇时，或在工作失误时，都会引起应激情绪反应。

④热情是一种目的明确、稳定而深刻的情感形态。如对饭店、对家乡、对民族、对服务对象、对祖国的热爱等。热情对个人的身心有控制作用，影响人的思想和行为。

⑤道德是一种与行为道德评价相联系的情感形态。如企业信誉感、自身责任感、集体荣誉感、履行职业道德规范等。

⑥理智是一种在认识和追求真理过程中所产生的情感形态。如满足求知欲望、认识新的事物、解决困难、坚持原则等。理智感是认识世界和改造世界的强大动力。

⑦美感是一种在审美时产生的情感形态。它包括对美的主观反映、感受、欣赏和评价等心理活动。酒店的装饰、布置，服务员的仪表、语言、举止等具体形象，构成了酒店美感的具体内容。

(3) 情感的作用

情感在酒店服务中的作用表现在以下几方面。

①有利于提高服务质量。一方面，服务员自身心境良好，职业责任感和道德感强烈，便会自觉遵照服务规范进行工作，千方百计地满足宾客的需要；另一方面，宾客由于受到酒店热情接待，内心会产生愉快心境，对酒店形成良好的印象，使消费行为得以实现。

②有利于进行服务交往。在酒店服务中，宾客由于诸多原因，容易产生情绪波动。服务员在应对此类情况时，坚持"宾至如归"的热情，就能体现"宾客至上"的服务宗旨，使服务交往顺利进行。

③有利于感染宾客。情感在一定条件下可以相互感染。宾客对服务员的微笑、热情、体谅、谦逊、和蔼的服务，能引起情感共鸣，对服务工作给予配合与支持。

④有利于陶冶高尚情操。按照酒店工作的特点，要求服务员坚持拾金不昧，助人为乐，不接受小费和礼品，自觉维护酒店形象，不做有损酒店、国家和个人人格的事等，作为自律的内容，对高尚情操的陶冶是非常重要的。

(4) 意志过程

①意志的概念。人为了达到一定目的，自觉地将组织自己的行动与克服困难相联系的心理过程，即是意志。意志的产生是以认识过程为前提的，有了认识才能确定目的和制定行动计划。同时，意志的产生又是以情感为动力的，它促使意志的坚定，进而克服困难，达到目的。意志又可以反过来推动人的认识不断深化，调节和控制人的情感活动。

②意志的特征。意志具有三个基本特征。一是具有目的性。即人的活动是有意识、有目的、有计划地进行的。如酒店服务员的服务规范都是为了给宾客提供优质服务，"优

质服务"就是酒店工作的最终目的。二是具有主观能动性。即为了实现目的，会千方百计地克服内部和外部的困难。如餐厅服务员在人手少、业务繁忙时，要实现服务快捷、周到、令顾客满意的预想，就要克服自身的内心焦虑、身心疲惫等困难。三是以随意运动为基础。随意运动是由人的主观意识控制和调节的具有一定目的和指向的运动。如餐厅要实现"优质服务"这个目的，服务员就必须具备端托、摆台、叠花、斟酒等一系列最基本的随意运动，以组合成复杂的餐厅服务这一意志运动。

四、个性心理

个性心理是一个人在活动中表现出来的比较稳定的带有倾向性和各种心理特征的综合表现。人的个性又称为人格。它是在生理素质基础上，在一定社会历史条件下，通过社会实践活动逐步形成和发展起来的。个性一旦形成，就具有一定的稳定性。但在一定的条件下，个性也是可以改变的。个性心理主要包括个性倾向性和个性心理特征两方面。

1. 个性倾向性

个性倾向性是人对外界事物的趋向选择，如需要、动机、兴趣、信念、世界观等。它是人进行活动的基本动力，也是个性中最积极最活跃的因素。

（1）需要和动机

①需要的概念和种类　需要是人对一定客观事物的欲望和要求。它是在人体缺乏某种东西或者受到某种刺激时所产生的一种主观反应；也是人体特有的一种寻求自我保护和自我发展的基本动力。宾客正是由于出门在外，才会对住宿、用餐、旅游等服务产生一系列需要的。

人类的需要是多种多样的。按需要起源，可分为天然性需要和后天习惯性需要；按需要内容，可分为物质需要和精神需要；按需要范围，可分为个人需要和社会需要。

人们的需要具有层次性，即由低层次需要向高层次需要发展。美国人本主义心理学家亚伯拉罕·马斯洛（A.H.MASLOW）出版的《调动人的积极性的理论》一书中，初次提出了人类的基本需要分为五种层次，好似金字塔形状，下面大，上面小。

马斯洛认为生理需要是人的最基本需要，包括衣、食、住、行、环境等基本生存条件。酒店的设施、条件和服务项目首先应该满足宾客的生理需要。安全需要是在基本生存条件保证之后所产生的一种需要，如生命安全、财产安全、意外保险、损失赔偿等需要。酒店设施的完好、安全防范工作的严密正是为了满足宾客的这一需要。社交需要又称归属和爱的需要，包括社会交往、获得友谊和关怀、和谐的人际关系等需要。酒店之所以要求每个部门和每个员工做到诚挚地关心和爱护每一位宾客，其目的就是要以良好的服务满足宾客的社交需要。尊重的需要包括受到他人尊重、赏识，自己的要求、愿望得到实现，得到投诉答复等。酒店强调宾客是"上帝""宾客总是有理""投诉都应有答复"等，都是满足宾客尊重需要的表现。自我实现需要是人所追求的最高目标，它位于"金字塔"的顶端，包括在事业上取得成就、实现自己的期望、体现自身的社会价值等。

马斯洛提出的需要层次理论，对研究人类的行为动机具有重要的和普遍的意义。但由于生活的多样化及需要的多样化，以及人生观和道德观的差异，马斯洛的需要层次理论仍有一定局限性。

②动机的概念和种类动机是由需要引起的，它是激励或推动人去行动，以达到一定目的的内在动力。它即可以由当前的具体事物、表象或概念引起，也可以由信念、道德、理想引起。需要是动机的主要内容，动机是需要的表现。

动机按其起源可分为生理性动机和社会性动机；按在活动中所起的作用可分为主导动机和辅助动机；按社会价值可分为高尚动机和低级动机；按时间可分为长远动机和暂时动机。

（2）兴趣是人们力求认识某种事物和爱好某种活动的一种心理倾向。当人们认识到某种事物或某种活动与自己的需要密切相关后，就会注意认识它、耐心对待它和热情追求它，这就表现为兴趣。因此，兴趣以需要为基础。

兴趣根据内容可分为物质兴趣和精神兴趣；根据与活动的关系可分为直接兴趣和间接兴趣；根据兴趣的效益水平可分为积极兴趣和消极兴趣。

兴趣对宾客的消费行为影响极大。首先，兴趣可以促进心理性消费动机的形成，促使经常光顾酒店成为"回头客"。其次，兴趣可以促使消费需要的实现。如近几年，人们外出旅游增多、到酒店聚餐请客增多、开钟点房增多，就是人们对酒店服务的兴趣提高所致。

为了激发和保持宾客的酒店消费兴趣，酒店应从环境、品牌、接待、价格、经营等方面多做努力。

2.个性心理特征

个性心理特征包括能力、气质、性格，是人的多种心理特征的一种特殊的结合，集中反映了人的心理面貌的独特性和个别性。

（1）能力通常是指完成某种活动的本领，包括完成这种活动的具体方式和所必需的心理条件。能力不是先天具有的，它是在人的身体素质的基础上，经过后天的教育和培养，并在实践活动中逐渐形成和发展的。

能力可分为一般能力和特殊能力。一般能力是指进行各种活动都必须具备的基本能力，通常又称为智力。如观察力、记忆力、思维力、想象力等。它与认识活动密切联系，其核心是逻辑思维能力。特殊能力是指在特定的活动领域所需要的能力，如画家的辨色能力、音乐家的音乐表现能力、服务员的服务技能等。

人的一般能力可以通过智力测验进行了解。智力测验常用语言、文字、图画、物品等形式，要求受试者用文字或动作进行解答，然后依照公式求出受试者的智龄和智商，从而确定其智力水平的高低。智商即智力商数（IQ），表示人的智力发展的水平。

（2）性格性格是一个人对待现实的态度和行为方式比较稳定的心理特征。性格构成了人的心理面貌的一个突出方面，是一个人区别于他人的最根本标志，也是个性结构中最具核心意义的心理特征。

性格按其特征的优势可分为理智型、情绪型和意志型；按个性心理活动的倾向可分为外向型和内向型；按个体独立性程度可分为顺从型和独立型。

性格总是在人的心理过程中表现出自己的特征。首先，表现在对现实的态度方面。如对待集体是关心还是不关心，对他人是亲切还是傲慢，对工作是认真负责还是马虎随便，对自己是自信还是自卑等。其次，表现在认识事物方面。有人观察事物时注意细节，有人注意整体；有人思考问题时深刻、全面，有人肤浅、片面等。再次，表现在情绪方面。有的人性格温和、开朗，有的人性格暴躁、孤僻；有的人情绪稳定，有些人则喜怒无常等。最后，表现在意志方面。有的人行为目标明确，遇到困难勇于克服；有的人行为带有盲目性，遇到困难怯懦；有的人自制力强，有的人自制力弱等。宾客在酒店消费活动中，其性格特征也同样会在上述几方面表现出来。

（3）气质是人的情感和行为活动中比较典型的、稳定的心理特征。它与人的高级神经活动类型有关，带有先天性的特点。通常人们把气质称为"脾气"。

人的主要气质类型，最早是公元前5世纪古希腊医生希波克拉底（Hippocrates）提出的。他根据人体内的血液、黏液、黄胆汁和黑胆汁混合比例的不同，将气质分为四类：胆汁质、多血质、黏液质和抑郁质。显然，这种体液学说缺乏科学根据。但他观察到的气质类型及其特点却一直沿用到今。现代心理学依据人的高级神经活动类型提出人的气质可分为兴奋型、活泼型、稳重型和忧郁型四类。

①胆汁质型（兴奋型）

具有胆汁质气质的人，脾气倔强，精力旺盛，经常是精神亢奋而较少沮丧，做事有不达目的誓不罢休的韧劲，一般的困难不容易使他们消沉。这种气质的人情绪反应、变化较快，对自己的情感和行为难以控制，容易急躁和与他人发生矛盾。

②多血质型（活泼型）

具有多血质气质的人，性情活泼好动，较易兴奋，对新鲜事物反应快，社交能力强，工作中注意力易分散，情绪波动大，表情丰富。

③黏液质型（稳重型）

具有黏液质气质的人，比较内向，言语较少，沉着，安静，对外界刺激反应迟缓，交往能力差。工作中，仔细认真，情绪稳定，心理状态很少外露。

④抑郁质型（忧郁型）

具有抑郁质气质的人，性情不够活泼开朗，遇事敏感多心，优柔寡断，对外界刺激反应不强烈，情绪波动大，交往时羞怯、畏缩，不易合群。

以上四种气质类型的心理特征和行为特征只是最典型的气质特征。在现实生活中，人们的气质往往具有两种或两种以上的气质特征。气质类型本身并无好坏之分，每种气质类型都有积极和消极的一面，对人的能力高低、成就的大小和品德的好坏不起决定作用，但对人的某些行为活动的进行和效率有一定的影响。

虽然气质带有先天性，但在一定的工作、生活环境条件和教育等外在因素影响下是可以改变的。

（4）宾客个性心理特征在酒店服务工作中的意义宾客的个性差异，导致在酒店接受服务和进行消费过程中的表现也不相同，一般有以下三种类型。

①活跃型

这类宾客在气质上属于多血质型，在性格上属于外向型、情绪型。他们适应酒店环境快；愿意与服务员或其他宾客交谈，交际能力强；喜欢对酒店服务质量进行评价；对服务新项目会表现出浓厚的兴趣，并积极参与，不拘小节。

②傲慢型

这类宾客在气质上属胆汁质型，在性格上属外向型、独立型。他们很难控制自己的情绪，个性倔强，对他人的态度不友好；过分相信自己，爱表现自我，虚荣心强。

③拘谨型

这类宾客在气质上属抑郁质型，在性格上属于内向型、顺从型。他们适应酒店环境慢，行动谨慎、退缓；对服务项目持观察、疑虑态度；在消费中容易受他人影响，缺乏主见，难以接受自己不熟悉的服务内容。

第二节 酒店服务心理

一、酒店服务心理研究的对象和任务

1. 酒店服务心理研究的对象

酒店服务心理是心理学在酒店服务中的具体应用，属应用心理学的一个分支。它所研究的是在酒店进行消费的宾客和酒店服务人员的心理活动及其发展规律。

进入酒店的宾客，无论是用餐还是住宿，是娱乐还是购物，或是外出旅游，他们都是在进行消费活动。而这些活动都是心理活动和行为的表现。酒店服务心理主要研究对象就是宾客在酒店消费的各种心理活动变化及其规律。酒店服务离不开服务人员，服务质量的优劣，在极大程度上取决于服务人员心理素质高低。因此，酒店服务心理另一研究对象就是对酒店服务员的心理素质的培养。由于酒店服务是在宾客与服务员之间进行的，研究他们之间相互作用时的心理活动特点及规律便成了酒店服务心理的第三个研究对象。

2. 酒店服务心理的研究任务

酒店服务心理的研究任务是与研究对象分不开的。首先，酒店服务心理研究的任务是研究宾客对前厅服务、客房服务、餐厅服务、旅游服务、购物及康乐服务的心理要求。宾客是酒店一切经营活动的对象和目标，离开这一目标，酒店服务不复存在。服务员只有了解并掌握了宾客的心理活动，才能满足客人的各种需求，才能实现优质服务。其次，酒店服务心理研究的任务是研究酒店服务人员的心理素质。我们知道，服务质量是酒店业的灵魂。当前酒店业竞争十分激烈，服务人员的心理素质会影响服务行为和服务质量，这将直接决定酒店的兴衰、成败与存亡。再之，酒店服务心理研究的任务是研究酒店业的组织管理心理。酒店管理关系到员工人力资源的发挥、人际关系的改善、良好工作环境的创造、心理挫折的处理、宾客投诉的对待等，这对于调动服务员的积极性十分重要。最后，酒店服务心理研究的任务还包括对酒店经营心理策略的研究，以健全服务项目，完善服务设施，扩大销售空间，占领市场份额，满足宾客不断变化和发展的心理需求。

二、酒店服务心理研究的意义

1. 掌握宾客心理，取得工作主动

宾客来自不同的国家、地区，虽然都是进行酒店消费，但他们之间存在着民族、性别、年龄、职业、爱好、性格、收入等差异，消费心理活动不尽一致，行为表现非常复杂。服务员在工作中如何去了解和掌握宾客的心理活动，单靠实践经验积累显然是不够

的。研究酒店服务心理，从理论上探讨宾客心理活动规律，就可取得工作主动，赢得全体宾客的满意，收到事半功倍之效。

2.适应宾客心理，提高服务艺术

宾客在酒店消费过程中，随时都在产生心理感受。例如，在选择酒店时，酒店的地理位置、建筑装饰、设施设备、服务方式、服务项目、卫生条件、服务员仪表等都会引起宾客的无意注意；在消费时，宾客还会对服务态度、服务质量、价格、管理水平等产生有意注意。因此，酒店的一切"硬件"设施和"软件"服务，都要适应宾客的心理需求，使宾客产生"宾至如归"的心理感受，在心理上留下完美的印象。

3.培养服务员的心理素质，适应职业需要

学习酒店服务心理，一方面使服务人员了解酒店业在仪表、气质、性格、情感、意志、能力等方面的要求，适应职业需要，自觉培养良好的心理素质，以利于市场竞争；另一方面，使服务员掌握在工作实践中如何与宾客交往，怎样与同事交际，遇到心理挫折和服务矛盾怎么处理等方法，以保持良好的心态去面对工作和生活。

4.提高服务质量，促进酒店服务业的发展

目前，每年还以约10%的幅度增长。可以这样讲，现代酒店业已成为我国对外开放的重要标志和窗口，是最早与国际接轨的行业之一。酒店业的发展，需要提高服务质量，其中就包括深入了解在服务交往中，宾客与服务员之间产生的各种心理状态。现在，国际市场都在千方百计开展标准化、规范化、程序化和个性化的服务，如商务客人在房间可进入因特网查阅各种信息；在老年人居住的客房增添健身设施；为住房客人送生日蛋糕和鲜花等。这些个性化服务迎合了宾客的心理需求。因此，研究酒店服务心理，可以使我国的酒店服务业适应国际市场要求，促进其健康发展。

三、酒店服务心理研究的方法

酒店服务心理研究的方法主要有观察法、实验法、调查法、经验总结法和统计分析法。

1.观察法

观察法是在酒店服务自然状态中，有目的、有计划地利用感觉器官来考察宾客的心理活动及其规律的一种常用的研究方法。它主要是通过对宾客的语言、表情、行动等外部表现来了解其内心活动。为了增加观察的准确性，还可以利用录音、录像等现代科技手段。观察的方法很多，如自然观察法、控制观察法、长时观察法、定时观察法、瞬时观察法、全面观察法、重点观察法等。这些观察法所获得的结果往往比较真实，但带有一定片面性和局限性。同时，在进行此种方法中，观察者还应注意不能侵犯宾客的隐私权。

2.实验法

实验法是在控制和改变条件下，促使一定的心理现象产生，从而探求心理变化及其规律的一种研究方法。实验法有实验室实验法和自然实验法两种形式。对酒店服务心理的研究，多采用自然实验法。如在餐厅设置迎宾员和不设置迎宾员，当着客人面打扫房间和避开客人打扫房间等，都可以探求宾客的心理变化。这种方法简便易行，兼有观察法的特点，是酒店服务心理研究普遍采用的一种方法。

3.调查法

调查法是采取多种方法获取有关资料，间接了解被调查对象心理活动的一种研究方法。方法有召开座谈会或个别面谈、设置意见簿、刊登广告征询意见、问卷调查等，常用的研究方法是问卷法和谈话法。如客房的服务夹内就有"意见征询表"或"服务质量评价表"。这种方法虽简单省事，但真实性差，需要经过核对才能作为依据。谈话应拟定谈话要点，谈话过程要详细记录，这样才能达到调查目的。

4.经验总结法

这是从心理学角度，科学地、有目的地分析和总结服务工作经验的一种研究方法。它带有本质性和规律性，对日常酒店服务工作有指导意义。如"微笑是酒店的活广告""客人永远是对的""服务员代表酒店的形象"等，都是对服务经验的总结。

5.统计分析法

统计分析法是利用统计学原理，通过搜集、整理和分析酒店内外有关资料，从心理学的角度进行量化研究的一种方法。如住店客源统计、餐饮座位周转率统计、价格变化对经营业绩的影响的统计等。这种方法的意义和作用非常明确，可信度较高，有助于掌握宾客心理需求的变化趋势，及时调整服务策略。

上述几种酒店服务心理的研究方法，各有优势和不足之处，很少单独使用，通常是几种方法配合使用。但无论采取什么研究方法，都应遵循客观性、发展性和系统性的心理学研究基本原则，才能概括和把握宾客在酒店消费的心理活动的特点和规律。

第三节 酒店服务员的职业心理素质

职业心理素质是指从业人员从事本职工作所必须具备的各种心理品质的总和。酒店服务员的职业心理素质包括身体素质、心理素质、外在素质、文化素质、专业素质和技术与习惯素质等方面。

一、职业对仪表、气质的要求

服务员是酒店服务工作的主体，在酒店各项服务活动中是最引人注目和最具魅力的因素。职业要求酒店服务员应是外部形象仪表美和内在气质美和谐统一。

1.对服务员仪表美的要求

仪表指人的外表，包括容貌姿态、着装修饰、行为风度和心理状态。它能表现一个人的年龄、财富、职业、社会地位、文化修养和道德风貌。在人际交往中，仪表又是一种和平、安定、友好的象征，对他人产生重要的心理效应。

酒店服务员的仪表，不仅代表着自身、酒店和国家的形象，展示着人格、国格和酒店的信誉与尊严，而且还体现着社会的文明程度、道德水平，反映着民族和时代的精神风貌。

（1）体形容貌要给宾客以健康、精神饱满的感觉容貌具有表现内心情感的社会功能。体形不仅具有审美价值，而且也能在一定程度上反映个人的心理特点。因此，体形容貌对他人有深刻的影响。作为酒店的窗口和脸面，服务员的容貌应是端庄、自然、清洁卫生、精神饱满的。让宾客在看到或接触到这样的服务员时，不仅有安全、愉快的感觉，而且产生美的印象，从而乐于接触和接受其服务。

体形容貌与先天因素有关。因此，在招收酒店服务员时，应有恰当的标准，被招收的服务员应无重大的生理和心理缺陷。后天的锻炼和修饰也可以弥补先天之不足。酒店要求服务人员淡妆工作，这就是一种适度的修饰。修饰虽能弥补先天的某些缺陷，但必须注意符合国情、民族习惯、职业特点和时代风貌，不能刻意浓妆艳抹，不然，会令宾客望而生厌，产生逆反心理。

（2）服饰穿着要给宾客以舒适、端庄的感觉服饰穿着包括服装、鞋帽、首饰、眼镜、手表、手杖、手袋等，是附着于人体的展示物，是自我表现的重要手段。整洁合体，美观大方，并与酒店环境相协调的服饰穿着，能给宾客以清新、明快、朴素、庄重的视觉形象，使客人联想到酒店的管理水平、服务规范、员工整体素质等，在内心产生愉悦和信任感，从而促成消费。相反，服务员如果服饰不规范、褶皱不堪，或披金戴银、打扮妖艳，不仅给人一种轻浮的感觉，使服务交往产生障碍，而且也是不尊重客人的表现，影响酒店的形象。

（3）行为风度要给宾客以稳重、文雅、亲切的感觉行为风度指一个人在平时待人接物中所表现出来的各种动作、姿态、言谈声调和面部表情。它体现一个人的性格，也反映个人的文化修养、文明程度和心理状态。酒店服务员在服务过程中，站立应保持身直自然、挺胸收腹、两肩平正，给宾客留下挺拔、舒展、健美的感觉。不能曲腿塌腰、耸肩歪脖、倚墙靠椅。行走要做到"轻、稳、灵"，以体现服务员对本职工作的责任心、自豪感和意气风发的精神面貌。如果懒懒散散、欲走又停，就会给宾客留下无精打采的印象。在经营场地，服务员不要随意跑动，以免引起客人惊慌和留下风风火火、忙乱无章的感觉。坐姿要稳，身体稍微前倾，并注意手脚的空间位置，给宾客以尊重的感觉。言谈举止应文雅客气，面带微笑，态度亲切，口齿清楚，速度适中，语言规范，语调平稳，给人以真诚、温暖的感觉。相反，如果服务员在介绍服务项目或回答客人询问时，言谈举止粗俗、刻薄，语调尖刻、刺耳或低沉无力，就会引起客人厌恶、反感，有时还会发生争吵和投诉，从而破坏酒店的形象，吓跑客人。服务员的行为风度不是先天性的，主要依靠对职业的热爱和刻苦锻炼形成的。

2.对服务员气质美的要求

在酒店服务工作中，由于工作对象和工作内容的特点，对服务员的气质有特殊要求。

（1）感受性、灵敏性不宜过高感受性是指个体对外界刺激达到多大程度时才能引起反应。灵敏性是指这种反应的速度和动作的敏捷程度。服务员整天与各种宾客打交道，经常会遇见意想不到的事件发生。如果服务员的感受性太高，稍有刺激就引起心理反应，势必会造成精力分散，注意力不集中，影响服务工作正常进行。同样，服务员为了使全体宾客得到最大限度的满意，对外界刺激的反应速度和动作的敏捷也不能过高。沉着，冷静，遇事不慌，才是服务人员的气质特点。

（2）忍耐性和情绪兴奋性不能低忍耐性是指个体在遇到各种刺激和压力时的心理承受能力。情绪兴奋性是指个体遇到高兴和扫兴的事情时能否控制住自己的情绪波动，始终处于一种不骄、不躁、不馁的状态。服务工作是一种程序化的工作，常年做的都是同一类工作，容易产生厌倦情绪和心理压力。然而，酒店和服务员角色要求以及宾客的希望则是优质服务，这就要求服务员有较好的忍耐性和情绪兴奋性的气质特点。

（3）可塑性要强 可塑性是指服务员对服务环境中出现的各种情况及其变化的适应程度。服务对象因国籍、民族、地域、性别、年龄、职业、经济收入、文化层次、个性等因素的不同，消费习惯会有很多差异。要做到优质服务，让每位客人感到"宾至如归"，便要求服务员心理有较好的可塑性，努力克服和改造个人气质中的消极方面。

总之，人的气质美是外形美和内在美的结合。服务员的气质美，是通过长期注重培养高雅的仪表、文雅的谈吐、动人的微笑、宽广的胸怀、谦虚的作风、敏捷有序的工作节奏的结果。气质美会使客人产生敬佩感和信任感，从而乐于接受服务。

二、职业对性格、情感的要求

性格和情感是造就服务员能够满腔热情地为宾客服务的重要心理条件。

1. 对服务员性格的要求

性格是个性心理最具核心意义的特征，它不仅能支配和控制气质与习惯，而且能促进能力的形成和发展。从酒店服务的角度来看，服务员应具备以下性格特征。

（1）服务员要有谅解、诚实、谦虚、热情、乐于助人等良好的性格特征。酒店服务工作是与人打交道的工作，服务员有上述性格特征，就能与宾客建立和谐的人际关系，使宾客感到亲切，乐于接受服务。如果服务员对人冷淡、刻薄、嫉妒、高傲，就容易导致人际关系紧张，使宾客产生不满意、怨悔。

（2）服务员要有独立精神、适应性、事业心、责任心和恒心等性格特征。一般来说，这种性格特征的服务员，具有开拓精神和应变能力，工作勤奋、效率高。相反，依赖性强、缺乏事业心和责任心的人，工作中会出现自信心差、懒惰、浮躁、低效等消极现象，这将会给酒店富服务质量和荣誉带来危害。

由于酒店的部门和工种较多，不同部门和工种对服务员性格的要求不尽一致。如餐厅服务员，要求具备热情外向、顺从、敏感、安详、沉着、自律、严谨、心平气和等性格特征；客房服务员要求具备缄默孤独、自律严谨、同情体谅等性格特征，导游服务员要求具备乐观外向、冒险敢为、幻想、自立、果断等性格特征。

从性格的差异角度，可以将服务员分为以下几种不同的类型。

①独立型 这类服务员情感外露，性格外向，有较强的责任心和进取心，在工作中肯负责任，处理问题果断；迎候宾客主动，精神集中，态度良好；服务程序熟练；与宾客关系融洽。他们期望获得鼓励，适宜担负一定职责的工作。

②被动型 这类服务员性格不开朗，缺乏主动热情接待宾客的精神；对宾客的提问回答谨小慎微，不愿与宾客多交谈；在工作中缺乏主见，依赖性强。他们适宜从事风险性小、变化性少的工作。

③活跃型 这类服务员性格不仅外向，而且情感丰富，精力旺盛。在工作中，虽善于与宾客交往，但活泼好动，注意力不够集中。他们适合安排接待工作，而不太适宜从事注意力非常集中的工作。

④沉静型 这类服务员性格内向，性情孤僻，反应缓慢，不善与宾客交际，工作中沉默寡言。他们虽能任劳任怨，但易让宾客感到冷漠，不适宜安排经常与宾客面对面打交道的工作。

⑤急性型这类服务员性格急躁,好胜心强,工作主动,效率高;服务耐心周到不足,易出差错;由于心中容不下事,好发表议论,容易与宾客发生争执,影响酒店服务质量。他们适宜从事需要快速完成而工作程序又简单的工作。

⑥精细型这类服务员性格沉着、冷静,注意力稳定;服务工作有条不紊,细致周到,善于观察宾客心理活动;在宾客生气发火时,能妥善处理矛盾。他们很适宜在酒店从事服务工作。

2.对服务员情感的要求

情感体现并反映了人们对客观事物与人的需要之间的关系。一般来讲,客观事物如能满足需要,人们就会产生愉快、喜欢、满意等积极情感;反之,就会产生不满、怨愤、痛苦等消极情感。显然,情感对个人的思想和行为有很大影响。酒店服务员的情感应具备以下几方面的内容。

(1)情感倾向正确情感倾向是指一个人的情感指向什么和为什么而引起。酒店是为广大宾客服务的社会行业,酒店每一位服务员都是企业的主人。在宾客心目中,服务员是一个企业、一个城市、乃至一个国家的使者,因此酒店服务员的情感倾向只能是而且必须是宾客。这就要求酒店服务员在服务工作中,热爱本职工作,关心、尊重和体贴宾客,不计较客人的讲话态度,原谅客人的过失和少数无理要求,在心目中牢固树立"宾客至上""宾客是上帝""客人永远是对的"等服务意识。

(2)情感稳定持久情感稳定持久就是在相当长一段时间内,情感不发生变化。这就要求酒店服务员把情感控制在为宾客服务上,对日常工作始终保持热情、负责的态度;在遇到困难时,善于控制自己的情绪,维持良好心境,正确对待和处理心理挫折。

(3)情感付诸行动情感付诸行动即情感产生效能。它是指情感在人的实践活动中所发生作用的程度。如果酒店服务员能够把任何情感转化成积极工作、优质服务的动力,即说明其情感付诸行动了,情感效能就高。如果仅是把情感挂在嘴边,不能做到主动、热情、耐心、周到服务,缺乏具体的优质服务行为,就说明他的情感效能低。

(4)培养高尚情操在酒店服务工作中,服务员的道德感、真理感与美感是最基本的情操,体现了服务员高尚的精神面貌和追求。道德感要求服务员在工作中自觉遵循酒店服务业的职业道德规范。真理感要求服务员热爱酒店,热爱宾客,为客人提供情感服务,鄙弃和摆脱低级趣味的东西。美感要求服务员做到"五讲四美"。在真、善、美基础上,服务员还应加强道德修养,努力做到"慎独"。

(5)善于控制情感控制情感就是通过主观努力,对自己的情感进行调控,使消极情感转变为积极情感,让情感从被动状态转变为实际需要的主动状态。控制情感有以下几种途径:

①转化控制转化控制就是使一时产生的消极情感转移到相反性质的情感中去,让原有的情感淡化以至消失。

②冷化控制冷化控制就是使强烈爆发出来的消极情感处于抑制状态,即通常人们所讲的遇事要冷静处理。

③自激控制自激控制就是指对自己的情感进行自我强化,使之及时适应实际需要,变被动状态的情感为主动状态的情感。

对情感进行自我控制,是酒店服务员高尚心理品质的表现,也是弱化矛盾、避免发生冲突的重要原则和手段。

三、职业对意志、能力的要求

酒店服务质量的优劣取决于服务员的服务水平。而服务水平是由服务员的观察力、记忆力、想象力、思维力、表达能力以及技能等组成的。一名合格的酒店服务员要具备上述能力，离不开长期的刻苦学习和训练，还要有克服困难的勇气和坚韧不拔的毅力，这就需要具有良好的意志品质。

1.对服务员意志的要求

人所从事的一切社会实践活动都离不开一定的意志力，这是人和其他动物的根本区别之一。酒店服务工作是一种规范性很强的工作，要做到优质服务、让每位宾客满意，困难很多，更需要意志发挥作用。酒店服务员坚强的意志品质主要表现在以下几方面。

（1）自觉性就是在行动中能自觉支配自己的行动，以适应社会要求，努力实现既定目标的品质。凡是自觉性强的服务员，自然是意志品质坚强的人。在酒店日常工作中，表现为虚心好学，不断提高业务水平；能正确对待自己的成绩和缺点，发扬成绩，克服缺点；敢于战胜各种困难，勇于面对各种挫折。缺乏自觉性的服务员在工作中则表现为忽冷忽热，朝三暮四，盲目从事。

（2）果断性果断性就是明辨是非，能迅速而正确地采取相应措施的品质。酒店服务员每天都要接触许多宾客，也会遇到各种矛盾，甚至会碰上一些突发事件。这就要求服务员反应机敏，当机立断，及时采取相应措施予以处理。缺乏果断性，表现出犹豫不决和草率行事，这样不仅难以解决问题，还会激化矛盾，甚至产生严重后果。

（3）自制性自制性就是能够自觉控制和约束自己言行举止的品质。酒店工作的目标是为宾客提供至善至美的服务，它要求服务员不论与何种类型的宾客接触时，或者无论发生了什么问题，都能够控制自己的情绪，把握自己的言语分寸，注意自己的语气语调，不失礼于人。遵守酒店各项规章和纪律，也是自制性强的表现。反之，自制性差的服务员，遇事往往图一时的痛快，草率从事，以至造成严重后果。

（4）坚韧性坚韧性就是为了实现行动目的，长时间保持充沛的精力和毅力的品质。通常所讲的"锲而不舍"，就是指意志的这一特点。

服务员的工作很繁琐，劳动强度大，宾客要求标准又高，如果不具备坚韧意志，就难以适应酒店工作的要求，更不可能做到优质服务。

2.对服务员能力的要求

服务员的能力不仅是完成日常酒店服务工作的前提，直接影响服务效率和服务效果，而且是影响酒店服务水平的主要因素。职业心理对酒店服务员的能力要求有以下几点。

（1）敏锐的观察力观察是一种有目的有计划的知觉过程。观察力是指发现事物特征的能力。在酒店日常工作中，许多宾客常将真实的自我隐藏起来，需要服务员用敏锐的观察力去了解和把握，从而提供有针对性的服务。如从宾客进店的举止上可以了解其住宿的要求，从穿戴打扮上可以了解客人的职业、身份和住宿标准，从客人神态表情上可以了解客人对用餐的心理感受。培养敏锐的观察力，首先要有浓厚的观察兴趣。只有热爱本职工作，对宾客来到酒店的消费行为饶有兴趣的服务员，才会主动持久地去观察宾客心理活动的表现、特点和规律。其次，要有持久、稳定的注意力。没有注意便没有观察，观察是高度集中和细致深入地注意的结果。再次，要积极进行思维。无论是从听客人讲话上，还是从看客人打扮上，都要认真进行分析、综合，抓住客人行为表现的主要特征，进而推断客人的心理活动，为进行恰当的服务提供依据。最后，要具备一定的知识和方法。知识越丰富，方法越多，观察的准确性也越高。

（2）良好的记忆力 酒店服务员在工作中不仅要记住所有设施设备的使用方法，服务工作的程序和规章制度，而且还要记住客人姓名、相貌、个性特点，没有良好的记忆力是根本不行的。良好的记忆力是优质服务的智力基础。

首先，酒店服务员应明确记忆的目的和任务，树立记住的信心。例如餐厅服务员为了方便客人点菜，应熟记菜单、单价及客人点的菜品；前厅服务员为了起到酒店窗口和沟通的作用，应对酒店各部门了如指掌，甚至应记住当地的主要旅游景点、风味餐馆、大型商场、重要机构的地址和交通路线。当然，这些记忆都有一定难度，但只要明确了目的，树立了信心，是完全可以做到的。其次，凡是感兴趣的事物，人们往往容易记住；当一个人情绪积极时，记忆效果也好得多。这就要求酒店服务员不仅要对职业产生兴趣，而且还应扩大兴趣，使自己的记忆能力不断提高。

（3）稳定而灵活的注意力 服务员在工作中，第一，应保持注意的稳定性，将注意力相对集中在宾客身上，随时提供优质服务。第二，应控制注意的转移性，以提高工作效率，排除干扰，防止发生差错。第三，应根据具体情况，把握注意的范围。如当客流量大时，要扩大自己的注意范围，以便随时掌握客人的动态；双向沟通时，要集中自己的注意范围，以便掌握客人的心理变化，及时予以合理满足。第四，在实践中，要加强注意的合理分配，做到一心多用，培养自己"眼观六路、耳听八方"的职业习惯，以满足宾客同时出现的不同要求。

要形成稳定而灵活的注意力，首先要求服务员有强烈的事业心和责任感，把工作放在第一位。其次，要有坚强的意志，不断克服自身的分心和外来的干扰。再次，要有敏捷的思维能力，能灵活分配自己的注意力。最后，还应劳逸结合，以免疲劳过度而影响注意的集中和稳定。

（4）严密的思维能力 服务员在酒店工作中，经常会出现在一定时间内要解决多种多样的问题的情况，特别是要处理一些突发性事件，这就需要服务员有严密的思维能力。首先，要善于发现问题。在日常服务工作中，有些问题明显，容易发现和解决；有些问题不明显（如宾客的身体状况、情绪变化、特殊要求等），需要服务员认真观察，独立思考，及时发现。其次，要准确分析问题。发现问题后，服务员还应准确分析，找出问题的关键。如发现了宾客情绪不安，服务员就要判断是身体不舒服引起的？或者是对服务不满意所致？还是遇到了什么困难需要得到帮助？对诸如此类的问题，只有分析准确才可能予以解决。再次，要提出假设方法。解决宾客的具体问题的方法可能有多个，至于到底采取什么解决办法最好，就需要服务员提出假设，包括解决问题的途径、原则和方法，从中筛选最佳方法加以实施。最后，在实践中去检验。提出的解决问题的假设方法，是否可行？效果怎样？只能通过实践才能得到检验。如某宾客反映晚上睡不好，服务员通过分析，认为是客人房间临马路边，晚上车辆噪声大所致，于是给客人换了一间背马路的房间，客人反映睡得好极了。这就证明服务员提出换房子假设是正确的。

（5）较强的交际能力和语言表达能力　交际能力是指服务员综合利用各种能力进行人际交往的本领。根据酒店业的工作特点,酒店服务员交际能力主要表现在以下几方面:

注意自身仪表,给宾客留下美好的第一印象,为交际创造良好开端。

言语简洁、流畅、明了、亲切,便于与宾客沟通情感,使交际富有生气。

妥善处理各种矛盾,做到既不损伤酒店声誉,又能维护宾客情面,促进交际。

通过交际,促使双方感情融洽,实现宾客重复消费。

语言表达能力是指服务员在服务中运用言语、表情进行交流情感、传递信息的能力。语言表达能力的心理效应主要有以下几方面:

文明礼貌、真挚、和善的语言表达,能引起宾客发自内心的好感,起到吸引客人的心理效应。

明确简洁、适当中肯的语言表达,能增强宾客的信任感,起到说服客人的心理效应。

富于情感、形象生动的语言表达,能激起宾客的消费兴趣,起到感染客人的心理效应。

适应对象、灵活变换的语言表达,能给宾客以亲切感,起到争取客人的心理效应。

语言表达能力是酒店服务员必须具备的重要心理素质,它直接标志着一个酒店的服务水平和员工素质水平。因此,酒店服务员首先要有广泛的知识和丰富的词汇,这样才能随心所欲地驾驭语言工具。其次,语言表达要与面部表情和身体姿态适当配合,达到最佳效果。再次,注意培养与语言表达能力密切相联系的记忆、思维、想象、鉴别、操作技术等能力。最后,在坚持用普通话的同时,应努力学习外语、地方方言及哑语,使自己的语言表达更加丰富、完善,能适应宾客语种多、来源广的客观需要。

（6）熟练的服务技能。服务技能是服务人员对服务知识和操作技术掌握的熟练程度。它同服务态度、服务言语和服务项目一样,关系到酒店形象,影响着宾客的消费心理。

服务技能,不仅要有娴熟的操作技巧,超群的服务技艺,而且还要有丰富的专业知识和相关信息。具备这样心理素质的酒店服务员,服务耗时少、效率高,指向性准确,动作近似自动化,对宾客心理有较强感染力,易产生一种安全、可靠、欢乐、美好的感受和继续消费的心理欲望。同时,熟练的服务技能还是一种无声的广告,对酒店的声誉起着宣传作用。如希尔顿酒店的操作要求规定为:客人在总台等待开房住宿的时间不超过2分钟;客房服务员每人每天负责整理、清扫16～20间客房;餐厅服务员1小时要接待20位客人,即每3分钟要完成一位客人的点菜和送客服务。由此可见,服务员的服务技能如果不熟练,是难以适应酒店要求的。

提高服务技能不仅要求服务员要具备一定的文化素质、职业情感,还要进行相应的训练。技能训练先练习基本功,即掌握局部动作;然后进行综合训练,让局部动作交替进行,达到动作的协调和完善。在此基础上,形成"高原型态",即在操作速度、准确性等方面达到顶端,达到相对完善的程度。作为酒店,为了使服务员的服务技能适应工作需要,必须定时对服务员的技术水平进行考核,实行界业技能鉴定,制订相关奖惩制度,以形成提高服务技能的浓郁氛围。

第四节　饭店顾客心理与消费行为

饭店顾客的基本需要和消费动机是为了满足一定需要，引起人们购买和消费行为的愿望和意念，是直接驱使消费者进行购买和消费活动的内在动力。

任何饭店要吸引顾客，都必须把握顾客需要和动机，提供能够满足顾客需要的服务，这样才能打动顾客，引起顾客的愿望和兴趣，促使其进行购买和消费行为。

一、酒店客人需要的特点

需要的多样性、需要的明确指向性、需要的发展变化性、需要的个体主观性需要的周而复始性。

不同的客人对酒店服务有不同的要求，满足所有客人的需求对一家酒店来说是不可能的。只有充分了解市场，结合自己的特点，确立经营方向，提供相应的产品和服务才能吸引客人，占有一定的市场份额。

二、影响顾客消费的个体与心理因素

1.心理因素

顾客的人格，如气质、性格、能力等也影响消费行为心理活动过程认知、情绪、情感是购买决策的前提满是自身的需要消费活动观念与态度构成认识问题的框架。

2.资源因素

时间、知识、经济。

3.生理因素

生理特征决定人的基本需要生理特征和生理状态（年龄、性别）的差异决定需求。

三、影响顾客消费的外部环境因素

群体因素、社会文化因素、社会阶层因素、情境因素、自然因素、营销因素。

第五节　酒店服务质量管理方法

一、酒店服务质量管理概述

（一）酒店服务质量管理的概念

酒店服务质量管理，是指从酒店系统的角度，把酒店作为一个整体，以最优服务为目标，以服务质量为对象，运用一整套质量管理体系、手段和方法而进行的全方位、全空间、全员、全过程的管理活动。

质量对于酒店生存具有决定性作用的原因如下：

（1）较高的顾客忠诚（higher customer loyalty）。质量是顾客满意的重要组成部分，

优质产生高满意度，而高满意度又能产生忠诚的顾客。顾客的忠诚是收益提高和增长的源泉。

（2）较高的市场份额（higher market share）。忠实的顾客为企业提供了稳固的顾客基础，这些顾客口口相传的传播效应能带来新的顾客，这就创造了更大的市场份额。

（3）为投资者带来较高的投资回报（higher returns to investors）。研究表明，因其商品或服务而著称的厂商是能够盈利的厂商，因此它们的股票就会成为好的投资对象。

（4）忠实的员工（loyal employees）。如果一个企业能生产优质的商品和服务，他的员工会为自己的工作而骄傲，他们能从工作中获得较高的满意程度。满意的员工往往更加忠诚，生产效率更高。除此之外，企业中的人员流失也会少一些。

（5）较低的成本（lower costs）。优质意味着一举成功，这样企业可以用较少的钱来纠正错误或者补偿不满意的顾客。对错误的防范能提高生产率，同时降低成本。

（6）对价格竞争具有较高的抗御能力（lesser vulnerability to price competition）。酒店凭借其优质服务能够提供竞争者不能提供的东西，所以就能索要较高的价格。他们通常不必参与价格竞争，如果参与，也会因为生产率较高，成本较低而占据优势地位。

（二）酒店服务的质量要素

就酒店服务而言，质量概念与制造业有所不同，它包含了有形质量和无形质量两个质量要素。

1.酒店服务的有形质量

酒店服务的有形质量又称为技术质量，其主要包含两方面的内容：其一，酒店的设备、设施质量。酒店的设备设施质量指酒店硬件完好程度、安全程度、舒适程度和方便程度以及与酒店的档次、规模、规格的吻合程度。它覆盖了酒店各个角落和空位的有形物体，甚至包括了酒店的温度和湿度。其二，酒店的实物产品质量。它是指酒店提供的有形产品，如所购物品和餐饮产品的花色品种、外观颜色、内在质量与价格之间的吻合程度。酒店服务有形质量的高低有非常具体细致的客观衡量标准，通常是可以衡量的。

2.酒店服务的无形质量

酒店服务的无形质量又称为功能质量，也包括两方面的内容：其一，酒店的劳务质量。它是指酒店的员工向顾客提供服务时所表现出的行为方式，包括员工的服务技巧、服务方式、服务态度、服务效率、职业道德、团队精神、礼节仪表等，这些是酒店服务质量标准和程序内在体现。其二，酒店服务的环境质量。它是指酒店的自然环境和人际环境，优质的自然环境要使顾客在酒店停留期间感受到文化和绿化的高雅品位和艺术的魅力，良好的人际环境体现为酒店的管理人员、服务人员和顾客三者之间友好、和谐、理解的互动关系。无形质量的高低在很大程度上取决于员工在服务现场的心理状态和顾客接受服务时的主观感受，因此，无形质量是很难衡量的。

第六节　酒店服务质量管理的方法与评价

一、全面质量管理

1. 全面质量管理的基本内容

20世纪50年代末，美国通用电气公司的费根堡姆和质量管理专家朱兰提出了"全面质量管理"（Total Quality Management，TQM）的概念，认为"全面质量管理是为了能够在最经济的水平上，并考虑到充分满足客户要求的条件下进行生产和提供服务，把企业各部门在研制质量、维持质量和提高质量的活动中构成为一体的一种有效体系"。60年代初，美国一些企业根据行为管理科学的理论，在企业的质量管理中开展了依靠职工"自我控制"的"无缺陷运动"（Zero Defects），日本在工业企业中开展质量管理小组（Quality Control Circle）活动，使全面质量管理活动迅速发展起来。全面质量管理的基本内容是"三全"，即：

（1）对全面质量的管理。全面质量指所有质量，即不仅是产品质量，还包括工作质量、服务质量。在全面质量中产品质量是核心，企业应以质量为中心。

（2）对全过程的管理。任何产品或服务的质量，都有一个产生、形成和实现的过程。从全过程的角度来看，质量产生、形成和实现的整个过程是由多个相互联系、相互影响的环节所组成的，每一个环节都或多或少地影响着最终的质量状况。为了保证和提高质量就必须把影响质量的所有环节和因素都控制起来。为此，全过程的质量管理包括了从市场调研、产品的设计开发、生产（作业），到销售、服务等全部有关过程的质量管理。要把质量形成全过程的各个环节或有关因素控制起来，形成一个综合性的质量管理体系。

（3）由全体人员参与的管理。一方面，企业中任何一个环节，任何一个人的工作质量都会不同程度地直接或间接地影响着产品质量或服务质量。在酒店中推行全面质量管理需要员工的素质做保证，即酒店服务人员应具有的服务技能、气质以及赢得顾客满意，获得理想服务效果的服务技艺及精神魅力。它要求员工有积极主动的态度，随时恭候客人的到来，随时愿为宾客效劳，关心宾客利益，以礼貌、友好、热情、尊重的服务为客人尽力，要有笑容可掬的形体语言。为了赢得顾客的满意，一定要掌握、熟知客人不同的文化风俗、禁忌与嗜好。在公共场合交流时，称呼客人的名字，说话要采用友好的语调。作为信息提供者，应熟知酒店及当地的设施服务、风土人情等，为顾客提供有帮助的建议。另一方面，人人关心产品质量和服务质量，全体参加质量管理，才能为客人提供满意的服务。要实现全员参与，授权是一种有效的方法。授权是权力及责任的传递，目的是将权力转移给最能充分运用利用它的人。若权责不等，则授权失败。

2. 酒店全面质量管理蕴含的内容

至今，人们对酒店全面质量管理含义的认识没有统一。"卓越""价值""合乎标准""适合使用""无差错""满足或超过顾客的期望值"等，不同的人可以从不同的角度去解释全面质量管理。随着社会的进步和全球酒店业的发展，越来越多的酒店管理者认为，酒店全面质量管理的核心是强调服务的一致性，克服随意性、消除差错，一次做到位，使顾客在酒店的停留过程中感到百分之百的满意，产生重新光顾并说服他人光顾酒店的冲动。因此，酒店全面质量管理可以归纳为五项基本原则：

（1）以顾客为中心（Guest centralized）：准确判断顾客对酒店服务质量的期望和需求，随时倾听顾客的意见和建议，懂得如何才能满足顾客的需求，调整好顾客的期望值。

（2）不断改进（Continuous improvement）：对现有的服务质量保持稳定并不断改善，根据市场需求变化进行服务创新，在保持服务标准中体现灵活性和个性化服务，在保持高水平服务质量中努力降低质量成本消耗。

（3）全员参与（Total involvement）：酒店的每一个员工都受到良好的训练，充分了解质量信息，自觉参与酒店的质量决策，使用一流的服务工具，具有人人对服务质量负责任的意识和行为，根据服务业绩得到公平公正的激励。

（4）一次到位（Do it right the first time）：将酒店服务中可能发生的差错扼杀在摇篮中，做到服务无差错、零差错，避免差错出现事后补救。

（5）全过程管理（Control from the beginning to the end）：将服务前的准备，服务中的监督控制，服务后的善后三个阶段连成一条服务链，保持其耐久性和可靠性，将规定的标准服务无变异的提供给顾客，不因人、因事、因时而断裂和扭曲。使全体员工认同服务过程中"99+1=0"的哲学辩证关系。坚持了上述原理，才能最终达到顾客百分之百的满意。

二、差距管理法

服务质量差距模型是20世纪80年代中期到90年代初，美国营销学家帕拉休拉曼（A.Parasuraman），赞瑟姆（Valarie A.Zeithamal）和贝利（Leonard L.Berry）等人提出的，是专门用来分析质量问题根源的有用工具。服务质量差距模型（Service Quality Model），也称5GAP模型。

分析和设计服务质量时，这个基本框架说明了必须考虑哪些步骤，然后查出问题的根源。要素之间有五种差异，也就是所谓的质量差距。质量差距是由质量管理前后不一致造成的。最主要的差距是期望服务和感知（实际经历）服务差距（差距5）。模型中的主要概念：

1.服务期望

服务期望是顾客以往的经历、个人需求以及口碑沟通来确定的"，它受到企业与顾客沟通活动的影响。

2.服务感知

服务感知是指顾客亲身经历的服务，它是公司一系列内部决策和内部活动的结果。

3.服务差距

顾客期望的服务与顾客感知的服务之间的差距，这是差距模型的核心。

上述模型说明了服务质量是如何形成的，模型的上半部涉及与顾客有关的现象。期望的服务是顾客的实际经历、个人需求以及口碑沟通的函数。另外，也受到企业营销沟通活动的影响。

实际经历的服务，在模型中称为感知的服务，它是一系列内部决策和内部活动的结果。在服务交易发生时，管理者对顾客期望的认识，对确定组织所遵循的服务质量标准起到指导作用。当然，顾客亲身经历的服务交易和生产过程是作为一个与服务生产过程有关的质量因素，生产过程实施的技术措施是一个与服务生产的产出有关的质量因素。

（三）零缺陷质量管理法

1. 零缺陷质量管理法的概念

被誉为"全球质量管理大师""零缺陷之父"和"伟大的管理思想家"的菲利浦·克劳斯比（Philip B.Crosbyism）在20世纪60年代初提出零缺陷思想，并在美国推行零缺陷运动。后来，零缺陷的思想传至日本，在日本制造业中得到了全面推广，使日本制造业的产品质量得到迅速提高，并且领先于世界水平，继而进一步扩大到工商业所有领域。

零缺陷管理（Zero Defect Quality Control），亦称"缺点预防"，零缺陷管理的思想主张企业发挥人的主观能动性来进行经营管理，生产者、工作者要努力使自己的产品、业务没有缺点，并向着高质量标准的目标而奋斗。是以抛弃"缺点难免论"，树立"无缺点"的哲学观念为指导，要求全体工作人员从开始就正确地进行工作，以完全消除工作缺点为目标的质量管理活动。零缺点并不是说绝对没有缺点，或缺点绝对要等于零，而是指要以"缺点等于零为最终目标，每个人都要在自己工作职责范围内努力做到无缺点"。它要求生产工作者从一开始就本着严肃认真的态度把工作做得准确无误，在生产中从产品的质量、成本与消耗、交货期等方面进行合理安排，而不是依靠事后的检验来纠正。

零缺陷特别强调预防系统控制和过程控制，要求第一次就把事情做正确，使产品符合对顾客的承诺要求。开展零缺陷运动可以提高全员对产品质量和业务质量的责任感，从而保证产品质量和工作质量。

追求质量已是一种管理的艺术，如果我们能建立正确的观念并且执行有效的质量管理计划，就能预防不良产品的产生，使工作发挥高效生产力而且充满乐趣，不会整天为层出不穷的质量问题头痛不已。要树立零缺点的理念，必须正确理解和把握以下三种观念：

（1）人们难免犯错误的："难免论"一般认为"人总是要犯错误的"，所以对于工作中的缺点和出现不合格品持容忍态度，不少企业还设立事故率、次品率等，纵容人们的这种观念。零缺点管理向这种传统观念发出挑战，它抛弃"难免论"，认为人都有一种"求全"的基本欲望。希望不犯错误，把工作搞好。

（2）每一个员工都是主角的观念。在日常的企业管理中，管理者是主角，他们决定着工作标准和内容，员工只能照章办事。零缺点管理要求把每一个员工当作主角，认为只有全体员工都掌握了零缺点的思想，人人想方设法消除工作缺点，才会有真正的零缺点运动，管理者则是帮助并赋予他们正确的工作动机。

（3）强调心理建设的观念。传统的经营管理方法侧重于技术处理，赋予员工以正确的工作方法。零缺点管理则不同，它侧重于心理建设，赋予员工以无误地进行工作的动机，认为做工作的人具有复杂心理，如果没有无误地进行工作的愿望，工作方法再好，也不可能把工作做得完美无缺。

2.零错误质量管理法的运用

把零缺点管理的哲学观念贯彻到企业中，使每一个员工都能掌握它的实质，树立"不犯错误"的决心，并积极地向上级提出建议，就必须有准备、有计划地付诸实施。实施零缺陷管理可通过以下步骤进行：

（1）建立推行零缺陷管理的组织。事情的推行都需要组织的保证，通过建立组织，可以动员和组织全体职工积极地投入零缺点管理，提高他们参与管理的自觉性；也可以对每一个人的合理化建议进行统计分析，不断进行经验的交流等。公司的最高管理者要亲自参加，表明决心，做出表率；要任命相应的领导人，建立相应的制度；要教育和训练员工。

（2）确定零缺陷管理的目标。确定零缺陷小组（或个人）在一定时期内所要达到的具体要求，包括确定目标项目、评价标准和目标值。在实施过程中，采用各种形式，将小组完成目标的进展情况及时公布，注意心理影响。

（3）进行绩效评价。小组确定的目标是否达到，要由小组自己评议，为此应明确小组的职责与权限。

（4）建立相应的提案制度。直接工作人员对于不属于自己主观因素造成的错误原因，如设备、工具、图纸等问题，可向组长指出错误的原因，提出建议，也可附上与此有关的改进方案，组长要同提案人一起进行研究和处理。

（5）建立表彰制度。无缺点管理不是斥责错误者，而是表彰无缺点者；不是指出人们有多缺点，而是告诉人们向无缺点的目标奋进。这就增强了职工消除缺点的信心和责任感。

大量的实践告诉我们，只进行"超级检验"是远远不够的，那是一种既昂贵又不切实际的做法，必须用超乎寻常的检查水准才能维持它。企业更应该做的是，如何防患于未然。零缺点通过向员工揭示管理阶层的期望，使领导者的心愿一清二楚地表达出来，员工再按照主管们的心愿去做事，从而达到改进质量的目的。

二、酒店服务质量评价

（一）酒店服务质量的评价标准

由于酒店接待的顾客是来自不同国家或地区，他们具有不同文化和习俗，其需求内容和对服务质量的衡量标准也是多样的。

1.评价服务质量的基本标准

受各种主、客观因素的影响，顾客对酒店服务质量的衡量标准带有明显的随意性、即时性、主观性。国内外大量关于酒店服务质量衡量标准的研究结果表明：顾客感觉中的服务质量是由可靠性、响应性、保证性、移情性和有形性五类服务属性决定的。其一，可靠性，指可靠、准确地履行服务承诺的能力，对顾客影响最大。可靠的服务行为是顾客所期望的，它意味着服务的一致性与无差别性。出现差错给酒店带来的不仅是直接意义上的经济损失，而且可能意味着失去很多潜在顾客。其二，响应性，是对于顾客的各种要求，酒店能否给予及时的满足，将表明酒店是否把顾客的利益放在第一位。同时，服务传递的效率还从一个侧面反映了酒店的服务质量。其三，保证性，是指员工所具有的知识、礼节以及表达出自信和可信的能力。它能增强顾客对酒店服务质量的信心和安全感。其四，移情性，是指设身处地为顾客着想和对顾客给予特别的关注。服务人员设身处地为顾客着想，关心顾客，为顾客提供个性化服务。其五，有形性，指顾客直觉感受到的服务人员的服装和仪表、服务设施、服务设备、促销资料等有形证据。顾客从这五个方面将预期的服务和接受到的服务相比较，最终形成自己对服务质量的判断。

顾客对服务质量的满意可以定义为：将对接受的服务的感知与对服务的期望相比较。当感知超出期望时，服务被认为是具有特别质量，表现为高兴和惊讶。当没有达到期望时，服务注定是不可接受的。当期望和感知一致时，质量是令人满意的。顾客的期望受到口碑、个人需要和过去经历的影响。在这五类属性中，"可靠"显然与技术性质量有关，"保证"则与企业的市场形象有密切关系，"保证""移情""有形证据"等属性都或多或少与功能性质量有关。可见功能性属性对顾客感觉中的整体服务质量有极大的影响。

（二）评价服务质量的专项标准

酒店产品的销售过程是有形物质消耗（酒水、饮食、商场商品）和无形劳动（各种服务）相结合的过程。服务质量高的酒店不仅要有现代化的客房、餐厅以及各种服务设施，而且还要有懂业务、善经营的各级管理人员和服务态度好、技术水平高的服务员，以及灵活方便的经营服务项目。因此，酒店服务质量评价标准就包括了有形设施标准和无形产品标准。酒店的服务是无形的，不能用数量化标准来衡量。因此，酒店服务质量的衡量标准一般通过以下两个专项来反映：

第一，满足宾客需要的整套服务规程。这套服务规程包括整套语言、动作和技能、操作要求，可使本来零散琐碎的服务工作规范化，是酒店服务所应达到的规格、程序和标准，它使酒店服务工作规范化、系统化、标准化。具体内容有：保证设施良好运转的规程；保证顾客舒适的规程，即制定各种操作规程和岗位责任制；保证质量的服务规程，如服务态度标准化、规范化。

第二，酒店"回头客"比率。这是一个从实际出发的直接衡量酒店服务质量的重要标志。开发一个新客户所花费的成本要远高于维护一个老客户所花费的成本，酒店通过稳住已有的顾客就等于稳住已有的市场份额，并通过老客户的口碑宣传，还会吸引更多的新客户。

（三）酒店服务质量的评价体系

搞好酒店服务质量与服务业绩的评价、考核工作，是酒店落实经济责任制，调动员工做好服务工作的重要举措。而服务业绩的评价工作要能真正地起到奖勤罚懒的作用，就必须较好地体现客观性、合理性，对服务业绩、服务质量进行公平、公正和公开的评价，并构建科学合理的服务质量评价体系。

1.酒店服务质量评价体系的构成要素

酒店服务质量评价体系包括以下三大要素：评价主体即由谁来进行评价，目前充当评价主体的主要有顾客、酒店组织和第三方机构。评价客体，包括两个方面的内容，即由设施、设备、服务用品；环境、实物产品等构成的硬件服务质量和由服务项目、服务过程中的服务意识与态度、礼仪礼貌、服务方法与技巧、安全与卫生等构成的软件服务质量。评价媒体是指评价的表现形式、各评价主体反映评价结果的渠道，即评价的主体通过何种形式来表现其评价的过程和结果，如顾客通过表扬、抱怨、投诉，甚至控告来表现；或酒店组织以奖惩制度、服务承诺、专项质量管理等来反映；或第三方机构进行评价后以酒店议论、行业公报以及包括升级、降级等奖惩方式对评价结果进行公开。

2.酒店服务质量的三方评价

酒店服务质量的顾客评价。顾客评价直接指向服务的对象，体现了以"顾客为中心"的服务宗旨，因而获得普遍欢迎。顾客评价的形式主要有顾客意见调查表、电话访问、现场访问、小组座谈、常客拜访等。但顾客服务质量评价标准中的期望服务指标、感知服务指标以及服务质量的可靠性、响应性、保证性、移情性、有形性等指标涉及许多主观心理因素，因此较难确定，这使其带有浓厚的主观性、模糊性、差异性以及不公平性色彩。

酒店服务质量的自我组织评价。在实践中，酒店自我评价服务质量的方式大体上可以归纳为：酒店统一评价、部门自评、酒店外请专家进行考评、随时随地的"暗评"、专项质评等。

酒店服务质量的第三方评价。其形式主要有资格认定、等级认定、质量体系认证、行业组织、报刊、社团组织的评比等。

三方评价各有其优缺点。为了构建更加科学合理、操作性强的服务质量评价体系，要求酒店应将顾客评价、酒店组织评价以及第三方评价有机地结合起来，深入细致地权衡三方评价的优缺点，并对三方评价因子做出合理的选择，对因子权重做系统、全面和客观的考察。

（四）酒店服务质量的保证体系

在对酒店服务质量的评价标准与评价体系分析的基础上，针对我国酒店服务质量存在的问题，提出从服务的过程和支持体系两方面入手，构建一个完整的酒店质量保证体系。

1.加强服务提供过程的系统管理

（1）完善酒店服务质量体系

为提高酒店服务质量管理效率，酒店必须建立完备的服务质量体系，使酒店服务质量管理和质量活动系统化、标准化、制度化。酒店服务质量体系通常应包括：

①确定质量方针和质量目标。质量方针确定酒店长期的质量宗旨、方向，同时，酒店应根据质量方针制定相应的服务质量目标，实现目标管理。

②建立健全质量管理机构，制定质量规范和标准。要强化酒店管理者和员工的质量意识，建立酒店一部一班组三级管理体系；同时，要成立专门的质量检查机构。各级管理部门对服务质量的检查要采取日常检查与定期检查、单项检查与综合检查、上级检查与自查、明察与暗访相结合的形式，对检查中发现的问题，一要纠正，二要奖罚分明，与员工的工作实绩与奖金挂钩。

为确保酒店服务质量处于优质恒定的状态，必须制定一套标准的规范。酒店应根据国家旅游局颁布的《中国旅游服务质量等级标准》，制定本企业的服务质量规范、规章制度、服务程序和岗位责任制度，把质量标准分解到每一个岗位、每一位员工身上。员工只有严格按标准和程序操作，才有可能提供高质量、高效率的服务。

③有效配置人员和物质资源在酒店资源中，人是最重要的因素。为使酒店质量管理体系有效运转，达到质量管理的目标，酒店应配备合格的人员。酒店质量管理过程中物

质资源的配备,要根据酒店宾客的需求和酒店的规格档次,强调适用性;设备用品的不配套会降低服务水平,影响宾客的满意程度。

(2)坚持标准化管理与个性化服务的有机结合

标准化、规范化的服务只能满足客人的共性需求,由于酒店服务是人对人的服务,单靠刻板的规范并不能提供尽善尽美的服务,酒店还应该针对客人的个性需求,提供个性化的服务。个性化服务是规范化服务向更深层次的发展,现代酒店越是能够在提供尽善尽美的规范化服务的同时提供大量针对性的个性化服务,表明酒店服务水平也越高。

(3)把握"真实瞬间"

由于酒店服务质量评价的一次性,酒店应努力使员工树立"真实瞬间"的意识。要求在服务过程中的每一个"真实瞬间",服务人员保证向客人提供优质可靠的服务和出色的服务技能,特别是人际接触技能和控制局面的能力。

2.加强服务支持系统的控制

(1)加强酒店文化建设培育酒店团队精神

企业文化的核心是酒店全体员工的共同价值观。在这种共同价值观的凝聚作用下,酒店员工与员工、部门与部门之间能够结成一个团结整体。酒店企业文化要由以总经理为本的文化转向建立以顾客为本的文化,实行以人为本的人性化管理,为员工创造一个良好的工作环境,培养员工的全局意识与服务意识。

(2)加强内部协调建立酒店信息系统

酒店应加强部门间的协调,通过建立健全酒店的规章制度和岗位责任制,明确各部门各岗位的职责,使各部门在服务内容、服务时间、服务程序上协调一致,互相配合,为宾客提供优质服务。为保证信息交流的迅速有效,酒店必须建立高效灵敏的信息系统,制定各部门的信息流程图,明确信息内容及流向。

(3)优化酒店环境体现人文关怀

酒店从建筑设计、装修装饰设计、服务用品设计、服务方式设计上全面重视客人的真正需求,重视员工、关怀员工,适应人的自然本性,才能从根本上满足客人的需求,并从人性深处激发员工的精神活力,使他们最大限度地发挥主观能动性和创造精神,取得最好的工作效果。

第七节 酒店服务质量实施

一、确立酒店服务目标

酒店的服务目标有两层含义,即宏观全局层面的以定性描述为主的保证酒店持续经营的总的服务目标和微观操作层面以定量描述为主的支持酒店服务目标实现的酒店服务质量目标。

(一)酒店服务目标

由于酒店经营中顾客的多层次性和构成的复杂性,酒店在持续经营中不仅需要依靠这些顾客,而且还需要在经营中根据酒店自身的档次、类型、环境等基本条件和特点,不断细分市场和吸纳细分市场中的目标顾客,使其服务更加适应顾客的需要。因此,酒店服务目标是保证以目标顾客为主体的顾客满意,建立顾客忠诚,达到酒店良性持续经营的目的。

无数酒店的兴衰无不印证这一真理:只有将酒店的服务目标和顾客的需求和期望有机结合起来,酒店才能生存和更好地发展;只有重视顾客利益、为顾客创造价值,酒店才会有旺盛的生命力。目前,顾客满意已成为所有优秀酒店企业追求的重要经营目标之一,因为顾客满意度比利润更能体现酒店企业经营业绩的好坏,顾客满意度不仅可以体现酒店企业当前的经营状况,而且可以深刻地揭示酒店企业经营中存在的一些深层次问题,如酒店的质量文化、经营理念、顾客关注等。

(二)酒店服务目标中的"关注顾客"

酒店企业依存于顾客。酒店生存的前提在于拥有一定数量的顾客,市场竞争的本质在于企业间对顾客的争夺。酒店要赢得顾客,就必须时刻"关注顾客",关注顾客的动向,明了顾客现实与潜在的需求和期望,以及对现有的产品的满意程度,通过自身的经营服务活动来满足甚至超越顾客的期望。关注顾客、服务顾客已成为酒店经营运行的基本准则。

酒店关注顾客就是要以顾客为中心,了解顾客的需求与期望,提供有针对性的产品与服务活动。以顾客为中心揭示了酒店企业生存的意义和市场竞争的真谛:酒店的价值在于为顾客、为社会创造价值。以顾客为中心就是要把顾客利益和企业利益相互联系并综合考量,以顾客为中心开展经营服务活动。

酒店企业以顾客为中心,并把这一最高原则贯彻落实到日常经营服务与管理活动之中,就应结合酒店企业的产品与业务特点确认影响顾客满意的关键因素与过程,对这些因素与过程进行严格控制和不断改进,并注意从以下几个方面开展工作:

1. 强化顾客意识

在酒店内部通过各种渠道宣传顾客对于企业的重要意义,培养各部门的顾客意识,把顾客利益和酒店利益统一起来,各部门协调一致,把质量工作做好。特别是酒店的最高管理者必须积极主动地向企业员工宣传满足顾客要求的重要性,并在实际工作中体现顾客至上的管理理念,提倡换位意识,倡导员工从顾客的角度来看待质量问题、解决质量问题。那种口头上重视顾客、实际工作中把顾客利益与酒店利益对立起来的领导作风,只会导致全体员工顾客意识的淡化,因此,酒店管理者应积极倡导关注顾客的行为,着力发掘典型事例,通过宣传、奖惩、教育来强化员工的顾客意识。

2. 识别顾客需要

酒店要提供顾客需要的产品与服务,首先必须知道顾客到底需要什么,因此识别顾客需要是酒店工作的起点。识别顾客需要的途径有很多,如与产品及服务有关要求的确定、与产品及服务有关要求的评审、管理评审、顾客反馈(包括顾客建议和顾客抱怨)、市场调查、销售人员反馈、服务人员反馈、设计人员创思等。

对顾客需求的识别不仅要定性地加以分析,还要定量地加以研究,防止质量不足和质量过剩的情况。识别顾客需求,是产品质量定位的前提。对顾客需求把握不准,设计生产出来的产品及服务就没有坚实的市场基础,产品与服务做得再精细、广告做得再多,也难以激起顾客的购买欲。因此,准确地识别顾客的需求,是企业赢得顾客的第一步。

值得注意的是，为准确理解和识别顾客的需求，一些先进的酒店企业已开始精简顾客群，有的大幅度减少顾客的数量，并根据顾客的需要来调整产品与服务。如精品酒店、赌场酒店、会员制度假村等，由此形成专门化酒店类型。

由于专门化酒店可以更加专注于其主要顾客，由此带来顾客满意度提高，从而与这些顾客建立起稳固亲密的关系，这样不仅可以使这些顾客更多地光顾酒店，而且可以降低运营成本，抵消由精简顾客损失的销售收入。

3.满足顾客需求

顾客需求的满足，体现在产品与服务实现的一系列过程中。通过产品与服务的设计和改进反映顾客的需求，通过生产服务达到设计的要求，通过资源管理提供满足顾客要求所必需的资源等。其中任何过程出现问题都无法满足顾客需求，因而在所策划的安排均已圆满完成之前，除非得到有关授权人员的批准，使用时得到顾客的批准，否则不得放行产品和交付服务。因此，服务质量管理体系的每一环节都需要进行质量控制，而这些控制显然不是质检部门或质量管理部门能够完全承担的，必须由处于服务过程中的酒店员工来实施。

可见，要满足顾客的需求，必须识别与此有关的活动，并明确相关人员的职责，采取相应的奖惩措施，使员工的利益与顾客满意结合起来，通过过程的自我控制来确保顾客的要求得到满足。

4.评价顾客满意度

顾客的需求是否得到了满足或在多大程度上得到了满足，是评定酒店服务质量管理体系业绩、进行服务质量改进的重要依据。因此，建立科学、合理的顾客满意信息收集系统、及时准确地掌握顾客满意的信息、客观公正地评价顾客满意度是酒店服务质量管理的重要内容。对于顾客满意信息，应积极主动地通过多种渠道加以收集，如顾客投诉、营销服务人员反馈、电话调查、邮寄调查、抽样面谈调查、用户座谈会、媒体报道等，以确保顾客满意信息的准确性、及时性和全面性。需要注意的是，酒店企业仅以顾客投诉情况来评价顾客满意，这是不可靠的。因为，顾客没有投诉并不意味着顾客是满意的。据格兰尼特·洛克公司的研究发现，任何公司的90%的顾客从不明说他们对产品和服务不满意。另一项调查统计表明：向企业投诉的顾客仅占保持沉默的不满顾客的1/26，可见，如果单纯依靠顾客投诉来分析评价顾客满意，酒店将付出沉重的代价。

为准确评价顾客满意度，酒店应建立科学合理的评价体系，避免简单敷衍地估算顾客满意度。顾客满意度可以作为酒店质量方针的一部分，同时也是质量目标的组成部分，它的变化应能体现酒店服务质量工作、经营业绩的变化。因此，对每次测评的顾客满意度结果必须认真分析，并作为管理评审、内部审核和质量改进的依据。特别值得注意的是，在内部审核中，要将顾客满意作为审核的重要内容，认真评价顾客是否满意已成为酒店关注的焦点。

质量管理作为一门学科，其发展历程同时也是有关顾客在企业经营中地位变迁的历史见证。在质量检验阶段，质量管理的重心在于质量检验，通过质量检验来确保提供给用户合乎企业质量标准的产品，至于企业制定的产品质量标准能否真正反映顾客的需求则不是企业考虑的重点。在统计过程控制阶段，质量管理的范围由控制结果向前延伸到生产过程，通过统计技术的应用防止不合格品的发生，辅以质量检验防止不合格品向下游传递。尽管此时，质量管理兼顾了顾客在产品价格方面的要求，但企业考虑的重心依然不是顾客，而是利润和成本。在全面质量管理阶段，质量管理的范围在原有的基础上向两头延伸，向前覆盖了设计过程直到市场调研以有效识别顾客的需求；向后覆盖了储运交付直至售后服务以确保顾客满意。这样，质量管理形成了一个闭环系统，从顾客开始到顾客结束，所有质量工作的目标就是让顾客满意，显然顾客处于质量管理的中心地位。

二、建立酒店服务质量制度

酒店服务质量管理制度原则上不单独制定，而是融合在部门管理制度、服务项目操作流程与规范、岗位服务流程与规范之中，在以上的制度与规范中重点指出服务质量的指标或要求，从而使得在酒店业经营、管理与服务中既能正常运行，又能体现服务质量的标准与要求。

根据酒店服务与管理的特点，选取酒店客房工作中的客房清洁服务来加以说明，客房清洁服务流程 操作方法、规范与质量标准

（一）班前准备

1.检查备车，应在前日工作结束后、下班之前完成时间：16：30～17：00完成。

（1）工作车的清洁和检修 无污渍、水渍、锈渍、灰尘，腿轮和箱体损坏部位应及时报修。

（2）物品配备，原则是"下重上轻"。

2.检查吸尘器并组装，在前日16：30—17：00完成，检查尘袋、过滤网、吸尘筒内壁、外壳均吸尘抹尘干净，方可按标准组装和测试。

3.检查清洁工具和清洁剂是否备足，带齐抹布和清洁用品，准备出车，套好垃圾袋，并检查布草袋完好程度清洁剂只能装到容器的三分之二，马桶刷和浴盆刷与其他浴器隔离放置，正确使用清洁桶，按说明将物品逐一放入清洁桶内，带齐两干两湿抹布、擦杯布擦镜布各1块。

4.领取钥匙和工作单，记录当日工作重点，核实房态，拿着工作单逐一到楼层核查房态，领钥匙时必须签字，并注明时间和钥匙的把数及房间号。

5.出车开始工作不得晚于早8：30，出车时应推活轮一侧，不得拉车行走，必须携带吸尘器同时出车，车子在行驶时不得碰撞墙壁，上下电梯时应礼让宾客，保护好电梯内的设备，不得碰损，电梯停止使用时应由四人抬送工作车到楼层工作。

（二）敲门进房程序

1.门前站立姿态：身体与门呈45°，面朝门缝后脚跟并拢两腿绷直，挺胸，收腹，上身略向前倾5°，左手扶门把手，用右手敲门，事先核准好房态，做到心中有数，要做到清楚顾客姓名、性别、国别、人数、到店时间和离店时间。

2.第一次敲门，敲三下，随之报名，使用右手中指第二关节，拇指顶住中指指尖，其余三指握拳，三下敲门要有节奏，每次间隔0.5秒，声音洪亮，发出"哨哨哨"的声音，报名的语言为"我是客房服务员，能打扫您的房间吗"。

3.与第一次敲门隔3秒钟之后，敲响第二次，并随之报名（如第一次敲门后无人回答），敲门及报名标准同上，如果在第二次敲门时有人应答，得到顾客允许后方可开门

进入房间，VD、C/O房敲房第二次便可打开房门。

4.OD房如无人应答，与第二次敲门相隔3秒钟后第三次敲门随之报名，同样敲三下，敲门方法与报名的语言同上，如此时有人应答，可打开房间。

5.在敲以上三次门之后，OD房还无人应答时，相隔3秒后，可用钥匙打开房门，用钥匙轻轻将门打开一条小缝，查看顾客是否上了安全链，如果没有，方可将门用手推到顶门器上，用门堵将门顶住，如发现顾客上了安全链，证明此房是DND房，按DND房态处理程序操作，将门及时带上，如果被顾客发现，应及时说明缘由并致歉，并告知顾客过一会儿再来清扫，在房间清扫单上填写DND。

6.如在三次敲门后仍无人应答，相隔3秒钟，将门轻轻开一条小缝，如未发现上安全链，可将门打开至30°，敲第四次，随之报名，报名的语言为"我是客房服务员，我能进来吗"，此时声音要洪亮，将声音送到房间内的每一个角落，如仍无人回答，方可将门用手推至顶门器。

7.如遇到顾客在房时，得到允许后可立即打开房门，将房门打开至60°，服务员先行进入，距离不超过三步远，向顾客问候，随之请示是否可以打扫房间，应说"先生/小姐，早上/下午好！我可以打扫您的房间吗"，如果顾客允许，服务员应表示感谢，方可进行清扫，如遇顾客需要过一会儿打扫，应及时道歉说"对不起，打扰您了，我过一会儿再来打扫"，随即问清顾客需要打扫的时间，退出房间，将门锁好。

8.顾客不在房间时的人房，必须履行3次敲门程序后，方可进入房间。

（1）插取电卡，使用酒店统一的取电卡，不得使用纸制品，避免火灾发生。

（2）将清洁桶带入房间，放置在卫生间门口顶住卫生间门，检查卫生间有无异常情况，如屋顶漏水、马桶跑水、地面下水管溢水，打开排风扇，检查有无顾客遗留物品。

（3）检查壁柜内有无顾客遗留物品和酒店配备的物品有无短缺，衣架6个，白棉被2条，洗衣袋2个，洗衣单4张，检查壁柜内的照明灯是否完好。

9.进入房间后，打开窗帘，开窗通风，开窗通风要根据季节而定，室外温度在15℃至25℃之间，风力不高于2级，无雨、无雪、无雾的天气，方可开窗通风，时间不超过10分钟。

（1）检查窗帘轨道，检查轨道是否畅通，窗帘有无脱钩现象，如有应及时报修。

（2）检查装饰帘、遮光帘、纱帘、检查三层窗帘有无坏损，污渍是否需要洗涤，窗帘拉开时，必须到侧顶端，纱帘要扣紧避免飘出室外。

（3）检查窗户功能，窗户合页如关不紧，应立即报修。

10.拿房间内的垃圾桶，捡垃圾、倒烟缸、倒茶叶根，随之检查房间内的电器设备是否完好。

（1）捡垃圾时，湿垃圾不得倒入袋内，有水必须控干净。方法是将垃圾袋底部剪一个洞，将水控到马桶里，将房间内大块垃圾拾入垃圾袋内，避免将顾客写有字体的文件或便笺纸当垃圾扔掉，避免将顾客未吸完的烟盒当垃圾扔掉。

（2）拾垃圾时，检查地毯上有无新增烫痕，倒烟缸时必须将烟头用水熄灭后再倾倒。

（3）盖杯统一由服务台消毒，直接更换即可。

（4）倒完垃圾后，将垃圾桶内外擦拭干净后，套好干净的垃圾袋，放在房间门口。

（三）做床程序

1.检查房间顾客用了几张床，按每床2张床单、2个枕袋配备，当顾客使用后，必须一天一换。

2.拉床，将床拉出离床头板30厘米。

3.站到床尾中间，左腿前跨1步，右腿屈膝，下蹲双臂下垂，手掌朝上，伸到床底座下部，在与肩同宽的位置上握住床底板，再将身体重心后移，从而带动床向后托拉1~2次。

4.撤床

（1）拉出床之后，随即将床尾的两个包角的所有软片从床下全部拉出，使用食指和中指插入45°的缝隙中，勾住软片向上拉。

（2）到床头撤枕套和将床软片从床底部拉出，枕套的撤法，应使用刀切法，不得采用对拉法。

（3）先撤毛毯，后逐一将两张床单撤掉，撤软片的程序是：一撤、二抖、三看、毛毯放置在沙发或另一张床上，撤下的脏床单和枕套可放在行李架上或沙发上，待做完床后，送到工作车的布草袋内，撤床单时不得用力过猛，将床单拉破，抖床单时要检查顾客有无遗留物品夹在床单里，并检查床单有无污渍和破损，有污渍和破损的床单应折成三角形，交到布草员手里单独处理，枕头放在另外一张床上，不可放在床头柜上。

（4）检查床垫与床座是否吻合，是否应翻转，并将床垫上的保护垫套好，铺平，发现床垫有凹陷，应及时调头或翻转，使床垫保持平整。

（5）检查床底座和六个床轮是否稳固，六个支撑点应在同一平面上，如发现异常现象应立即报修调整。

5.铺床，铺床时服务员站在床头一侧居中位置，使用甩单、压单、拉单一气呵成的方法。

（1）铺第一张床单，是用来包床垫的，正面朝上，中线与床垫中线对齐，第一张床单底边齐床底座的底边，四个角包床45°。

（2）铺第二张床单，床单正面朝下，中折线与第一床单对称，床单上端与床垫和床屉之间的缝隙对齐。

（3）铺毛毯，毛毯上端与床头一齐，毛毯中线与床单中线对齐，注意商标朝下，放在床尾的左下角。

（4）将长出毛毯的第二层床单向上齐床头翻折，再翻转第二折，将两侧的床单和毛毯折入床垫内　床垫底部的床单和毛毯应全部打平

（5）床头打平后，服务员站到床尾处，蹲在中间部位，将毛毯及床单拉平，从中间向两侧将毛毯和床单打进床垫底部，检查床尾的包角是否包紧，方法是：用两指插入角包的缝隙，不能横放。

（6）分别侧身到床尾两侧，将毛毯和床单共同提起，打成45°。

（7）放床罩，床罩应在翻床时按规范折放整齐。

（8）装枕套，使用刀切法，将枕套装平装实，放置在齐床头居中位置，随即用床罩裹枕，枕套的开口处背朝床头柜，使用双层裹枕方法将两侧褶皱打匀，有立体感。

（9）将床归位、定位，放置于床头板居中位置，用右腿小腿侧面肌肉将床逐步顶

回原位。

（10）整理床形并检查是否合乎标准，两床的裹枕高度应一致，外观平整，床罩底部应离地毯2厘米，床罩的两条边线应与床两侧平齐。

（四）卫生间清扫程序及标准

1.卫生间清扫应配备的工具

所有物品按类别分开，摆放整齐，马桶刷必须使用专业容器隔离放置，不得混放。

2.卫生间区域的划分

卫生间划分为三大区域：A面盆区域；B浴盆区域；C马桶区域。沿马桶备水箱两侧向上沿线的瓷砖到顶为界线，左右各分为浴盆区域和面盆区域。地面包含在浴盆区域里，其他两区域由上至下包含所有，卫生洁具和不锈钢制品，面盆区域包含镜面及卫生间顶灯，浴盆区域包括浴帘和浴帘杆。

3.卫生间清扫程序

（1）开灯冲马桶（进卫生间前应将室内打开的窗户关闭），打开卫生间排风和灯光并检查，需维修时应立即报修。

（2）撤出卫生间内的垃圾及所有棉织品和客用品，将用过的棉织品放入工作车的布草袋内，有带水的棉织品应及时拧干，有破损和特殊污渍的应及时上报到布草管理员，宾客未使用的棉织品暂放到室内床尾部存放，撤卫生间垃圾袋时，应将袋内水控净后再倒入工作车的垃圾袋内。OD房里外擦干净，新垃圾袋放置在卫生间门外，C/O房将垃圾桶放在浴盆内浸泡。客用品及卫生纸，均要撤出，卫生纸少于三分之一时应回收，并换上新的，顾客用过的沐浴液、洗发液、牙膏等物品，C/O房均应回收，OD房内以上物品不少于二分之一时，可保留继续使用，随即增补一套新的供顾客备用，顾客未使用的用品，连同托盘放到房间的行李架上，在马桶备水箱盖上铺一块干净的抹布。

（3）使用马桶清洁剂，喷洒马桶内侧，给予浸泡和消毒。打开马桶盖和座圈，左手拿装有马桶清洁剂的喷壶，右手拿马桶刷，将药液均匀喷散，随即使用马桶刷涂抹之后，放下马桶座圈和盖，浸泡马桶刷顶端三分之一处5分钟。

（4）清洁面盆区域

刷杯子，洗烟缸，擦亮镜面；清洗原则是一刷、二冲、三抹干、先洗盖杯后刷烟缸，一刷、二冲、三消毒、四擦干（放置在马桶备水箱盖上）以C/O房为标准清扫此区域，使用中性万能清洁剂，喷在浴盆刷上，先刷镜面，由上至下、从左往右，先刷面盆平台、面盆、水龙头、墙面、浴帘杆、面台侧面及下部的瓷砖和下水管均刷干净。抹布使用干抹布将面盆区域抹干，镜面擦亮，不得有水痕和污渍，不锈钢制品必须光亮，面盆溢水孔和下水口四周应特别清洁干净，不得有锈痕和污渍。

（5）清洁浴盆区域，以C/O房清扫程序为标准，由上至下、由里往外，从左至右，全部按照一刷、二冲、三抹干的程序清洁先将垃圾桶清洁干净，放置在面盆下方的地面上，使用浴盆刷以及万能中性清洁剂清洁此区域，浴盆侧面及瓷砖和所有不锈钢制品及皂架都要清洁干净，浴帘如发现有特殊污渍严重时，应放置在浴室内清洗。OD房必须清洁浴盆区域墙面的下二分之一处，在清洁时要检查淋浴开关和浴盆下水是否通畅。

（6）清洁马桶区域

打开马桶座圈和盖，将马桶内壁彻底刷洗干净。冲水，将马桶刷甩干放回清洁桶，再用浴盆刷喷上中性清洁剂、刷洗马桶区域的其他部位，由上至下，最后刷洗地面，同样按照一刷、二冲、三抹干的程序清洁完毕后加封消毒封条。刷洗时应注意由上至下，不要将水淋进电话机内，马桶盖内侧和座圈正反两面和马桶底座的外沿及后面均应刷到，同时检查马桶座圈是否松动、备水箱的水飘开关是否严紧、有无常流水现象。

（7）卫生间抹尘擦干

主要抹电话机、浴帘杆、排风扇装饰板、镜灯外壳、卫生间门内外侧及下方的百叶，擦亮所有的不锈钢制品，地面擦干，没有水渍。

三、酒店服务行为规范

酒店服务中员工与顾客直接面对面的特点，决定了顾客对酒店服务质量感知的高低，双方既是服务中的主客方，又是服务中的共同参与者、生产者、体验者。人与人之间的交往与服务关系、态度及其基本的仪表、礼貌都会对服务需求对象的顾客产生重要的消费体验影响。因此，酒店服务人员的基本规范和职业风范就成为酒店服务质量管理的核心。酒店服务人员的基本规范主要有以下要求：

（一）工作制服

1.岗位服装

各岗位员工着本岗制服上岗，服装干净、整洁、无污迹、油迹；岗位服装平整、挺括、无皱褶，线条轮廓清楚；岗位服装完好，不陈旧、无破损、不开线、不掉扣。

2.协调程度

各岗位服装与酒店星级高低协调；各岗位服装与服务项目协调，能突出服务项目的特点和风格；岗位服装与本岗工种性质协调，便于工作。

3.服装区别

等级区别：主管以上管理人员与普通员工服装要有明显区别。不同级别的管理人员服装有一定区别，便于顾客辨认。

岗位区别：各岗位服务人员服装式样色彩要有明显区别，在方便工作的同时还要便于顾客辨认。

4.统一程度

同一部门、同一工种、同一岗位的服装式样、色彩、质量统一；同一工种、同一岗位的员工外套、内衣、鞋袜、裙子、领带、领花、配套统一。无随意穿着上岗现象发生。

（二）仪容仪表

1.面容

员工上班，面容整洁、大方、舒适、精神饱满；男性员工不留长发、小胡子、大鬓角。女性员工不留怪发型，餐厅女性服务员发不过耳；员工发型美观、大方、舒适，头发干净；班前刷牙，上班不吃零食，牙齿清洁美观；服务时精神集中，眼睛明亮有神、不疲倦。

2.化妆

班前整理面容，女性员工化淡妆，容貌美观自然，有青春活力；化妆与工种、服务场所协调，不浓妆艳抹，无轻佻、引起顾客反感现象发生。

3.饰物

员工上班可戴饰物，如手表、胸针、胸花、发结、发卡、耳环等。饰物选择适当，与面容、发型、服饰协调，美观大方；员工上班不宜佩戴贵重耳环、手镯、项链等。

4.个人卫生

班前整理个人卫生，做到整洁、干净、无异味。

5.服务名牌

员工名牌戴在右胸前，位置统一、端正，无乱戴或不戴现象发生。

（三）形体动作

1.站姿

当班值岗时应坚持站立服务，站姿优美，表情自然，面带微笑；两眼平视或注视服务对象，不斜视顾客或东张西望；两手自然下垂或在体前交叉，两脚呈V字形（女性）或与肩同宽（男性），身体正直平衡，不东倒西歪；精神饱满，自然大方，随时准备为顾客服务。

2.坐姿

当班或与顾客交谈需要坐下时，坐姿平稳、端庄、自然，面带微笑；两脚并齐，两手垂于体侧或放在两腿上，重心垂直向下，双肩平稳放松；坐下服务或与顾客交谈时，两眼注视顾客，精力集中，不斜对、斜视顾客。

3.走姿

行走时姿势美观，动作文雅，面带微笑，自然大方；行进中两眼平视、正对前方，身体保持垂直平稳，不左右摇晃，无八字步或罗圈腿；行进速度适中，注意前方顾客与顾客碰面，微笑问好，侧身让道；引导顾客行进时，主动问好，指示方向，走在顾客右前方1.52步距离处，身体略微侧向顾客；行进中与顾客交谈时，应走在顾客侧面0.5步处或基本与顾客保持平衡，转弯时先向顾客示意指示方向。

4.手势

为顾客服务或与顾客交谈时，手势正确，动作优美、自然，符合规范；手势幅度适当，顾客易于理解，不会引起顾客反感或误会；使用手势时，尊重顾客风俗习惯，注意同语言配合，不用顾客不理解和可能引起顾客反感的手势。

5.需要禁止的行为举止

不在顾客面前打喷嚏、打哈欠、伸懒腰；不在顾客面前挖耳、鼻、眼屎，搓泥垢，抓头痒，修指甲，照镜子；不在顾客面前剔牙、打饱嗝；不随地吐痰、乱扔果皮纸屑、乱扔烟头或杂物，并制止他人乱扔，发现乱扔的杂物应随手拾起。

（四）服务态度

1.主动热情，顾客至上

牢固树立顾客至上、服务第一的思想，以主人翁态度和责任感对待本职工作；坚守岗位，自觉遵守纪律，具有整体观念和团结协作精神；眼勤、口勤、手勤、脚勤、心勤，想顾客之所想，急顾客之所急，服务于顾客开口之前；对客服务热情饱满，有旺盛精力。对顾客礼貌，态度和蔼，说话亲切，待客诚恳，一视同仁。

2.耐心周到，体贴入微

对客服务有耐性、不急躁、不厌烦，操作认真、耐心周到；对客服务始终如一，有恒心，不怕麻烦，具有忍耐精神，不和顾客争吵；服务细致、表里如一，时时处处为顾客着想，体察顾客心情。

3.服务礼貌，举止文雅

注重仪容，外表形象给顾客庄重、大方、美观、舒适的感觉；掌握各国顾客的风俗习惯、礼仪知识，礼貌修养良好；对客服务说话和气、语言亲切、称呼得当、使用敬语。语言运用准确得体；服务操作和坐、立、行、说时举止大方，动作规范，文明优雅。

4.助人为乐，照顾周详

对老弱病顾客主动照顾，嘘寒问暖，服务细致；对残疾顾客细心照料，服务周详；对有困难的顾客提供帮助，准确及时。

（五）礼节礼貌

1.掌握礼貌内容

熟练掌握问候礼节，主动问候顾客，能够根据时间、场所、情景、接待对象不同，准确运用问候礼节；熟练掌握称呼礼节，能够根据顾客的身份、年龄、性别、职业，运用不同称呼，亲切和蔼；熟练掌握应答礼节，能够根据场景、说话内容、具体情况，准确回答顾客，反应灵活，应对得体；熟练掌握迎送礼节，能够根据迎接、送别的具体需要正确运用，做到讲究礼仪顺序、礼仪形式，语言亲切准确，关照、示意得体；熟练掌握操作礼节，服务操作规范，不打扰顾客，礼貌大方。

2.日常礼貌服务

对待顾客谦虚有礼，朴实大方，表情自然，面带微笑，态度诚恳；尊重顾客的风俗习惯和宗教信仰，对顾客的服装、相貌、不同习惯和动作，不评头论足，按照顾客的要求和习惯提供服务；同顾客见面或握手时，正确运用礼貌形式，动作规范；提供服务严格遵守约定时间，不误时、不失约，快速准确；上岗或在公共场所，不高声呼叫，动作轻稳，声音柔和，不影响顾客；爱护顾客行李物品，服务时轻拿轻放，不随意翻动顾客物品；同顾客交谈时，注意倾听，精神集中，表情自然，不随意打断顾客谈话或插嘴，时时表示尊重。

3.需要禁止的不礼貌言行

不问外国顾客的年龄，必须询问时先向顾客致歉；不问外国顾客的私事，不侵犯顾客隐私权；不问外国顾客的去向和饮食，尊重顾客日常生活习惯；不在顾客面前说西方顾客忌讳的"13"等数字；不在顾客面前说他们忌讳的颜色和花卉。

（六）服务语言

1.外语水平

业务部门主管以上管理人员能用流利的外语（英语或日语）同顾客交谈、处理业务问题和顾客投诉；一线服务人员至少掌握1种以上外语（英语或其他语种）。

2.语言运用

服务语言运用亲切、准确、简明扼要、表达清楚；能够根据时间、场景、服务对象，正确运用迎接、问候、告别语言；对顾客用请求、建议、劝告式语言，不用否定、命令、训诫式语言；服务中不和顾客争吵，心情平静，不引起顾客反感。

3.语言技巧

用词造句准确，语句通顺，重点明确，表情自然；说话清晰，声调温和，不用过高、过低的声调说话；坚持微笑服务，注意眼神和面部表情，说话有感染力；能用标准的普通话提供服务。

（七）职业道德

1.职业道德修养

员工受过良好的职业道德教育，掌握职业道德基本知识，有良好的道德观念、道德情操和道德风尚，能够自觉运用道德规范约束自己的行为，做好服务工作。

2.职业道德行为

对待顾客一视同仁，不分种族、民族、国家、地区、贫富、亲疏，不以貌取人；待客礼貌，不分贫富、老弱、男女、亲疏，一律以礼相待，热情友好；诚信无欺，对所有顾客诚实、公道，坚持质量第一、信誉第一。

3.尊重顾客风俗

尊重顾客民族习惯，对不同民族、种族的顾客，不损害其民族尊严；尊重顾客宗教信仰，对信仰不同宗教的顾客一律尊重，不损害顾客宗教感情；尊重顾客生活习惯，对顾客的生活习惯不干涉、不挑剔。

4.遵纪守法

遵守国家法律、法规，保护顾客合法权益；遵守规章制度，不私自和顾客做交易，不索要小费，不私收回扣；坚持原则，维护国家利益和声誉，不做有损国格、人格的事情。

（八）个人卫生

1.员工卫生制度

员工每年体检一次，持卫生合格证上岗；发现员工患传染性疾病，调离工作岗位，及时治疗；各岗位员工严格遵守本岗位和酒店各项卫生制度，认真执行卫生操作规程，避免违章操作现象的发生。

2.卫生要求

各岗位员工上班穿好规定的工作服，不卷袖子，不挽裤脚，不穿背心、短裤、拖鞋，遵守衣着卫生要求；上班、上岗前不饮酒，不吃异味较大的食品；上班时不吸烟、喝酒、吃零食，不在工作岗位用餐；工作时不做有碍卫生、有碍观瞻的动作。

3.个人卫生习惯

勤洗手，一般员工上岗前、上厕所后必须洗手，餐厅、厨房、客房员工更要做到接触食品前必须洗手，养成习惯；勤剪指甲，服务人员不留长指甲，不抹指甲油；勤洗澡、勤理发、勤换工作服，养成良好的个人卫生习惯；不在顾客面前或对着食品打喷嚏、咳嗽。

（九）工作与服务效率

1.接受

各岗位员工服从分配，不推托、不挑剔，主动积极；接受工作任务时明确工作内容、完成时限要求，具有强烈的时间观念；每日工作任务按时间段安排，对每天各时间段要完成的工作清楚、明确；上岗精力集中，使用正确的工作方法，操作熟练，在规定的时间内完成规定的任务。

2.服务效率

在接待服务、委托代办、票务服务、车辆安排、顾客代购等各项服务中，明确顾客的要求；每次均按照顾客要求的时间和内容，按时提供服务，不失约、不拖沓；因客观原因不能按时提供的服务，要耐心向顾客解释；避免工作效率低引起顾客不满、耽误顾客行程等现象发生；需要限时完成的紧急任务，按时检查完成结果，保证服务需要。

四、酒店服务质量检查

为加强酒店服务质量管理，酒店的服务质量检查就成为必要，但就是否设立部门而言，情况有多种。有些酒店成立了专职的部门——服务质量管理部；有些酒店在培训部或总经理办公室内设立相应的职能，有利于将质量检查与培训工作紧密地结合起来，从技术和业务的角度来完善酒店的服务质量；也有一些酒店没有设立专职的部门，而代之以非常设的服务质量管理委员会来执行检查。

上述各种组织形式都具备其特有的优势，但也都有其无法回避的缺陷。对此，做进一步的对比分析。酒店在实施服务质量检查的过程中到底采用哪种组织形式，应根据自己的具体情况来决定，不可盲目地效仿他人，最适合解决自己所面临的问题的组织形式就是最好的形式。

设专职部门，有机构和人员上的保障机构设置繁杂，有限的人员很难对酒店各个部门的情况都十分了解，故检查本身的质量会打折扣。

设置于培训部之内，有利于服务质量检查与培训工作密切结合起来。

设置于总经办之内，检查的权威性得以加强，缺乏专业性，缺乏其他部门的参与非常设服务质量管理委员会，兼顾了检查的权威性与专业性，实现了各个部门的参与，由于没有专职的部门和专业的人员，检查人员对于自己部门以外的业务不尽熟悉，往往造成自己人查自己部门，因此对现在的问题不够敏感，深层次问题不易查出，且容易出现各部门护短的情况。

但在选择服务质量检查的组织形式时，可以参考以下一些因素：整个酒店的管理方式是集权式管理还是分权式管理，服务质量检查的组织形式应与酒店整体的管理方式相协调；酒店服务质量目前所处的阶段和所面临的主要问题是什么，在检查的过程中主要缺乏什么，是权威、技术还是各部门的重视程度；酒店中高层管理人员的基本素质和专业能力；酒店基层员工的服从性和技术操作能力。

（一）酒店服务质量检查

1.酒店服务质量检查的实施方式

酒店服务质量检查的实施方式主要有酒店统一检查、部门自查、走动式巡检和外请专家进行技术诊断几种。

（1）酒店统一检查。在这种形式的检查中，要注意以下几点：要注意对不同部门的重点检查、要注意检查的均衡性、要注意检查的权威性、要注意检查的严肃性。

（2）部门自查。酒店服务质量检查的体系可分三个层次：酒店一级的检查，部门一级的检查，班组、岗位一级的检查。部门自查是第二个层次的检查，要注意避免出现各部门护短的情况。

（3）走动式巡检。主要是高级管理人员的随机抽查。

（4）外请专家进行技术诊断。酒店面临重大接待任务、星级评定、某些体系引入的认证等特定时期所采用的一种高成本的特殊检查方法。

不论是哪种层次的检查，其形式均可以分为明查和暗查两种。明查是事先通知后的检查，它可以了解被检查部门在较为充分的准备之后的服务质量的状况。当然，这也可能因经过过多的"装饰"而缺乏真实性，但它却可以反诚酒店服务质量在临近自己最高水平时的一个基本状态。与之相反，暗查则是了解酒店服务质量日常基本水准的手段，与明查相比，尽管在暗查的过程中会发现更多的问题，但它反映的却是真实的状况。

2.检查中应注意的问题

各种检查的周期。应结合酒店服务质量的现状和特点，确定适宜的检查周期。周期过长，会使服务质量的控制力度弱化；周期过短，又会妨碍酒店其他工作的正常进行，同时检查本身也会流于形式。

检查人员的素质。具有良好的职业道德和公正的人品，有较高的专业能力。

检查人员的权威性。酒店总经理可以向服务质量检查机构做出一些授权，以维护其权威性。其授权内容有以下几个方面：

（1）有权了解、调查各部门和部门以下岗位服务质量状况，听取汇报。

（2）检查机构可以根据检查结果，做出单笔罚款在 xx 元人民币以下的处罚决定。

（3）用所罚款项设立服务质量管理店内基金，由检查机构负责，主要用来奖励在酒店服务质量管理中表现突出的部门和个人及用于与酒店服务质量有关的其他活动。

（4）决定单笔金额人民币的奖励。

同时，检查中前台和后台都应被列为检查的对象，从而避免形成前台检查严后台检查松的误解，检查还应该坚持从难、从严、从实际出发相结合的原则。

3.检查报告

酒店服务质量检查通常采用检查表的方式予以实施与汇总，据此形成酒店服务质量检查报告。

每一次酒店服务质量检查后，都应该完成一份服务质量检查报告，以反映检查的结果。起草检查报告时应做到：客观，就是应该将检查现场发生的实际情况记录下来，不掺杂任何主观的看法和评论；严格，就是以酒店管理模式和服务操作标准为依据；公正，就是不以个人的好恶来组织报告的内容；全面，就是不随意对检查过的内容进行取舍；细致，就是记录下检查中的每个细节。

在检查程序完成以后，还应该根据检查结果所形成的检查报告来分析产生问题的原因，制定解决问题的方案，并采取措施予以落实。否则，检查就失去了意义。

（二）酒店服务质量的评估

酒店服务质量评估可分为有关部门的评估、酒店的自我评估和顾客的评估，而顾客的评估是对服务质量最具权威的最终评估。

酒店服务质量评估的方法主要有四种方式：直接面谈、电话访谈、问卷调查和暗访调查。

（三）酒店服务质量改进

对酒店服务质量检查的内部质量控制方法的了解，以及对顾客进行的酒店服务质量评估的外部反馈的掌握，使我们能较清楚地明了酒店服务质量的状况和水平，并据此进行酒店服务质量的补救与改进。

综合来说，酒店服务质量的复杂性、交互性、差异性，都对酒店从业者提出了新的挑战。酒店应该制定完善、有效的培训策略，在培训中对服务补救和服务补救管理进行专项培训，以期通过训练来规范员工的服务补救行为、服务补救语言、服务补救技术，培训员工在服务补救中的倾听技巧、问题分析能力和情绪控制能力等，以提高员工在服务补救中的应变能力。

在服务失误的情况下，一线服务员往往是最先接触顾客抱怨、处理顾客投诉的人员，服务员的反应速度极大地影响着顾客的情绪。服务人员在服务补救中的快速行为既取决于其个人具有的能力，也受限于他所拥有的权利，这个权利决定了他在服务补救中能调动的资源、能多快地去调动他所能调动的资源。良好的授权既能保证员工服务补救的速度，又能够改善员工的工作态度，使员工能根据不同情况和要求灵活处理，提高顾客的满意度。事实上，如果事无巨细都要请示上级的话，将使顾客对服务人员的信赖感降低，并因此而更为不满。当然授权应适当，否则可能会导致滥用职权、管理混乱等现象。

服务质量补救工作对普通员工来讲具有一定的风险性，员工在受理顾客投诉时，有可能推卸、不敢受理，使补救工作不能及时跟进。酒店管理者要使员工能够以积极态度去做好补救工作，必须在补救工作方面建立科学的激励制度。酒店可推行首长负责制，首先接触顾客投诉的员工必须对投诉进行全程跟踪，直至有相关管理人员介入后，其补救职责才宣告结束。对于在服务补救行为中所发生的多部门员工互相推诿或互相包庇的应该实施处罚。而对正确处理好顾客抱怨和投诉、能保持顾客满意度的员工则应给予奖励，通过激励措施使员工更加积极地参与补救工作，保持顾客的满意度。在服务补救中，保证每一次服务补救行为有事实、有责任、有处理、有效果，对于在补救过程中受委屈的员工，可以给予一定的安慰。

服务失误的原因和征兆是多种多样的，对于服务人员而言，失误的起因既可能是本岗位的问题，也可能是其他岗位甚至是其他部门的问题。面对如此纷繁的服务失误，酒店应该制定一套服务补救的向导制度，对于一些比较常见的服务失误，制定专门补救的程序和策略标准；而对于非常见的服务失误，则可以制定基本的补救原则，让员工有方向可循，能最快最有效地实施补救策略，不至于在反复的磨蹭中导致过高的补救成本，给酒店造成更大的损失。当然，当服务补救行为结束之后，酒店应该及时进行总结，根据实践的需要改良类似服务失误的补救标准和补救原则。

1. 建立预警系统

酒店可根据需要，建立一套跟踪并识别服务损失的体系，有效地维护和保持顾客与酒店的关系，即不仅要被动地听取顾客的抱怨，还要主动地查找那些潜在的服务失误，通过事先的预防来减少服务失误的发生。

2. 确认服务的过失

当顾客抱怨产品质量有问题时，酒店首先应深入了解顾客不满的原因，发现服务工作存在的各种问题，确认了过失才能有效地进行补救。顾客抱怨及其反馈是酒店确认服务过失的一种重要方法，酒店管理人员只有听取或得知顾客的意向、投诉后，才能更有效地做好补救工作。但有些顾客因为怕麻烦而不愿投诉，作为酒店应该消除这一障碍，为不满顾客设置沟通渠道，以便酒店准确地找出服务的不足之处，及时进行补救。为此，酒店可以通过服务标准明示，让顾客了解相关的服务程序，通过保证形式，让顾客合理地抱怨、合理地投诉。酒店通过顾客的投诉发现问题、确认问题、解决问题。

3.重视和解决顾客问题

为了很好地了解顾客所提出的问题，必须认真听取顾客的诉说，以便使顾客感到酒店管理者十分重视他的问题，最有效的补救方式就是酒店一线服务员能够主动出现在现场，承认问题的存在，向顾客真诚地道歉，同时，还要由酒店高级管理人员（如：餐饮部经理、酒店总经理）出面，给顾客挽回一点面子，并将问题解决。解决的方法很多，可以是服务升级，也可以是对顾客进行适当的赔偿。此时，如果酒店将顾客拒之门外，虽不算错误，却会损坏顾客心中已形成的对酒店的好印象。

4.改进服务质量

在实施服务补救行为之前，顾客投诉抱怨的受理人员应认真收集、记录顾客的反馈资料，并将其整理分类，评估抱怨内容，查找抱怨的原因，分析抱怨是出于服务态度、服务方式、菜肴品质等服务环节，还是出于服务设施条件，对出现的原因进行有效分析，有助于酒店做好补救服务。

服务补救不仅是弥补服务裂缝、增强与顾客联系的良机，它还是一种极有价值的信息资源，能帮助提高服务质量，但却常被忽略而未能充分地利用。通过对服务补救整个过程的追踪，管理者可以发现服务系统中一系列有待解决的问题，并及时修正服务系统中的某些环节，进而使同类服务失误现象不再发生。

服务补救管理不是一种独立的管理理论，而是一种适应目前竞争形势、进行全面顾客满意经营管理的理念。面对日趋激烈的市场竞争，高服务质量、高附加值无疑成为竞争的亮点。"顾客第一""顾客为中心"不应只流于口号，酒店要真正对顾客心目中的不满服务进行有效及时的补救并达到酒店服务质量改进的目的，这样才能不断获得竞争优势，达到长期的盈利目标，酒店自身也才能够持续地发展与进步。

第八节 酒店信息化与服务质量管理

互联网时代是一个新兴的时代，同时是一个迅速发展、迅速占据人们绝大部分生活的时代，很多传统行业都倒在互联网的浪潮中，对酒店行业来讲，如何抓住互联网的优势，准确高效地满足顾客的需求，促进酒店发展，需要从以下几个方面努力。

一、用互联网利器改造酒店，创造用户价值

用户价值一般包括三个层面：功能价值、体验价值、个性价值。而将互联网数据化、网络化技术应用于酒店产品和服务，对功能价值、体验价值和个性价值，均可实现提升。如果创造的仅仅是功能价值，那就只能靠性价比取胜，而支撑性价比的，是成本优势。在这种情形下，硬拼成本和性价比，生存的空间是狭小的。因此，还是应在创造体验价值、个性价值上下功夫。有良好的体验价值，就具备了定价权；有良好的个性价值，就能增强用户黏性。

因此，酒店人所思考的不仅仅是将互联网技术简单应用于酒店产品，而应是在互联网时代，在新增酒店的投资和营运中，如何避免似曾相识、千篇一律的酒店翻版，围绕"体验与个性"做文章。有两点非常重要：首先是个性化。除了星级档次的区别，酒店要有应有的个性，形成"百花齐放"的格局。互联网时代将对酒店这样的传统服务业产生颠覆性影响，能否绕过"单品海量"的泥潭，是否应该多一些"多品微量"的创新。尤其是高端奢华酒店，在经济新常态的时代背景下，是否应该走走"多品微量"的路子，小而美、小而特、个性鲜明，创造粉丝其次是年轻化。消费结构的年轻化是不可逆转的大趋势。业者要通过大数据等手段，分析并预见年轻化用户的消费习惯、价值取向，以此来规划酒店，领跑未来。历史发展的规律总是这样：年轻人的亚文化，终将成为主流文化。

二、选好效率工具，提高酒店价值传递效率

移动互联网时代的到来，使用户购买酒店产品的习惯发生了很大变化。国内国外都是这样，有数据显示，到欧洲旅行的游客，53%都是通过线上预订的。酒店必须要看到用户购买习惯的变化。仅仅在价格上思考是不够的也是不划算的，因为价格是把双刃剑。

传递价值，是通过"信息流、资金流、物流"的传递而实现的，但就酒店的总体产品而言，具有不可移动性的特征。因此，我们的注意力还是应该放在"信息流"与"资金流"的传递上，尤其是前者。

这里要防止一个误区，酒店互联网化，绝不是非要做互联网公司，绝大多数的实体酒店经营者也做不到。这里所说的传递酒店价值，包括两部分内容：传播和交易。

在传播环节，对于酒店品牌的传播和产品推广，应该尽量选择社交媒体。因为移动互联网时代，核心是抢夺用户时间，而社交媒体正是网聚大量人气之所在。同时，也可以利用微信等互联网工具，创建自媒体传播平台，这虽然不是雪中送炭，但也是低成本的锦上添花之举。

在交易环节，其核心是挖掘和选用好互联网效率工具，拉近酒店价值与用户的距离。以扩大直销渠道（去中介化）为努力目标，采取"直销、半直销、分销"组合拳的方式，提高营销效率。直销，如集团官网、官方APP、会员体系、集团协议采购、全员营销等。半直销，如天猫旗舰、微信公众平台等。分销，比如国内的携程、艺龙；国外的缤纷、全球订房网等。

提到分销，业者最为纠结：一方面，"不得不用"。再大的酒店集团，其产品也不能满足用户"地域广泛性""产品多样化"的需求除"铁杆粉丝"外，他们更容易到"大平台"上去选择。而目前仍缺乏个性的酒店产品。另一方面，"用得很痛"痛在哪里？本身已瘦骨嶙峋，还不得不向OTA们忍痛割肉。业者常用一个词来形容与OTA的关系：绑架。即使这个观点成立，作为酒店用户价值的创造者，业者首先应该反思：为什么会被"绑架"？只有反思自己，才能进步。被绑架的一个重要原因，就是供大于求，且产品同质化太严重。所以，业者要回归理性，抑制过剩，追求质量，创造个性。

对OTA而言，要把酒店用户价值的创造者们当成合作伙伴，当成客户。没有价值的创造，哪来价值的传递？如何创造"羊毛出在猪身上"的模式？醉心于收取十多个点的佣金而不思改变，就一定会被别的东西取代。在互联网时代，一切边际成本为零的东

西，最终将走向免费，而靠别的方式挣钱。

三、品质——互联网时代的品牌建设根基

互联网彻底颠覆了信息的不对称。没有互联网，信息处于极不对称的状态，买的始终没有卖的精。互联网上信息量大、流动快、触及范围广，用户拥有更多的知情权、话语权。用户越来越精明，他们更愿意相信朋友圈的推荐，而不愿相信酒店的自我吹嘘。几十年前驾车出差，中途在马路边吃饭是常事，如何选择？看哪家饭馆前停的车多，这就是以原生态的方式看"流量"。后来，我们相信品牌，在一个陌生的环境选择用餐，周围都是些闻所未闻的餐馆，如果这时一家"小南国"映入眼帘，多半会选择。今天，这种选择方式已经改变：我们会掏出手机搜索，会看大众点评。这个时候，就不一定选择品牌，甚至可能在大众点评的指引下，享受完一顿美餐后，就记不起这个餐厅的名字了。

在移动互联网时代，连锁品牌塑造比历史上任何时候都更具有挑战性。如何应对挑战？做好产品与服务仍然是酒店业生存和发展的根本。品质，在任何时候都是品牌的根基，只是在互联网时代，这个根基显得更加重要。如果没有良好的品质支撑，任何打着互联网旗号的花哨模式，都将是不堪一击的噱头。

四、如何处理速度与质量的问题

"跨界"与"转型"这两个词汇如今很热。但是，跨界，首先要确定界在哪里。"转型"，其中一个指向就是转型轻资产营运，具体到酒店业，就是品牌输出。在这一点上，务必要处理好"速度"与"质量"的关系，尤其是那些以"贴牌"为主的输出方式，要有大规模扩张而又能保障每个个体品质的能力。输出仅仅靠体系、靠标准还不够，还要靠难以用标准表达和固化的文化血统。但是，要让输出管理团队具备这种血统，绝非一朝一夕之功。如果做不到品质支撑，我们所谓的品牌将在强大的负面网评前不堪一击。所以，尽管互联网时代是一个讲效率与速度的时代，但速度与规模，也要与自身的功底相匹配。一个企业与另一个企业的差距，表面看是速度拉开，实质是内功的差异。

不是互联网太强大，而是传统酒店太老化。如果业者承认和正视这点，就找到了痛点，就开启了希望之窗，因为，所有的创新都始于痛点。

第六章　酒店发展趋势与可持续发展

第一节　酒店业经营管理的发展趋势

一、个性化服务

服务产品是无形的，服务质量最终由客人评价，客人评价酒店服务质量优劣的标准是能否满足客人的需求。而客人的需求又是千差万别的，既有共性的部分又有个性化的部分，因此要使服务质量上一个台阶，必须满足客人的个性化需求，为客人提供个性化服务（personalized service/individualized service）。与此相适应，21世纪酒店客房服务模式将从标准化走向定制化。

标准化的特征是：酒店生产什么，客人消费什么，以一种模式面对所有客人。而定制化的特征是：根据每个客人的不同情况和需求，生产不同的产品，强调你需要什么我就提供什么。因此，定制化服务实质上就是以标准化为基础的个性化服务，包括针对性服务、灵活服务、超常服务、心理服务等基本内容。

如果说服务的标准化、规范化是保障酒店服务质量的基础。那么，个性化服务就是服务质量的灵魂。要提高客房服务质量，必须为客人提供更加富有人情味的、突破标准与规范的个性化服务，这是服务质量的最高境界，是酒店服务的发展趋势。

二、感情化服务

个性化服务是在规范化服务的基础上为客人提供的更高层次的服务，然而，要进一步提高服务质量，还要为客人提供感情化服务。只有提供感情化服务，真正感动客人，使客人喜出望外，才能使他们最终成为酒店的忠诚客人。近年来，我国旅游界提出"中国服务"的概念，对这一概念尚有不同的理解，但具有中国特色的感情化服务，一定是"中国服务"的重要内容之一。目前，国际酒店集团只做好了规范化服务和个性化服务，还没有触及感情化服务，在我国，只有少数先进的酒店真正做到了为客人提供感情化服务，如珠海御温泉度假村和广东从化碧水湾度假村酒店。

三、管家服务

为了进一步提高服务质量，越来越多的高档酒店将为客人提供管家服务，在提供英式管家服务的同时，不少国内酒店开始探索具有中国特色的中式管家服务。

四、创新化服务

进入21世纪，酒店竞争更加激烈，酒店的经营管理和服务必须进行全方位创新。酒店服务创新不仅是提高服务质量的重要方法，而且是提高酒店竞争力的重要手段。酒店经营管理者必须发动所有员工对酒店服务理念以及服务的方式、方法、程序、内容等进行全面创新，从而给客人带来全新的住店体验。

1.创新服务，注重细节

客房部可在客房内根据一年四季的变化变换问候卡，送上关爱：如"愿您拥有夏日的浪漫与激情""尊敬的宾客，您一路辛苦，赶快给家人报个平安吧"。如果遇到住客生日，赠送小熊猫、小松鼠等可爱的小动物玩具而不是常见的巧克力，也许会带给客人更多的惊喜。在 VIP 客房中，在客厅显眼处摆上一个鱼缸，翠绿的珊瑚草和充满生机的小金鱼会给客人带来惊喜。在新婚房中摆放象征着纯洁爱情的玉兰花或百合花，置放些花生、红枣等寓意着客人"永结同心、早生贵子"的吉祥物，定会带给客人更多的体贴与亲情，让客人切实感受到家的温馨。

2.用 CD 和耳塞代替晚安糖

通常，酒店服务员做夜床后放的是晚安糖。美国一家皇冠假日酒店别出心裁，在床头放上一个精致的小口袋，里面放的是一张催眠 CD，还有耳塞等。客人可以将碟片放进床边的迷你音响中，伴着美妙的音乐中进入梦乡，或将耳塞放入耳朵，在几乎不受干扰的环境中入睡，也可以将之留作纪念。这个小礼物成为宣传酒店形象的媒介。

3.以方便客人为前提

不少酒店强调客房内电话机线应绕机一圈布置，以求美观，但客人使用时极不方便，容易绊起电话机，应予以调整。又如浴帘的拉启，萧山宾馆客房部原来的做法是在浴缸的尾部拉开，在靠近莲蓬头一侧拉拢，为的是防止客人淋浴时水外溅，打湿座厕盖。但细细琢磨，客人沐浴前大多喜欢调试水温，不得不先拉开浴帘，造成不便。因此，从方便客人的角度出发，酒店将浴帘改为从靠近莲蓬头一侧拉开。做夜床时，原先按规程应将客房床头灯的亮度调至微暗，以营造就寝气氛。但随着客人过夜生活越来越普遍，客人进房后未必打算入睡，昏暗的灯光通常会令人不舒服，客人不得不自己动手调高亮度。为适应客人这一消费习惯，酒店已将夜床服务规程加以修改，规定开夜床时将床头灯亮度调至最高档，以营造明亮舒适的居家气氛。再如，某酒店最新改造的商务客房中，在布置物品时特意在写字台靠近电脑插座附近留有空位，以方便商务客人摆放随身携带的电脑设备。这些都体现出酒店对客人的细心关爱。

第二节 酒店经营的发展趋势

一、酒店发展集团化

集团化经营（grouping management）是未来世界酒店业的发展趋势，这是因为集团化经营对于酒店集团和加入集团的单体酒店都有好处。

（一）集团化对于加入集团的单体酒店的好处

1.扩大销售，增加酒店客源

单体酒店往往缺乏销售渠道，而酒店集团特别是国际酒店集团在全球范围内有广泛的销售渠道，能够通过集团的预订渠道为单体酒店带来源源不断的客流，这是单体酒店最为看重的。

另外，新开业的酒店缺乏营销经费，往往难以开展大规模的宣传促销活动，集团的成员酒店则可享受联合促销的实惠，以较少的促销费用取得较好的营销效果。例如，北京某喜来登酒店开业时，世界各地的所有喜来登成员酒店都同时推出促销这一新酒店的活动，使其影响迅速扩大，建立起酒店声誉。

集团联合营销还可以集中力量，开展大规模的具有影响力的产品开发、广告宣传等营销活动，提高单位营销费用的效益。例如，集团开展的各种顾客忠诚计划与航空公司联合推出的累计飞行里程计划等，是单体酒店很难实现的。

2.降低采购成本

酒店集团有自己的采购渠道，可以通过大批量采购降低酒店用品、设备的采购成本，以低价采购到高质量的酒店设备和用品，从而为酒店提高竞争力和经济效益创造条件。

3.学习先进的管理技术，提高管理水平

酒店集团拥有丰富的管理经验、先进的管理理念和管理模式，以及高水平的管理人才，不仅能够确保酒店的服务质量和管理水平，而且可以通过共享集团所有的培训资源和人力资源，帮助成员酒店提高人才素质，为酒店未来的发展培养服务和管理人才。

4.避免市场过度竞争

在一个行业中，如果存在数量太多而又缺乏差异化的企业，必然导致企业在广告宣传、价格、销售让利等方面过度竞争，从而降低行业的总体利润水平。通过横向一体化减少竞争者数量，借助集团的综合实力提高企业的差异化水平，能够更好地满足市场的需求。这是一个行业得以健康发展的关键。目前，我国酒店业的恶性降价竞争在很大程度上是由于行业过于分散。

5.解决酒店发展中的融资问题

由于集团所拥有的品牌信誉会降低企业筹资的代理成本，因此，集团酒店在经营领域和金融市场比单体酒店具有更大的成本优势。

（二）集团化对于酒店集团的好处

1.扩大企业规模，实现规模经济

在人力资源方面，管理人员管理幅度的扩大，可使平均管理费用下降。此外，可以相互调配人力资源，在集团人力资源的季节性、结构性使用方面达到最佳效果。

在采购方面，通过集中采购（从家具、地毯、窗帘、床单、床罩，到墙纸、装饰物、带镜框的风景画等），既可以严格监控质量，保证企业的质量水平，又可以通过批量采购降低成本。

2.实现非资本投资收益

通过集团的管理技术输出，可壮大企业品牌，实现非资本投资收益。

3.通过品牌延伸、产品线延伸及多元化经营实现范围经济

范围经济是指企业进行多元化经营、拥有多个市场或产品时，联合经营要比单独经营获得更多的收益。在集团化进程中，由于企业品牌声誉的扩大，产生了未被充分利用的市场，而现有产品与满足这些需求之间存在关联性，有可能顺利实现产品线延伸，进而实现跨市场和产品的多元化经营。如假日酒店集团由汽车旅馆向豪华酒店及其他领域延伸，目前已发展成为一家涉足食品、住宿、交通、旅游等多个行业的综合性大公司，旗

下有多个品牌。地中海俱乐部由非营利性的运动协会发展成为集度假村、游船公司、旅游等于一体的度假王国。集团在扩充收益组合的同时，还可以带来规避风险的好处，在变化的市场环境下保持竞争力。

4.通过纵向一体化降低酒店交易成本

通过与上下游企业的一体化,可使许多交易在企业内部完成，从而降低企业与供应商、销售渠道的交易成本，使企业保持更大的成本优势。比如，上海的锦江集团以酒店业为主，同时从事物业管理、游乐、客运、商贸、房地产、金融等多种经营，向上控制家具、蔬菜等原材料供应，向下拥有旅行社等销售渠道。一体化经营还为酒店带来内部客源市场，扩大了酒店的市场规模。

二、酒店市场细分化

进入21世纪，客人对酒店服务的要求越来越高，这将迫使酒店市场进一步细分化，以最大限度地满足不同类型客人的不同需求。传统的一家酒店以一种模式接待所有客人的时代将一去不复返，酒店市场将被分为商务酒店、旅游观光酒店、度假酒店、青年旅馆、经济型酒店、豪华酒店、精品酒店、特色酒店等多种类型。不仅如此，同二家酒店还会被分为行政楼层、女性楼层等，客房被分为儿童客房、长者客房等。不仅客房的硬件会发生变化，服务的内容和方式也会发生重大变化。

三、酒店业发展绿色化

美国著名管理大师乔格·温特在其《企业与环境》一书中指出："总经理可以不理会环境的时代已经过去了，将来公司必须善于管理生态环境才能赚钱。"

近年来，绿色管理风靡全球酒店业，犹如一股势不可挡的世纪浪潮，席卷全球。国内外不少酒店纷纷实施绿色管理战略，成效显著。国际酒店与餐馆业协会将绿色管理列为热点议题；一批为酒店"绿色化"提供咨询服务的专业机构、专业刊物应运而生；互联网上一些有关酒店业的著名站点将绿色酒店作为重要内容介绍，等等。进入21世纪，绿色管理不再仅仅是一种时尚选择，而是酒店为取得竞争优势，赢得顾客、占领市场所必须采取的一项管理战略。

此外，政府为了保护环境，走可持续发展道路，制定了一系列法规政策，限制了企业为单纯追求经济效益而忽视环境效益的种种做法，促使酒店重视环境管理，调整管理战略。

实施绿色管理战略，企业可能需要添置一些设备，增加一些成本和费用，但也可以在许多方面节约费用，带来可观的经济效益。对于酒店来说更是如此。

最后，绿色消费的兴起，使得旅游消费者对"绿色"情有独钟。消费者的绿色偏好对酒店来说，既是市场压力又是市场卖点，酒店实施绿色战略既迎合现代顾客的"绿色"需求，又可为酒店创造经济效益。

因此，从环境成本和风险、政府法规、市场力量、公众压力等外部因素分析，酒店实施绿色管理战略势在必行。我国新版《旅游酒店的星级划分与评定》标准也特别强调酒店客房的绿色管理"倡导绿色设计、清洁生产、节能减排、绿色消费的理念"。

酒店绿色经营主要表现在以下几个方面：

（1）选择那些同意将其产品废弃物减至最少的供应商，或者坚持让生产厂商将不必要的包装减至最少或重新利用。

（2）注意回收旧报纸、易拉罐和玻璃瓶等，并将有机物垃圾专门堆放在一起。

（3）合理安装各种设施设备，减少能源浪费。

（4）重视使用各种节能设施设备及节能新技术，如节能灯以及各种自动化控制的节能设施和技术。

人只住几天时间时，不仅床单、枕套以及卫生间浴巾等不必天天更换，香皂、牙具、梳子等用品也没有必要天天更换。

（5）减少使用含氯氟的产品、含氯漂白剂和漂白过的布草。

（6）尽可能使用有利于环境保护的商品和可再生利用的产品。如将客房放置的洗衣袋从塑料制品改为纸制品，或用可多次使用的竹篮或布袋代替。

（7）改变客房卫生用品的供应方式。传统酒店的卫生间每天都要为客人配备肥皂、罐装浴液、洗发液等卫生清洁用品，凡客人用剩的都要扔掉，既浪费了资源，又污染了环境。应改用可添加浴液和洗发液的固定容器，减少浪费。

四、酒店营销网络化

（一）酒店质量评价网络化

随着网上预订酒店逐渐成为潮流，越来越多的客人习惯参考网上的点评信息来选择酒店。携程网的调查显示，网络订房在酒店订房量中所占比例越来越大，有近八成的客人表示在预订酒店前会参考酒店点评信息。事实上，对于网络订房者而言，其他住客的体验评价将成为他们是否入住的重要参考。房间大不大，是否通风，是否整洁，有没有特色，服务质量如何，看一下网络上大多数人的评价便一目了然。而且，客人在选择酒店时就如同网上购物一样不会只参考一家网站的点评。

目前，旅游网络在线平台日渐成熟，网评已悄然成为继价格、位置之后，人们选择酒店的又一重要参考因素。相对于传统的在酒店客房放置征求客人意见表的方式而言，网评的影响更广泛，也更客观（点评无论好坏，只要已经发表，网站一般不删除，以维护酒店网络点评的真实性和客观性），正因如此，酒店管理者对于网评这一新的服务质量评价形式更加重视，不敢怠慢。尽管在不良的信用环境下，网络环境并非一方净土，一些网站因与酒店存在利益关系而操控其评价体系，但是越来越多的酒店将其作为提高服务质量和改善经营管理的抓手。

当然，一则点评往往说明不了问题，但多则点评（尤其是某个时间段内多家网站的多则点评）就能揭示酒店服务质量的真实面貌。面对各种网评信息，酒店管理人员既不能抱怨也不能漠视，而要积极理性地进行分析和反思，找出服务质量的差距所在。

由于网评信息能较真实地反映酒店服务质量的症结所在，酒店一线部门负责人应定期召集各班组管理人员和员工共同讨论每期网评中有代表性的宾客意见，并把网评信息作为日常培训的内容。例如可以每月或每季度安排专人收集网评信息资料，统计整理后公布，并将网络点评案例作为培训内容，做到有的放矢，让所有员工切实了解客人的真实评价，并解决存在的问题。酒店管理人员充分重视网评信息，将网评作为检查酒店服务质量的一面镜子,是加强酒店服务质量管理的重要举措之一。

五、酒店经营特色化

特色化是未来酒店经营的重要发展趋势。特色,可以使酒店脱颖而出,可以避开酒店业竞争的"红海"可以使酒店迅速占领市场,可以给入住客人留下深刻印象。

特色,可以来自酒店的独特设计,可以来自酒店的服务方式,也可以来自酒店独特的地理位置。

六、收益管理普及化

收益管理能够使酒店的客房信息等资料得到最有效的利用,使酒店管理从经验管理上升为科学管理,从而较大程度地提高酒店的经济效益。因此,起来越多的酒店及酒店集团将日益重视并实施收益管理。正如万豪国际集团董事长兼 CEO 所言,"收益管理不仅为我们增加了数百万美元的收入,同时也教育我们如何更加有效地管理,酒店最高层必须对酒店施行收益管理,CEO 则需要百分之百地支持这项工作。"

从发展的现状和趋势来看,收益管理已经从一种管理思想转化为一种先进的计算机管理系统,好的酒店计算机管理系统都会包括收益管理的内容。

七、入住登记"手机化"

移动入住方式目前仅在少数品牌酒店和单体酒店中得到应用,但未来几年将在整个酒店业迅速扩张。

近几年来,酒店中的入住办理自助设备和其他替代前台的方式越来越常见,一些主要酒店品牌开始更大范围地将移动技术整合到旅游体验中。与此同时,第三方技术供应商为酒店和分销商提供了办理移动入住的工具。

第三节 酒店管理的发展趋势

一、前厅管理的发展趋势

进入 21 世纪,酒店前厅部的管理将发生以下变化。

(一)精简机构

为了节约成本,前厅部将采取各种措施提高管理和服务的效率,节流挖潜。

1.精简机构,合理定编

前厅部的组织机构将化繁为简,人力上尽可能精而少,不会雇用一个多余的人。酒店会根据来年预计的营业情况重新定编,同时充分利用社会上的专业公司为酒店服务.如将酒店商场外包,将商务中心出租等,使酒店的组织机构虚拟化。

2.一职多能,人尽其才

一职多能既可以精简机构,也可以培养人才。就前厅部而言,根据客人的活动规律,上午是客人退房较为集中的时段,收银员的工作较为繁忙,接待员则没有多少事干,而下午入住客人较多，办理住宿登记的前台接待员较为繁忙，办理结账退房手续的收银员则较为清闲，考虑到这一特点，大部分酒店的前台都会将接待与收银的工作合并，前台每一位员工都可为客人提供登记、问讯和结账服务。此外，总机接线员也将承担起多项职能。按下酒店房间电话机上客房服务中心的功能键，你会发现接听电话的是总机接线员，她会将接收到的信息及时传递给相关部门跟进。

对员工进行一职多能的培训（比如，培训前台接待员掌握财务知识和收银技能），可让他们掌握更全面的业务技能，成为出色的服务员，为客人提供全方位的服务。拥有这样的员工队伍，不仅为酒店节约人力成本，而且提高了酒店的整体服务水平。

（二）服务优化细化

1. 一步到位服务

前厅部任何一位员工都必须为有需要的客人提供服务及帮助，不会因隶属于不同部门而怠慢客人，客人向任何一位员工提出问题都可得到解决，不会遇到转交其他员工解决问题或相互推诿的现象。

2. 一条龙服务

越来越多的酒店将为客人提供一条龙服务：酒店代表在机场接到客人后致电有关部门，接待组会准备客人的入住资料、钥匙等，酒店代表在快到达酒店时再次致电有关部门，金钥匙或行李员会在门口迎候客人，并带客人去接待处登记，取钥匙上房间，整个过程一气呵成。为客人提供一条龙服务，要求部门之间和岗位之间有良好的沟通和衔接。

（三）酒店的定价策略将更加灵活

前台接待人员将得到更大的授权，可根据客人及酒店的实际情况灵活定价。越来越多的酒店将没有固定的房价，而是根据当天的开房率来定价，以创造最大的利润。

为了提高前台销售人员工作的积极性，最大限度地提高酒店的经济效益，酒店会将接待人员的奖金与每月的销售业绩挂钩。

（四）酒店预订网络化

进入 21 世纪，酒店为了提高客房利用率和市场占有率，将利用包括价格在内的各种手段鼓励客人提前预订客房，客人将根据提前预订期的长短，在房价上得到不同程度的优惠（提前期越长，优惠越大），而且信息技术的发展也极大地方便了客人的预订，网上客房预订将成为趋势。

目前，低价、批发性质的客房预订正在主导网上销售。通过实施以下新战略，酒店可以与第三方中介网站进行竞争，从而避免失去更多的网上客房预订，一是认真管理批发商列表；二是尽可能多地向客人提供各种能够支持和区分不同产品和品牌的信息。

（五）前台接待由站式改为坐式

在传统的酒店，客人站立办理住宿登记手续，进入 21 世纪，将有越来越多的酒店（特别是度假酒店）把站式接待改为坐式接待。这主要基于以下几方面的原因：

（1）能够使长途旅行的客人彻底放松。客人到达酒店时，一般比较疲劳，坐着登记更人性化。

（2）增加酒店的亲和力。坐着登记能够拉近酒店与客人之间的距离，使客人有回到家的感觉。

（3）能够使普通客人享受到行政楼层客人的待遇。通常，只有在豪华酒店的行政楼层，客人才享受坐着登记的待遇。将前台接待由站式改为坐式，将提高普通客人的满意度。

（六）入住登记和选房自助化

1.入住登记自助化

谁愿意排队等着登记入住呢？随着电子信息技术的发展，客人可能不再需要在前台排队等候办理入住登记手续，取而代之的是自助式服务或直通式入住模式。

除了使用手机自助办理入住登记手续以外，客人还可以通过酒店内提供的自助设备来办理入住手续。

很多国际连锁酒店集团开始采用 DIY 的自助入住登记模式。它与在机场自助换取登机牌类似。当客人到达酒店时，不需要去前台办理入住手续，只需到类似机场值机柜的一个信息处理终端机上输入个人信息（主要是身份证和信用卡），就可直接选择客房及服务，然后取出房卡，直接入住自己选定的客房。

这种 DIY 模式在美国很常见.比欧洲酒店应用得普遍。DIY 入住方式的出现，是 IT 技术进步的必然趋势，是电子技术在酒店业应用趋于成熟的不可阻挡的潮流。

在美国，多家凯悦酒店推出了此类服务：客人在入住时只需在服务站登记，通过触摸屏幕上的菜单来选择客房服务类别。

洲际酒店集团计划在旗下所有的皇冠假日品牌酒店设置数字登记自助设备，以提供入住办理服务。新的数字系统会在顾客预计入住的当天向顾客发送一封确认邮件，并在邮件中附上条形码信息。在用户使用智能手机扫描条形码或者在数字登记柜台打印条形码后，系统会立即询问顾客需要多少张房卡，然后将房卡打印出来。顾客在完成这些操作后就能入住客房。

上述数字系统能为一家提供全服务的酒店带来好处，尤其适用于那些通常不会向前台工作人员询问任何问题，并且一到达酒店就只想去所订客房的新一代旅行者。但是，对精品酒店或小型酒店而言，设置数字系统无异于浪费资金，因为入住这些酒店的顾客通常都希望获得更个性化的服务。而且，在精品酒店或小型酒店，通常不会出现顾客排队等候办理入住手续的情况，因此也就没有必要设置自助登记数字系统。

2.客人选房自助化

随着新技术不断涌现，酒店经营者需要持续分析哪些工具将有效地提升顾客满意度。一些品牌酒店已经意识到，在顾客办理入住的过程中为他们提供客房选择是实现上述目标的方法之一。因此，越来越多的酒店和酒店集团将开发和使用新的技术，允许客人通过在线平台选择客房。以希尔顿酒店集团的希尔顿家套房酒店为例，在入住套房酒店前的 36 小时内，顾客会收到一封有关数字化入住办理系统的提示邮件。酒店还会在邮件中提供一幅虚拟的楼层平面图.并提醒顾客提前选择他们想要入住的客房。这样，酒店就会知道顾客的客房选择，当顾客到达酒店时，仅需到前台出示他们的 ID 卡，就可取房卡入住。据了解，这一新技术越来越受到顾客（尤其是商务旅行者）的欢迎，在使用数字化入住办理系统的顾客当中，近 20%的顾客会通过优选套房服务来选择他们想要入住的客房。

前台的另一个发展趋势是提供直通式服务。喜达屋的雅乐轩酒店经常为优先顾客计划会员提供智能登记。会员会收到使用无线射频识别技术的验证码，在计划入住的当天，还会收到告知房间号的一条短信。到达酒店之后，客人直接找到房间，输入验证码，就可打开房门了。

二、客房管理的发展趋势

（一）客房服务社会化

为了降低成本，不少酒店开始将客房清洁卫生工作交给专业清洁公司或家政公司。但这种方式局限于中低档或经济型酒店，为了确保为客人提供高品质的服务，高档酒店通常不会采用这种方式。

（二）客房管理智能化

1. 客房设施智能化

当前平板电脑和智能手机逐渐流行，云技术发展迅速，酒店的客人期望获得更多的体验，希望客房里有高清电视机或类似 iPad 的数码设备，并希望该设备能够与房间内其他设备（例如，电视、门锁、客房控制、WiFi、音响系统、电话等）交互使用。客人自带的数码产品也越来越丰富，这就要求酒店客房提供相应的插座或接口，对此感到不满的客人可能会转而选择新开业的高星级酒店，因为诸如"魔笛杰克"之类的多媒体转换器已被新酒店应用，获得了广泛的好评。

众多客房智能化控制系统的供应商均能提供让更多消费者参与并控制房内功能的技术解决方案，客房环境控制涉及控温器、电视机、电话、高速网络、远程控制、迷你酒吧和客房锁等。

2. 智能手机当房卡使用

未来，智能手机将可以充当房卡，顾客不需要到前台取房卡，在线办理入住手续后滑动智能手机开锁，进入客房。

希尔顿、洲际等酒店集团在过去几年开发了以智能手机为核心的解决方案，将音频传感器置入客房的门锁。洲际酒店集团一直致力于制定创新型的方案，而智能手机版的房卡计划是研发项目的组成部分。

（三）客房将为客人提供免费无线上网服务

21 世纪是网络时代，为了提高酒店的竞争力，越来越多的酒店不仅在大堂等公共场所为客人提供 WiFi 服务，而且在每间客房内为住店客人提供无线上网服务。酒店之间的竞争将不再聚焦是否为客人提供 WiFi 服务，而在于 WiFi 是否免费、网速如何、是否稳定。

（四）更加注重客人的人身安全和健康问题

如今，旅游者越来越注重自身的安全与健康，因此，客房服务和管理应充分考虑客人的这一需求，采取各种有效的措施和手段，防止恐怖分子、各类犯罪分子、艾滋病以及各种传染病等对客人的袭击，确保客人在酒店住宿期间的安全与健康。为了加强对客房的安全管理，越来越多的酒店在其大堂通往客房楼层的电梯中安装房卡感应装置.无房卡上不了楼，为客房楼层增加一道安全保护屏障。

三、酒店餐饮管理的发展趋势

随着竞争的加剧，酒店餐饮业将发生如下变化。

1.精简化

精简化是指酒店餐饮部人员编制的精简趋势。随着竞争的加剧和劳动力成本的提高，酒店不得不通过一岗多能，减少餐饮部人员编制来降低人工费用。各餐厅之间、中西餐厅与酒吧之间，根据营业淡旺时段调配人员。在繁忙时，特别是有重大宴会时，还需要临时从客房部、前厅部、销售部、工程部甚至总经理办公室抽调人员帮忙，以提高人力资源的利用效率。这就会使餐饮管理的难度加大：一是餐饮部员工加班会成为家常便饭，工作量增加.员工会有怨言；二是需要加强对其他部门员工的培训，使他们能够掌握必要的餐饮知识以及餐饮服务的技能技巧；三是要求总经理设计出合理的薪酬机制，这一薪酬机制不仅要能够调动所有部门从事餐饮服务工作的积极性，还要平衡部门之间以及部门内部的利益分配关系。

2.社会化

近年来，社会餐馆发展迅猛，规模不断扩大，档次不断提高，对酒店餐饮经营直接形成压力，在与这类餐馆的竞争中-很多酒店（特别是经营型酒店）由于经营机制、成本等存在先天不足，往往处于下风，要么不做餐饮业务，要么将餐饮交给社会餐馆去做。

3.大众化

酒店餐饮暴利的时代已经过去，酒店必须放下身段，降低餐饮价格，走大众化道路。为了提供社会大众能够消费得起的餐饮产品，酒店餐饮管理中的成本控制将变得越来越重要，对酒店餐饮管理工作和餐饮管理者提出了新的挑战。

4.特色化

为了在竞争中立于不败之地，酒店必须不断创新餐饮产品，开发出其他酒店和社会餐馆所没有的独特产品。比如国内大部分酒店都有川菜和粤菜，某酒店则从西藏购买原材料，开发出藏餐，受到食客的欢迎。为了鼓励餐饮部的厨师不断创新，酒店应为他们提供去其他酒店、社会餐馆参观学习的机会，将餐饮产品的创新作为一项重要考核指标，与工资福利待遇、奖金分配以及职务晋升挂钩。

由于餐饮产品的生命周期越来越短，为了适应目标市场的需求，酒店餐饮管理人员将加大对市场的调查和分析，不断创新餐饮产品。

此外，为了突出酒店餐饮特色，酒店菜单将向特色和有限品种方向发展，这样，不仅可以突出酒店餐饮的经营特色，还可以减少不必要的人工成本和费用，提高竞争力。

5.专业化

随着消费水平的提高，消费者需求的多元化，酒店餐饮经营将走专业化道路.不再只是提供中餐、西餐，而是根据顾客的需求进一步细分，开设多个不同特色和风味的餐厅，如西餐厅进一步细分为法国餐厅、意大利餐厅，中餐厅也根据菜系或地区细分为不同的餐厅，分别提供相应的饮食。

6.婚宴化

酒店的普通餐饮在与社会餐馆的竞争中处于不利地位，但酒店拥有豪华、气派的环境，在高档宴会特别是婚宴经营中有明显的竞争优势。正因如此，在激烈的竞争中，国内酒店餐饮收入仍然是酒店营业收入的重要组成部分，它在酒店营业收入中所占比例不仅没有下降，反而有逐年上升的趋势。目前，全国平均而言，餐饮收入占酒店营业收入的40%左右，基本与客房收入持平，在一些酒店甚至已经超过了客房收入，成为酒店营业收入第一大来源。

7.娱乐化

酒店餐饮经营将与文化艺术和娱乐相结合,为顾客提供轻松、享受的就餐环境。比如,酒吧聘请国外乐队演唱外文歌曲、民族餐厅表演民族歌舞等,宴会厅则由专业团体和乐队演出助兴。

第四节 大数据在酒店经营管理中的应用

大数据对于旅游行业而言意味着什么?或许它的潜力还不明朗,但有一点毋庸置疑,那些拥有大数据的企业能以一种全新的方式向消费者销售旅游产品。很多酒店的经营管理者都非常注重数据,其很多决策就是基于数据做出的。

酒店管理者的决策依据实质上是大量原始数据背后的规律性。应用大数据分析工具能轻易发现数据中的共同趋势,以及与这些趋势相对应的行为。

此前,酒店大多采用客户关系管理或商业智能系统中顾客信息、市场促销、广告活动、展览等方面的结构化数据,以及官网的一些数据。但这些信息只能满足酒店正常营销管理需求的20%,并不能帮助企业发现规律。而其他80%的数据,诸如社交媒体、电子邮件、地理位置、用户分享的音视频等信息和物联网信息,有待进一步发掘和应用。

一、大数据时代的营销准备

酒店运用客户关系管理系统分析数据,只能回答"发生了什么事",而大数据系统可以回答"为什么会发生这种事",一些关联数据库可以预言"将要发生什么事",非常活跃的数据仓库还可以帮助酒店实现"想要什么事发生"。在"微时代,通过获取更丰富的消费者数据(包括网站浏览数据、社交数据和地理追踪数据等),可以得到更完整的消费者行为描述。大数据技术可以对客人各方面的信息进行充分有效的管理和深度挖掘,从而为精准定制营销创造了更多的可能。

大数据时代,酒店做好营销需要准备什么?

1.准备好相关技术人才

酒店运用大数据为营销管理服务之前,技术团队要到位。酒店的营销团队要能够非常自如地玩转大数据。

2.解决碎片化问题

酒店启动大数据营销的一个最重要的挑战就是数据碎片化、各自为政。在许多酒店,数据散落在互不连通的数据库中,数据技术应用于不同部门.如何将这些孤立的数据库打通、互联,实现技术共享,是最大化大数据价值的关键。营销者应当注意的是,要无缝对接网络营销的每个步骤。

3.培养内部整合能力

要用好大数据,一是要有较强的整合数据的能力,能整合来自酒店不同数据源、不同结构的数据,经整合的数据才是确定目标受众的基础;二是要有研究探索数据背后的价值的能力,未来营销成功的关键取决于如何在大数据库中挖掘更丰富的营销价值,比如站内和站外的数据整合、多平台的数据接轨、结合人口与行为数据建立优化算法等都是未来的发展重点。

二、大数据营销案例

酒店运用大数据的最直接目的是对外精准定制营销，对内快速反馈改进。下面以国际著名的四季酒店为例，探索大数据营销方法。四季酒店的主要特点是基于社交网络大数据开展精准营销。

1.持续关注用户在社交平台上发布的信息

通过社交媒体采集的数据具有即时性、真实性，可帮助企业有效地实施营销方案以提高在线声誉和盈利能力，这对于豪华酒店尤为重要。四季酒店持续关注和收集客户的反馈，加强与客户的沟通，发掘他们的需求，精确捕捉行业趋势和消费行为趋势，优化在线声誉和点评。

2.以大数据为基础进行内容策划

四季酒店的精准定制营销与它的内容策划是相辅相成的。四季酒店社交平台的内容策划分为两个部分：一是用户生成内容；二是在线上和线下渠道提供引人入胜的体验。比如四季酒店集团策划的婚礼专题，专门开设了 Twitter 和 Pinterest 账号向消费者提供酒店员工的专业建议和在四季酒店举行婚礼的新娘所分享的故事，以互动的方式来吸引消费者，采集大量用户信息，同时对有不同兴趣的用户分类，进行不同的引导。

三、大数据营销应注意的问题

酒店运用大数据营销应注意以下问题：（1）对提取的海量数据加以合理利用；（2）挖掘有用的核心数据；（3）密切关注客人或市场的反应；（4）保护会员隐私。

第七章　酒店管理新理念

第一节　员工第一

一、倒金字塔形的管理理念

传统的酒店管理理念是：顾客就是上帝，管理者要管理好员工，让员工为客人提供良好的服务。在此，顾客第一，管理者第二，员工第三。管理者高高在上，管理者与员工的关系是金字塔形。新的酒店管理理念则认为：顾客至上，员工第一，管理者是员工的服务员。管理者的职责是为一线员工提供服务、支持和保障。管理者与员工的关系是倒金字塔形。

之所以有这种倒金字塔形的管理理念，是因为顾客永远都是最重要的，因此顾客至上。而员工处于对客服务的第一线，要使顾客满意，必须首先使员工满意，有了满意的员工，才会有满意的顾客。所以，与管理者相比，员工第一，管理者是一线员工的服务员。酒店从上到下，要把解决顾客接触点的问题视为酒店的头等大事，全力以赴支持一线员工，为一线服务。要树立上级为下级服务，二线为一线服务，上道工序为下道工序服务，全员为顾客服务的大服务观。

二、关心员工生活

让员工从情感上热爱工作至关重要，为此，酒店管理者要真诚地为员工服务、关心员工，使每一位员工能够感受到被在乎、被需要、被尊重、被关爱，让员工从心里热爱酒店，这是员工为客人提供完善服务的内在驱动力。因此，管理者不仅要把酒店办成"客人之家"，还要办成"员工之家"，要为员工满腔热情地努力工作创造良好的条件和环境，这主要体现在员工住宿、饮食、业余生活、文化生活、健身等方面，要为员工提供良好的住宿条件，员工食堂要干净卫生，保证一定的饮食标准，要为员工做好后勤保障，使员工有良好的心态、充足的精神，以饱满的热情投入到对客服务之中。

三、支持员工工作

员工第一的管理理念，意味着管理者要为员工提供强有力的工作支持和一切必要的资源。员工是酒店对客服务中最重要的资源。

丽思·卡尔顿酒店总经理说："丽思·卡尔顿和其他酒店的不同之处在于，我们的管理层级其实是反过来的。在一线服务的员工在金字塔的最高处，而总经理作为支持者，负责提供员工所需要的一切资源，以便让绅士和淑女能够全身心投入到帮客人创造最好的体验中去。我作为销售部门的管理者，更多的时间用于与一线的市场营销、销售人员进行交流，从他们那里获取信息，为他们提供支持，然后让他们来决策。

四、感情化管理

感情化管理要求各级管理人员坚持以人为本，实行"严、济"结合，使上下级的沟通从"心"开始；在严格执行各项规章制度的同时，把员工的冷暖挂在心上。对员工的管理要体现酒店就是"员工之家"每位管理者都是员工的家长或兄弟姐妹，以此换来员工对客人的微笑服务和感情化服务。

酒店要为客人提供感情化服务，将感情化服务贯穿所有部门服务工作的全过程，而要求员工为客人提供感情化服务，管理者必须实施感情化管理，感情化管理是感情化服务的基础。要求员工对客人微笑，管理者首先要对员工微笑，感情化管理与感情化服务是辩证统一的关系。管理者对员工在工作上要严格管理，在生活上则要突出人情味，即想员工之所想，急员工之所急，尤其是在员工面临困难时，要全力为其解除后顾之忧。只有这样，才能使员工感到自己的利益、命运与酒店的盛衰是密不可分的，从而增强员工的归属感和酒店的凝聚力，使员工能够自觉地将酒店的价值规范内在化，为客人提供更优质的服务。

五、关心员工的培训和职业生涯发展

员工第一的管理理念，不仅体现在生活上关心员工，工作中实行感情化管理，而且体现在关心员工的培训和职业生涯发展，帮助员工掌握更多的专业技能，在事业上取得进步和成功。

第二节 顾客不是"上帝"

一、顾客不是上帝

国内酒店业流行"顾客就是上帝"、顾客是"皇帝"的经营管理理念。但在代表先进酒店管理水平的国际酒店集团，从未有哪一家酒店集团把顾客看作"上帝"或"皇帝"。如果把顾客看作"上帝"或"皇帝"，那么势必将员工置于不平等的地位，使员工产生自卑心理，从而严重影响员王的心情，影响员工的服务质量，使员工笑不出来。这也是多年来我国酒店业一直要求员工为客人提供微笑服务但收效甚微的重要原因之一。

那么，国际酒店业将顾客看作什么呢？

1.顾客是绅士和淑女

一般来说，国际酒店集团通常将顾客当朋友对待，或看作有修养的"绅士""淑女"。

2.顾客是亲人

酒店特别是度假型酒店应将顾客当亲人一样对待，这也应验了宾至如归的企业文化。我国温泉度假领域的标杆企业碧水湾温泉度假村正是因为贯彻了这一服务理念，才有了今天的辉煌。他们认为，如果将顾客当"皇帝""上帝"看待，会使员工诚惶诚恐，无法向顾客呈现亲切自然的微笑，也无法让前来度假的顾客感觉到舒适放松。

亲情服务要求员工有特别温馨的话语和恰如其分的"体语"，见到什么类型的客人

说什么话。比如，要根据不同场景改变问候方式，时而微笑，时而点头示意，使人感到亲切自然。

二、员工不是仆人

"我们是为绅士和淑女提供服务的绅士和淑女"，这是世界一流酒店集团丽思·卡尔顿酒店集团的管理理念和企业文化。这一理念不仅提高了对客服务的酒店员工的身份和地位，而且提高了酒店的服务质量，既赢得了酒店客人对员工的尊重，同时也赢得了源源不断的高层次客人。

酒店员工将客人视为绅士、淑女，也视自己为平等的、用专业服务赢得尊重的绅士、淑女。因此，在这里工作的人非常看重自己的价值，也认同自己是优秀的专业人士。为此，当遇到行为不端、轻视或辱骂员工的客人时，酒店会保护自己的员工，将客人拒之门外。

在万豪国际集团，管理方规定不能将员工称为"employee（雇员）"，而应称为"associate"（同事）。这一新的称呼体现了新的管理理念：员工不是打工者，而是为了共同的目标而合作共事的同事，从而体现了团队精神、合作精神和主人翁意识。

第三节　为一线员工充分授权

一、优质的服务需要充分授权

要使客人满意，为客人提供优质的服务，必须在服务现场及时解决客人遇到的各种问题。而要解决这些问题，常常需要一线员工拥有充分的授权（authorization）。

丽思-卡尔顿酒店有一个规定：任何员工，无论是客房服务员、门童还是行李员，无须上级批准，都有2000美元的额度去服务有需要的客人。正是因为这个授权，客房服务员会在发现客人落在房间的护照时，立刻打车到机场，从洛杉矶追到旧金山，在客人出国之前送还护照。

有人会问：有没有人将这笔钱花在亲朋好友身上？有没有专门的预算来预计这笔钱在收入中所占的比例？当了解到酒店每年的额外支出很少，也没有人滥用这一授权时，你可能感到不可思议。丽思-卡尔顿酒店的管理人员解释说，独特的体验并非一定要花钱才做得到，我们的员工非常珍视酒店给予他们的权力，大家致力于在不花钱或少花钱的情况下让客人得到最好的服务，在客人遇到问题时负起责任并立刻解决。比如，有一位服务员与客人聊天时，得知客人的妻子钟爱巴黎酒店提供的意大利肉酱面，而且现在就很想吃。为了提供非凡的体验，服务员立刻向总厨提供了巴黎酒店的电话号码，他们便获得食谱并在旧金山为客人再现了那份特别的菜肴。当客房送餐人员奉上精心准备的美食时，客人及其妻子的喜悦之情难以言表。

不过，每个动用了授权的员工在报销这笔费用时需要将自己的故事写下来并传播出去。在每天的晨会上，团队成员分享这些小故事，讨论如何在工作中创造传奇。晨会上传播的故事给员工带来各种灵感。所以，丽思·卡尔顿酒店用了最棒的方法来保障授权。

没人会将钱用在自己的亲朋好友身上,因为无法向其他同事和公司交代;也没人会滥用,因为大家的目的都是创造独特体验,并非一定要运用授权资金。丽思-卡尔顿酒店所用的方法,既极大地尊重和信任了员工,又用这种信任为自己的商业经营提供了保证。

二、授权的程度要有差异

不是所有的酒店都要给予一线员工2000美元的授权。授权的范围、内容和程度要视酒店的档次、员工和客人的素质有所不同。通常而言,越高档的酒店,所接待的客人素质越高;客人支付的费用越高,要求也越高,因此,对员工的授权要大一些;低档的酒店授权要小一些,否则一些素质较低的员工会滥用职权,出现"把糖交给蚂蚁去管"的现象。

"顾客就是上帝"的说法已经过时。实际上,客人是人,而不是神。正确的做法是在与客人沟通时,努力减少客人的不良情绪。这样,绝大部分客人会迅速改变态度,从而达成双方都能接受的解决方案。在99%的情况下,客人的不良行为是缺乏安全感引起的,这可能与酒店毫无关系,但客人可能把气撒在酒店员工身上,对酒店员工发火。

酒店业作为现代中国服务业的先导与核心,与国际服务业最早接轨,一直倡导以客为尊、"客人永远是对的"等理念,强调以人为本,让宾客感受到酒店业优质的服务。酒店要达到优质服务的目标,必然要求酒店从业人员养成尊重客人、感恩客人的心理思维,主动去预测、了解不同客人的多元化需求,有针对性地进行服务产品组合设计,并在高频率的服务接待过程中让宾客感受到以客为尊。同时,酒店业也要将团队伙伴视为内部宾客,形成良好的服务文化氛围。

我们首先要相信,消费者到酒店消费都是本着享受酒店优良服务的意愿,不会有意找不开心。对于消费过程中出现的问题与纠纷矛盾,需要我们有技巧地协调处理。但是,客人也不可能没有行为约束。客人在享受酒店服务的过程中,应自觉表现出现代人应有的文明行为举止,与酒店员工互相尊重。客人应遵循最起码的社会公共道德准则,遵循消费者权益保护相关法律法规所赋予的权利与义务,不得触犯国家法律法规,不得有违社会道德规范。

所以现代酒店对客人应该进行分类引导管理。对于广大宾客,我们要继续坚持"客人永远是对的"这一理念,创新服务,让宾客充分感受酒店的优良服务,感动宾客。对于少数行为举止触犯酒店及员工利益的消费者,酒店要依据其行为的性质及严重程度,按照有理有节、依法、客观公正的原则妥善处置。对于一般的纠纷矛盾、不良行为,采取快速沟通劝阻、控制不良影响、借助工商部门的力量等方式协调解决;对于极少数有破坏扰乱行为的人,因其行为已经违反法律法规,酒店应快速向公安等部门报警处理,同时要借助监控录像及相关证人等记录不良行为。

建议酒店在具体的经营管理过程中,通过列举实际的服务纠纷案例并深入分析,对各级经理人以及一线员工进行实操培训,以案例解析强化以客为尊的服务理念,介绍有理有节处理相关纠纷矛盾的策略技巧,以构建宾客与酒店和谐共赢的良好服务环境。

第八章　酒店创新管理

第一节　酒店创新管理的时代背景

一、体验经济的内涵和特征

（一）体验经济的内涵

由美国战略地平线 LLP 公司的创始人约瑟夫·派恩（B.Joseph Pine）和詹姆斯·吉尔摩（James H.Gilmore）共同撰写的《体验经济》一书正式出版，立刻在社会上引起了强烈的反响。该书指出 20 世纪 90 年代，人类已经迈入了"新经济"时代，并率先明确地提出了体验经济时代来临这一概念。派恩提出体验经济是继农业经济、工业经济和服务经济阶段之后人类的第四个经济生活发展阶段，是服务经济的延伸，是一种最新的经济发展浪潮。

进入 20 世纪 90 年代后，在全球范围内，从工业到农业、计算机业、旅游业、商业、服务业、餐饮业等各行各业都在上演着体验或体验经济。在体验经济中，企业不再仅仅是销售商品或服务，而是提供一种充满情感力量的最终体验，为顾客创造难以忘却的愉悦记忆。从这个角度来说，在体验经济时代，顾客每一次购买的产品或服务在本质上不再仅仅是实实在在的商品或服务，更是一种感觉，一种情绪上、体力上、智力上甚至精神上的体验。

总而言之，体验经济强调的是消费者从服务和产品供应商那里获得独特的消费体验和愉悦的回忆。这种消费体验和愉悦的回忆区别于传统服务经济下单纯的满足功能性需求的感受，是一种独特个性化需求被满足的主观享受。可以这样认为，体验经济可以给消费者带来这样的感觉，即企业把每一位消费者都看作独特的个人，进而满足他们的个性化需要。

（二）体验经济的核心特征

1.体验经济是一种更加完备的经济形态

体验经济产生于市场经济的大背景之下，是一种比工业经济和服务经济更加完备的经济形态。服务经济时代的营销核心是"服务第一"，强调企业提供的不仅是有形的商品，还有无形的服务，而体验经济就是服务经济的延续

2.体验经济强调顾客自我实现需要的满足

在体验经济时代，人们的消费需求已经逐渐向个性化转变，以期达到自我实现、自我发展的目的，消费者对消费活动中所能够获得的感受和体验有了更多的个人诉求。因此，传统的产品和服务已经不能完全满足消费者的需求。体验经济要求企业能够专门为顾客定制设计并生产产品或提供服务。用马斯洛的层级需求理论来理解就是，服务经济下强调企业要着重满足顾客发展的需要，体验经济强调的则是顾客自我实现需要的

满足。

3.体验经济强调消费者的个性化及参与性

美国的一份统计资料表明,咖啡豆的价格取决于它在何处或以何种经济形态的产品出售。它可以作为农业经济下自然产品的咖啡豆出售,一杯为5~25美分;它可以作为工业经济加工品的速溶咖啡出售,一杯为30~40美分;它可以作为服务经济街头咖啡店里的煮咖啡出售,一杯为0.5~1美元;它也可以作为体验经济下在有气氛与情调的酒店里出售,一杯为2~5美元甚至更高。

可以看出,体验经济的最大特征在于强调消费是一个过程,消费者是这一过程的参与者。在体验经济下企业通过个性化的服务带给消费者的消费体验是愉悦的难忘回忆,是一种独特的消费感受。

二、体验经济下酒店产品的新特征

体验经济的出现是人们需求变化的新趋势,是以满足人们的情感需求、自我实现需求为主要目标的一种经济形态。伴随着物质文明的进步,消费者情感需求的比重逐渐增加。消费者在购买商品时,不再单纯地出于满足基本生活的需要,而是更加偏好能引起心理共鸣的商品。情感营销专家维基伦兹（Vicki Lenz）认为:"情感是市场营销成功的唯一、真正的基础,是价值、顾客忠诚度和利润的秘诀。"这是因为当经济发展到一定程度之后,人类的消费重点将从产品和服务向体验转移,这是人类发展的一种自然境界。无论什么时候,一旦一个企业有意识地以服务为舞台,以商品为道具来使消费者融入其中,"体验"就出现了。

按照传统的酒店观念,酒店产品是指酒店为顾客或社会大众提供的能够满足其需要的场所、设施、有形产品和无形服务的总和,即酒店产品具有综合性和季节性、价值的无法储存性、生产和消费的同步性、服务质量的不稳定性以及酒店产品和服务的无专利性等特征。这个定义主要是从功能性的视角对酒店产品进行分析,强调了酒店产品在服务经济形态下所具有的一般特征。

体验经济理论给酒店业带来了全新的思路。酒店经营者逐步认识到,只有让顾客在本酒店感受到独特的消费体验,才能在竞争中区别于其他酒店而获得市场和消费者的认可,培养出自己的忠实顾客群体。酒店不再是单纯的餐饮和客房的提供者,不应该只强调其功能性特征,而应该变成一个消费者体验的策划者和提供各种体验的消费场所。

综上所述,在体验经济时代,现代酒店产品应当是一种体验产品,应当是顾客所获得的物质产品、感官享受和情感体验的综合,衡量酒店产品成功与否的标准是酒店所提供的产品与服务能否给予顾客一种难以忘怀的体验。体验经济时代来临、居民的个人可自由支配收入提高、闲暇时间增加等共同构成了目前我国酒店发展的市场环境,因此,探讨在体验经济背景下传统的酒店产品和服务如何适应并满足不断变换和挑剔的顾客的需求变得尤为重要。

第二节 酒店创新管理概述

一、酒店创新管理的内涵

自从国家旅游局号召全国旅游酒店学习"北京建国酒店"以来，我国酒店业无论在软件服务水平、经营管理理念还是硬件建设方面都有了长足的进步。国外著名连锁酒店集团纷纷加快了进驻中国酒店市场的步伐，他们凭借先进的管理水平、丰富的酒店管理经验及实践，牢牢占据了国内酒店行业的高端市场。伴随着中国经济的快速发展和大众旅游的蓬勃发展，这些酒店集团不再满足于仅仅在高端市场和一二线城市发展自己的业务，其触角已经延伸至酒店领域的各个角落。如此一来，我国本土酒店尤其是一些实力较弱的单体酒店的生存与发展空间也被进一步挤压。这样，如何进行管理创新以提升竞争力来有效对抗国际连锁酒店集团的扩张就成了本土酒店不得不面对的一个问题。

体验经济的来临使得消费者的需求也发生了显著的变化。与以往供不应求的时期相比，酒店顾客在关注价格的同时，更注重精神方面的追求，更关注产品服务的附加价值、预订客房的便利程度以及酒店对他们乃至整个社会的人性化关怀。在这种背景下，我国酒店必须重新审视自己，在经营理念与思路方面向国外知名酒店集团学习，针对顾客需求，结合自身实力与经营特点努力创新。

（一）酒店创新管理的概念

进入21世纪，体验经济成为继服务经济后更加完备的经济形态。顾客日益成熟挑剔，在享受酒店服务的时候更加注重体验，而酒店内部的员工流失问题的日益加剧，外部的经营和市场环境日益复杂，这些问题使得创新管理成为酒店获得持续发展动力的根本。酒店必须进行创新管理。

根据经典管理学的理论可知，创新是创造性的、突破性的、理由充足性的思维活动和实践活动。创新管理是指企业通过有效的资源配置，鼓励和支持创造性、突破性思维和实践性活动的顺利开展，以适应不断变化的市场需求，赢得企业发展的空间。

酒店创新管理是指酒店在新的市场环境下，以价值增加为目标，将新型管理模式和管理理念等应用到酒店日常经营管理活动中的过程。酒店创新管理强调"以人为本"的管理思想，通过产品和服务创新、营销创新等方式来实现自身的可持续发展。

（二）酒店创新管理的特征

1. 酒店创新不能申请专利

对于酒店业来说，创新具有特别重要的意义。因为酒店产品难以申请专利，酒店的特色服务更不可能获得专利，它们都可以轻易地被人模仿和复制。在酒店产品和服务容易被人模仿的情况下，不同的酒店对酒店创新有两种截然不同的态度：一种是因为推出新产品后易被迅速模仿，于是放弃创新；另一种是仍然持续不断地进行创新，并以此作为酒店核心竞争力的来源。从酒店长远发展来看，消极对待酒店创新管理的态度是不可取的，而应把创新当作酒店日常经营与管理中的一个组成部分，继而获得良性循环。

2.最终体现为酒店的经营特色

酒店创新管理的实施最终会体现在酒店产品或者服务上，并以此形成一定的经营特色。酒店依托这些特色在酒店文化、定位、品牌、服务、氛围或者设施环境等方面区别于竞争对手，这样势必会在酒店产品与服务同质化的市场环境下对顾客产生强烈的吸引力。如南京丁山酒店打造"食在丁山，住在金陵"，通过餐饮来突出酒店特色。丁山酒店的餐饮特色是不断推出新菜品、新菜单。新菜先内部品尝，改进后再推出以获得顾客的肯定，于是丁山酒店创造了一个餐位一年超过14万元的营业额。这一数据在国内酒店业遥遥领先于同行，也使得丁山酒店的餐饮收入占到酒店总收入的一半以上，为酒店创造了巨大的经济效益。

3.酒店创新管理的重要性

（1）酒店创新管理的行业背景

20世纪初，斯塔特勒先生在水牛城创立了第一家斯塔特勒酒店，标准化酒店产品和服务模式随之诞生。随着美国假日酒店等知名连锁酒店的崛起，标准化酒店模式得到进一步提升和发展。它体现在无论是普通的经济型酒店还是高星级连锁酒店，基本的客房用品配置以及客房服务都以相同的标准和流程在实施。21世纪后，越来越多的流水线上生产出来的星级酒店鳞次栉比，日益成熟的酒店管理方法和经验进一步完善了酒店运营管理，这其中酒店标准化模式发挥了极致的功能。

标准化的酒店运营模式将现代酒店业带入了一个超速发展的时代，但是同时也带来了另外一个问题——顾客的审美疲劳，即越来越多的顾客在重复的入住中产生了审美疲劳，他们希望在入住酒店的过程中得到更多的精彩体验。显然，传统的酒店管理理念和方法无法满足顾客在新时期对酒店产品和服务的要求。因此，现代酒店产品和服务需要创新，现代酒店管理更需要创新。

（2）酒店创新管理的作用

①产生新的管理与营销理念

酒店进行创新管理能够给酒店管理带来新的管理和营销理念，从根本上突破传统酒店管理思想的束缚，营造一种良好的经营氛围。国际酒店集团在中国市场发展的经验表明，无论是酒店的经营管理理念还是酒店的产品与服务都不能固步自封。国内酒店在学习国际酒店集团先进管理理念和经验的同时，也要不断积累经验，突破自身创新能力不足的困境，否则将无法应对激烈的市场竞争。

②提高资源配置效率

酒店创新管理能够帮助酒店提高自身资源配置的效率，增强核心竞争能力，实现酒店的持续发展。酒店创新管理的实质是利用市场的潜在机会，重新组织和配置生产条件和要素，建立起效能更强、效率更高和费用更低的对客服务方式和经营方法，推出新的产品和服务，开辟新的市场或获得新的营销渠道。由于目前酒店产品之间的模仿性和复制性非常强，经济型酒店之间、星级品牌酒店之间提供的产品和服务雷同。因此，酒店只有在产品和服务、管理理念和营销方式上不断创新才能在竞争中脱颖而出。

我国酒店业缺乏良好的创新环境和氛围，显示出明显后劲不足的趋势，国内高端酒店在这一点上表现得更为明显。当前中国高端酒店市场几乎全部被国际酒店品牌占领。曾在《解放日报》上宣称要扬帆远航的中国酒店第一强的锦江国际也把自己的酒店拱手让给外国人来管理，如上海东锦江索菲特（现为上海东锦江希尔顿逸林酒店，管理方从索菲特换成希尔顿逸林）、和平酒店（现为和平费尔蒙酒店）等；号称要打造中国最大的旅游集团，打造首旅帝国的首旅集团北京酒店——长安街地标性建筑也拱手让给莱佛士管理。因而，加强酒店创新管理实现酒店的持续发展刻不容缓。

（三）酒店创新管理实施的原则

酒店创新管理并不是为了创新而创新，而是以创新为中心的管理。在实施创新管理的过程中酒店应当秉持以下原则：

1. 注重创新管理的长期效益

酒店创新管理的过程中可能会造成短期成本上升，如新技术的使用使酒店短期成本支出急剧上升。但是从长期来看，酒店创新管理会给酒店经营带来持续的积极效果，如希尔顿集团2011年推出自主研发的可持续性节能平台"Light Stay"，在全球1300多家希尔顿酒店投入使用，使全球的希尔顿酒店累计节约成本预计超过1.47亿美元。可见，酒店管理者不能过分关注酒店创新管理带来的短期经营成本上升的压力，而要看到创新带来的持续效应。

2. 坚持创新管理的动态适应性

在激烈的市场竞争中，酒店能否尽快适应市场环境的变化，及时调整经营思路和策略以获得竞争的优势，关键要看能否在短时间内在组织、制度、产品、服务等方面进行创新并进行有效的管理。酒店组织内部的变革和创新就是要不断地根据外部环境的变化进行动态的调整，所以说酒店创新管理实施过程中应当秉持动态适应性。

3. 坚持创新管理的全员参与性

酒店创新管理中应该更加重视员工的因素和作用，尤其不能忽视一线员工。因为员工是实现酒店产品服务创新的根本，所以酒店创新管理需要全员参与，管理者和一线服务人员都应当积极投身其中。管理者要千方百计鼓励创新，尽最大可能创造一种有利于创新的氛围，一线人员也应当积极投身于产品和服务的创新和改进中，以实现顾客的"满意和惊喜""为顾客带来难忘的入住体验"为目标进行创新。

4. 坚持创新管理的全面性

进行酒店的创新管理需要搭建一个支持创新的平台。这一平台的建立需要考虑制度、理念、组织、文化、人员等诸多方面的因素，几乎涉及酒店管理的方方面面。需要指出的是，酒店创新管理的全面性特征并不是说酒店在各个方面都需要创新与变革，而是指在酒店创新管理过程中，无论是否进行具体的创新活动，各部门各个环节都应当支持创新。

5. 关注创新管理的不确定性

创新的本质具有不确定性，酒店创新管理在本质上也是不确定的。酒店经营的外部市场环境不断变化，酒店内部环境有时也会随着管理者的调整而变化，这些都给酒店创新管理带来了不确定性。需要提出的是，并不是所有的创新活动都能取得成功或者获得积极的效果。但酒店不能因噎废食，要做到像日本松下公司创始人松下幸之助先生那样允许自己和部下犯"真诚的错误"（"真诚的错误"是指积极创新但因种种原因未能成功，而造成企业损失的情况）。虽然创新具有不确定性，但仍有规律可循，酒店管理者可以通过学习如何获得创新力、如何提高创新质量、如何使创新活动收益最大化以及如何保护和传播创新等方面的知识以实现创新的积极效应。

第三节 酒店产品和服务创新

酒店产品和服务的创新首先需要进行观念的转变，其次需要通过温情的个性化服务等手段将产品和服务创新落到实处。

一、酒店产品和服务观念的转变

世界范围内知识技术和市场环境的变化，人们的消费行为和观念的变化，都可以为创新提供机会。德鲁克在其著作中提到，法国地中海俱乐部之所以能成为当今世界最大的旅游供应商之一，其成功在相当程度上得益于20世纪70年代初对市场的准确把握和创新管理的实施。地中海俱乐部最早注意到欧美国家正在出现一批新一代的旅游者，他们年轻、受过良好教育、家庭富裕，与他们劳工家庭出身的父母不同，这批旅游者已不再满足于去布赖顿和大西洋城度假。于是法国地中海俱乐部打破传统度假胜地建设的观念，在世界各地投资建设适合这部分游客的度假胜地，并因此获得巨大发展与可观的经济效益。这是旅游供应商因关注新的市场机会并通过创新以适应市场变化而获得成功的一个典型案例。而知识与技术的不断进步带来的创新机遇主要表现在21世纪后各大连锁酒店集团运用现代互联网技术使酒店大规模个性化服务的提供成为可能，万豪、希尔顿、喜达屋、洲际等诸多酒店集团在这方面均已迈出重要步伐。

目前，在体验经济时代，消费者更加注重个性满足和体验，需要酒店产品和服务在观念上进行创新。由于体验经济的本质是强调满足个人心灵与情感需要，体验经济中消费者在选择产品时，已不再单纯地只注重传统的功能性的满足，而是更注重产品带给个人的美好的心理体验，并乐意为此付出更高的代价。在传统经济模式下，酒店产品和服务强调满足顾客功能性的需求。在体验经济时代，这一观念需要转变，酒店创造价值的特点应当像迪斯尼乐园那样，以设施、设备与环境为道具和舞台，以员工的接待、服务与娱乐活动的介绍及表演为节目，使顾客融入其中，充满着感性的力量，给顾客以愉悦的入住体验。

酒店作为实践体验经营的最佳场所，如果能够以创造或者提供这种美好的感觉作为着眼点，一定可以带给顾客"满意加惊喜"的体验，进而提升顾客满意度和忠诚度。

二、酒店产品和服务创新管理的实施

目前，我国很多酒店对行业经营特点的认识仍停留在服务经济水平上，即停留在帮顾客解决一般的用餐、会议、住宿等服务问题上。而事实告诉我们，这样是不行的，现代酒店管理必须要上升到体验经济的高度，即以突出为顾客创造美好的入住体验和感受来对酒店产品与服务进行管理。

（一）突出个性化的温情服务和顾客关爱

酒店应该通过个性化的温情服务和顾客关爱来增加顾客的归属感。一旦酒店个性化的温情服务和顾客关爱成为特色，就能吸引更多潜在顾客，提高酒店的收益。此外，这种个性化的温情服务和顾客关爱较难复制，能够帮助酒店形成较为稳定、持久的竞争力。泰国曼谷东方大酒店将个性化的温情服务和顾客关爱很好地融入员工对客服务行为中，如大堂经理在大堂里来回走动时，看到门口有车就会主动出来为顾客拉车门，这一出乎客人意料的微小举动，使得客人更有身份尊贵和亲切的感觉。再如由喜达屋旗下高端品牌圣·瑞吉斯管理的北京国际俱乐部酒店，其最大的服务特色是贴身侍从服务，24小时关注客人的一切需求，给客人无与伦比的关爱体验，以得到客人的认可。

（二）以顾客需求为中心设计产品与服务

酒店应围绕顾客需求设计酒店产品和服务，以增加顾客消费过程的体验性。酒店产品和服务的创新要以顾客的需求为基础，特别要关注"顾客资料库"中20%忠实客户群体的需求，因为这部分忠实客户大多是某一行业的成功人士，重复购买力强，且他们对于酒店的评价和选择往往能对其周围许多人产生影响。所以酒店在设计产品和服务时，应以忠诚顾客的需求为中心，通过向他们提供超值和可供选择的服务与之建立长期的紧密性关系，使老顾客不断感受到新的服务和新的变化，进一步提升他们对酒店的忠诚度。

另外，酒店还应学会根据消费者需求的变化及时调整产品和服务。如中国第一家本土五星级度假酒店三亚凯莱度假酒店，自开业之初就强调酒店应针对顾客需求对产品和服务不断进行创新和调整，以提升顾客的入住体验。顾客在凯莱酒店能感受到无微不至的服务，如酒店考虑到度假客人通常都会带孩子入住酒店，所以酒店的所有家具都没有棱角；凯莱酒店套房卫生间专门配置两个马桶，一大一小，分别供大人和小孩使用。如此个性化、体贴的服务，为凯莱度假酒店赢得了很好的声誉的同时，也提升了顾客的体验价值及其对酒店的品牌忠诚度。

（三）充分重视高科技的运用

酒店应重视高科技在酒店产品和服务中的运用。一些国际一流连锁酒店集团通过高科技技术的运用为顾客提供极致个性化和定制化的贴心服务。如服务人员查房时发现淋浴房的花洒被顾客调慢，便会将这一细节存入客户云端系统，当这位客人再次入住时，工程部和客房部就会事先将花洒调至客人惯用的状态；又如某位顾客偏爱某一个尺寸的枕头，酒店可以通过数据库进行记录，下次该顾客入住时，酒店可以提前为顾客进行安排，让顾客感觉到温馨。

当然，酒店产品和服务的创新不能强加于人，要给客人提供多种选择的余地，并尊重客人的选择。传统酒店可以根据上述几个方面来实施产品和服务的创新。而对一些主题或者精品酒店而言，上述措施就不足以使目标顾客"满意加惊喜"，还需要在传统酒店的产品和服务标准的基础上增加更多的主题和特色因素。

三、酒店营销创新

在体验经济时代，消费者不仅重视产品和服务，更渴望获得产品依附的无形物质和文化效应所带来的体验，这就需要酒店将外部营销与内部营销统一起来。

（一）适时进行体验营销

酒店在面对日益挑剔的顾客时，可以通过延伸和拉长服务链条，提高服务附加值的比例，加强酒店产品的体验性，创造令人愉悦的环境氛围，使顾客在酒店的消费经历成为一种难忘的体验，这就是酒店体验营销的核心。

1.酒店体验营销的内涵

体验通常是由人们对事件的直接观察或者参与造成的,是一个人达到心理或者精神的某一特定水平时意识中所产生的美好的感觉和感受。一次美好的入住体验会长存于消费者心中,会成为消费者难以忘怀的记忆。

酒店的体验营销就是指酒店以服务为舞台,以商品为道具,为消费者创造出值得回忆的活动。传统营销带给顾客的是单纯的住宿或者用餐等功能性需求的感受,而体验营销则是一种独特的个性化需求被满足的主观享受。酒店可以从感官、情感、思考等方面去为顾客营造体验的意境,达到进一步吸引和留住客人的目的。

2.酒店体验营销的特征

(1)强调高度的顾客参与性

体验营销以拉近酒店和顾客之间的距离为重要经营手段,以一种让顾客感到更加亲近、更易感知、更具互动性并更具情感的形式来提供产品和服务,强调顾客和员工的互动体验,从而丰富酒店服务和产品的内涵。因此,酒店进行体验营销的重点应在于为顾客创造和提供直接参与或者选择的空间,尽量让每一位顾客都参与并融入其中。

(2)重视体现主题的设计

注意为每一个体验活动创造或设计一个体验主题。酒店要提供的顾客体验对顾客必须有价值并且与众不同,这可以通过对不同体验主题的设计来实现。但是需要注意的是,由于不同国家和地区的顾客有着不同的风俗习惯和文化理念,价值观念和价值评判标准也不同,评价的结果会存在一定差异。因此,酒店体验营销活动的安排要适应当地市场的风土人情,迎合主要客源的需求,既富有新意,又符合常理。杭州雷迪森龙井庄园作为杭州首家精品酒店,坐落在西子湖畔深处一个毫不起眼的村庄里。这座以茶文化为主题的酒店被绿色的茶园包围着,随处可闻到浓浓的茶香。庄园内有五亩狮峰龙井茶园,住客可以观赏、采摘龙井,可以在古筝伴乐下细细品味龙井,品味生活,享受"大隐隐于市"的意境。

(3)关注体验的个性化

体验营销更注重顾客在消费过程中体验的个性化。酒店顾客日益成熟和挑剔,入住经验越来越丰富,消费需求越来越个性化,越来越倾向于享受定制化的、别具一格的酒店产品和服务,所以酒店在营销过程中应当注意营造环境和氛围,在提供产品和服务时应具备一定的独特体验。顾客在购买和消费过程中为了获得"体验感觉"往往不惜花费较多的代价。

3.酒店体验营销的内容

(1)感官体验营销

感官体验营销是指酒店把产品和服务等通过视觉、听觉、触觉与嗅觉来传递给顾客,试图让顾客获得良好的感官上的体验。酒店要有意识地营造一种和谐、温馨、浪漫和富有特色的氛围,使客人受到心灵的触动和感染。这种氛围的营造可以通过温暖或明亮的色彩使用、明快或者富有特色的装修和装饰、舒缓或轻柔的音乐和气味等来实现。如喜达屋酒店集团推行"香气战略",通过旗下酒店大堂散布的香气来加深顾客对酒店的印象,传递酒店优雅、轻松的生活气息,让顾客感受到酒店细致入微、温情关怀的特点,提升了顾客的满意度。

（2）情感体验营销

在当代的社会文化状况下，人们从消费中所寻求和获得的体验具有审美和情感这两个核心要素，酒店消费也是如此。情感体验营销强调酒店在营销过程中要触动消费者的内心情感，创造情感体验，如引发消费者欢乐、自豪，甚至是其他强烈的激动情绪。情感营销需要酒店服务人员深入研究顾客的情感反应模式，真正了解不同刺激可以引起何种情绪，以及能使顾客自然地受到感染并融入这种情景中来的方法。情感体验营销是一种更为人性化的营销方式，是真正从顾客的内心感受出发、细心体察与呵护顾客情感的一种营销手段。

（3）文化体验营销

虽然酒店产品与服务易于模仿，但酒店文化的效仿却非常困难。因此如何进行文化体验营销、为酒店营造一种竞争对手难以模仿的文化氛围和体验是值得探讨的问题。一般来讲，酒店可以利用一种传统文化或一种现代文化，创造出本酒店的文化氛围，从而有效地影响顾客对酒店的心理印象。酒店产品和服务如果能够凝聚丰富的文化内涵，或者代表某种文化趋势，就能使得酒店在某一个特定的子市场获得顾客肯定。所以酒店要充分考虑顾客的文化消费心理，营造酒店的文明水平、文化特色和氛围，使客人对酒店印象深刻，难以忘怀。

4.重视内部营销

（1）酒店内部营销的内涵

内部营销理论形成于20世纪80年代，越来越多的服务企业意识到员工在企业发展中的重要性，开始有意识地把员工视作内部市场，并认为只有满意的员工才能产生满意的客户，要想赢得客户满意，首先要让员工满意。因此，满意的员工产生满意的客户是内部营销的基本前提。服务产品的外部营销行动在推向市场之前必须先在员工中间开展内部营销，酒店也是如此。由全体员工构成的内部市场应该首先受到重视，否则酒店的外部营销活动将会受挫。

酒店内部营销是指酒店必须有效地培训和激励直接和间接为顾客服务的内部员工，通过吸引、保留和激励员工来强化员工的服务理念和客户意识，使其通力合作以提高酒店外部顾客的满意度，从而获得竞争优势。世界上最成功的酒店集团之美国马里奥特酒店集团的成功经验充分体现了酒店内部营销的重要性。马里奥特酒店集团的创始人马里奥特先生认为，如果员工热爱他们的工作，并以在马里奥特酒店工作为骄傲，他们就会很好地为顾客服务，顾客满意度会因此有所提高，满意的顾客会经常光顾马里奥特酒店，由此产生更好的服务和更多的回头客。因此，内部营销是外部营销成功的先决条件，只有通过内、外营销策略的整合，酒店的服务才能协调一致，从而产生积极的效益。

一个高素质的员工可以弥补酒店由于硬件设施和设备不足使顾客产生的缺憾感，而一个素质较差的员工不但不能充分发挥酒店拥有的硬件设施设备的优势，还会成为顾客拒绝再次光顾酒店的主要原因。如何培训员工及激励员工更好地为顾客服务是酒店内部营销的根本和积极作用所在。持续不断的内部营销是一个不断与员工分享信息，并认可其贡献的过程，是创建一流酒店的基石，也是构建健康企业文化的基础。

（2）酒店内部营销的两个层次
①战略层面
酒店内部营销的战略层面是指在酒店制度设计上要有利于内部营销的开展具体来讲，酒店要通过制订科学的管理方法、升降有序的人事政策、有竞争力的薪酬福利水平、人性化的酒店文化和理念，创造出一种和谐、公平、开放透明的良好内部环境，在使员工满意的基础上激发其主动为顾客服务的热情和意识。"卓越的酒店源自卓越的员工，而非绚丽的水晶吊灯或昂贵的地毯。"香格里拉酒店集团坚决秉承这一理念，力图在集团内部营造出和谐的工作环境，使员工能够达成他们的个人和职业目标，实现员工满意，从而留住人才。

②战术层面
酒店内部营销的战术层面是指对内部营销的具体贯彻实施。通过定期或不定期的培训、全员沟通会议、户外拓展运动、内部尝试等方式来向员工推销酒店最新的产品和服务以及经营动态，帮助员工明确酒店的未来发展方向，使员工具有一种充满人性的、高雅的艺术表演家的服务精神，让"顾客至上"的观念真正深入每一个员工的内心，增强其工作参与度和热情，提高责任感。通过有效内部营销培养出来的忠诚员工是一种比一流的原材料、技术和产品本身更重要的稀缺资源。

不能否认的是，酒店管理者与一线员工是客房、餐饮、会议与健身等服务和产品的提供者，更是顾客所有美好感觉和体验的策划者与创造者。为顾客不断创造超越预期的美好感受的关键就是要坚持体验营销的服务理念，通过培育忠诚的员工来向顾客传递优质的服务。

传统的营销理论与实践都趋向于关注企业外部的客户和市场，强调吸引和留住客户以获取利益。但这种建立在客户满意基础上的顾客吸引和维系，同时也依赖于企业内部因素的协同与配合。因此在有限的资源投入下，如何使营销措施发挥出更好的效率与效益，为酒店创造更大的竞争优势，内部营销理论无疑提供了新的视角。

（三）酒店创新的途径
酒店创新管理不外乎管理与经营两大方面。以下 12 项内容可以帮助酒店进行创新。
1.员工积极性：怎样才能最大限度地调动各级管理人员和普通员工的积极性？
2.组织机构：现在的组织机构与形式是否需要调整？是否可以精简？
3.学习与培训：我们的管理人员与员工怎样才能更加称职？他们是否每天都在学习？需要什么培训？
4.核心能力：我们是否有了核心能力和核心产品？如果还没有，该从哪几方面努力？
5.目标市场：我们酒店是否有明确的目标市场？如果有明确的细分目标市场，我们怎样才能更好地为它服务？如果没有，怎样才能明确起来？
6.市场定位：通过 SWOT（优势、弱点、机遇、威胁）分析，了解是否需要为酒店及其产品重新定位。
7.薄弱环节：我们酒店经营管理中的三大薄弱环节是什么？该如何加强呢？
8.市场与客人需求：我们酒店是否做到市场与顾客导向？最主要的客人（客源市场）在需求方面近来发生了什么变化？或正在发生什么变化？
9.环境扫描：通过 PEST（政治、经济、社会、技术）情况分析，了解是否存在新的市场机遇。

10.竞争者：我们的主要竞争者近来有什么新的动态和促销手段？

11.新产品与新服务：随着市场与顾客需求的不断变化，我们能推出哪些新产品和服务？怎样才能使我们的产品与服务与众不同？

12.审视失败：创新的机会往往存在于过去的失败之中。重新审视近3年来的创新努力，设法把过去的某些失败转变为成功。

酒店创新管理不仅能够给酒店管理带来新的管理和营销理念，提高酒店核心竞争能力，还能帮助酒店提高自身资源配置的效率，实现酒店的持续发展。酒店创新管理主要从两大方面进行：酒店产品和服务创新、酒店营销创新。

其中酒店产品和服务创新首先强调体验经济下酒店产品和服务观念的转变，其次要求酒店以为顾客创造美好感受为目的来对酒店产品与服务进行管理。

酒店营销创新要求酒店在坚持体验营销理念的视角下，通过有效的内部营销培育高度忠诚的员工，使得顾客满意，从而获得市场和持续竞争能力。

第九章　特色酒店发展趋势

第一节　特色酒店的兴起

特色酒店的创建和发展，在海内外并不是创新，正如业界专家魏小安所说，进行系统性的研究和宣传、有组织有规模地推动特色酒店的发展，才属于创新之举。本节首先从经济型酒店的困境谈起，分析特色酒店兴起的原因以及发展历程；其次在介绍特色酒店的同时，就特色酒店和主题酒店的异同从多个角度展开对比；最后结合当下市场形势阐述了特色酒店的未来经营趋势。

一、特色酒店

（一）特色酒店的概念

特色酒店是指瞄准特定的细分市场，采用一次性的高端设计，为商业和休闲旅游者提供别致的住宿服务的酒店。或者是指通过引入独特的自然、文化资源以及现代科技成果赋予酒店外形、氛围或者服务产品某种与传统酒店相区别，能够给消费者带来独特感受的酒店。

特色酒店在界定上主要有如下几个特点：第一，设计上的高度创造性和非通俗性，主要区域的设计与常见酒店有明显的区别。第二，有取自某种文化背景、文化素材和艺术形式的主题是设计原则，并将这一原则有机地贯彻到酒店的全部经营区域中。第三，酒店宣传、经营和服务都围绕已有的设计原则展开并发展。第四，能够成为所在城市或地区的文化标志之一。

（二）特色酒店与主题酒店

目前一个普遍现象是大多数人习惯将主题酒店和特色酒店等同起来看待，甚至一些人习惯使用"主题特色酒店"的概念，然而什么是主题酒店？什么是特色酒店？什么又是二者之间的内涵与联系？只有搞清楚这些基本问题，中国的主题酒店和特色酒店的建设才能健康发展。

1. 主题酒店一定是特色酒店

独特性、新颖性、文化性是主题酒店和特色酒店生存与发展的基础。从这个层面而言，主题酒店和特色酒店具有同质性，二者都具有以下的特征：

第一，鲜明的文化特色。二者都通过引入人类文明的某些基因使酒店从外形的建筑符号、装饰艺术到内涵的产品组合、服务品位能够与传统酒店产生差异，形成特色，对消费者的视觉感官、心理体验造成冲击，即利用文化的力量取得市场竞争的最终胜利。

第二，张扬的个性特征。与传统酒店相比，主题酒店与特色酒店都很注重差异性的营造，力求在酒店建设、产品设计与服务提供各方面创新，突破千店一面的传统格局。张扬酒店的个性特征是主题酒店与特色酒店追求的一种效果。

第三，高质量的消费对象。由于具有鲜明的文化特色与个性特征，除少部分的猎奇者以外，吸引来的消费者绝大多数是对生活有较高品位的客人。体味特色、感受氛围成为他们购买酒店产品的重要动机。酒店实际上成为爱好相同、兴趣接近、具有共同语言的人群集聚地。人们到此消费，除满足基本的生理需求外更注重精神上的享受与共鸣。

2.特色酒店不一定是主题酒店

目前许多酒店以特色餐厅、特色客房、特色酒吧、特色装饰风格取得了"特色的地位"，但这些酒店只能称为特色酒店，而不能被视为主题酒店。二者的差异表现在：

第一，地域化。特色酒店的文化取材可以古今中外、包罗万象，凡是人类文明的结晶均可成为选择的目标，主题酒店的主题则一定是与酒店所在地地域特征、文化特质具有密切联系的内容。

第二，体系化。特色酒店文化的引入可以局限在饭店的某一局部、某一环节，在一座酒店中也可以表现不同的文化内容。主题酒店则强调酒店整体的主题化，必须围绕主题构建完整的酒店体系，各功能区、各服务细节应能展示同一主题服务、围绕同一核心内涵。用酒店的全部空间和服务来营造一种无所不在的主题文化氛围。

第三，时效性。由于独特与新颖特色酒店能够形成一种轰动效应，但与主题酒店相比较，却呈现出明显的生命周期。因为特色极易被模仿和复制，随着同质竞争者的不断出现和客人的消费疲劳，特色成为一种共性产品便走到了它的生命周期。

二、特色酒店的兴起

（一）经济型快捷酒店的发展瓶颈

根据经济型酒店的经营及管理特点，国内学者普遍认为经济型酒店是指以大众旅行者和中小商务者为主要服务对象，以客房为唯一或核心产品，价格低廉（一般在300元人民币以下），服务标准，环境舒适，硬件上乘，性价比高的现代酒店业态。与一般社会旅馆不同的是，经济型酒店非常强调客房设施的舒适性和服务的标准化，突出清洁卫生、舒适方便的特点。

经济型酒店最早出现在20世纪50年代的美国，如今在欧美国家已是相当成熟的酒店形式。我国经济型酒店最初的发展始于1996年，上海锦江集团旗下的"锦江之星"作为中国第一个经济型酒店品牌问世，随后诞生了一系列的快捷酒店品牌，遍布我国大江南北。2000—2010年是中国酒店业的标准规划化成熟期，在这期间形成了多重行业发展标准。随后经济型酒店进入快速发展时期，发展中国家的市场开拓和本土品牌的发展并步齐驱，经济型酒店很快以较高的性价比占据酒店业市场的半壁江山。在中国、东南亚等地区，世界著名的经济型酒店品牌陆续进入，如雅高集团的宜必思（Ibis）、方程式1（Formula1），圣达特集团的速8（Super8）、天天客栈（Days Inn）、洲际集团的假日快捷（Holiday Inn Express）等。同时，一些亚洲本土的经济型酒店品牌也开始发展，如中国的锦江之星、如家、7天。截至2016年我国已基本形成如家、7天、汉庭、锦江之星四家快捷酒店占据超过半数市场份额的垄断局面，这种垄断很大程度上意味着很多区域市场已经饱和，造成房价和出租率逐年下滑，这也是如家、汉庭等股价下跌的重要原因，经济型的快捷酒店似乎走进了发展的"死胡同"。

随着人群的细分和酒店行业的纵深发展，经济型酒店的同质化已经不能满足人们不同的需求，个性化、时尚化是未来酒店发展的重要趋势，特色酒店逐步进入市场。特色酒店业将成为酒店行业新的蓝海，市场研究发现只有提供与四大品牌不一样的价，才有更大的发展空间。实际上，寻找差异化发展路径，对消费人群进行更准确的细分，也正是未来酒店发展的重要方向。近年来，四大品牌也在寻求细分市场的机会，如锦江之星的百元酒店、汉庭的中端品牌、如家的四星级定位，这些都是经济型酒店规避趋于饱和的标准型经济型酒店，开拓差异化市场的表现。可见，经济型酒店虽然有其庞大的市场，但随着旅游发展的深入、旅游者个性化追求的加强，经济型酒店将面临发展瓶颈也是不争的事实。

（二）特色酒店的兴起

目前，我国酒店的设计和管理在追求标准化的路上已经越来越远，这在带来规模效益的同时，也导致我国的酒店管理以及酒店设计方面，风格不明确，除了无休止的"华丽"之外没有更多的特点，更加没有形成自己的精神和元素。住酒店时，甚至不清楚自己是在哪个城市，因为酒店设计完全没有地域性表达。酒店业的"整体通俗"已经见怪不怪，包括豪华和高档酒店的通俗、外商投资酒店的通俗、国内投资自己经营酒店的通俗、小型饭店的通俗等。总之，同等规模同等档次的酒店一般都会十分相像和近似，这些通俗酒店或者出于商业运作的目的，追求方便、高效，有意避免"特色"可能带来的麻烦；或者由于缺乏经验，甚至不完全理解"特色"究竟是什么，无从下手。在这种情况下，酒店会逐渐被模式化和同质化，失去了它所应该具有的文化力量。

正如餐饮在满足人们吃饱的需求后，出现诸如法国菜、日韩料理、八大菜系等特色餐饮；汽车在满足人们出行的目的时，进一步分化出现了房车、跑车、CRV等功能各异、自身特点显著的细分车型；特色酒店的出现道理亦然。从目前国内的发展情况来看，酒店差异化发展的趋势日益明显，尤其是经济型酒店已经被四大品牌垄断，高端酒店被外资酒店所占据的情况下，特色酒店的兴起成为必然。

特色酒店作为一个投资研究的命题，在实践中的探索已有40多年，特别是近10年来，越来越多的精品酒店、设计酒店、时尚酒店、豪华酒店、休假酒店、主题酒店等不断兴起。这些称谓从各自的经营特点出发，或体现建筑的设计感，或体现设施的现代化，或体现酒店主要功能，各成体系。一方面，这些特色酒店的说法和实例充分体现了业界在特色酒店方面的探索。另一方面，由于特色酒店与经营都需要独特，给约定俗成的酒店常规管理带来一定的挑战和难题，所以绝大多数特色酒店长期以来往往并不由连锁品牌酒店集团涉足管理。但随着其竞争力效益的显现，一些传统连锁酒店也开始涉足特色酒店行业，借助特色提高自身经营力，如拉斯维加斯的丽思·卡尔顿酒店，是一个以意大利佛罗伦萨的历史文化为素材的主题式特色酒店，也是拉斯维加斯第一家全球连锁品牌的酒店。

开发特色酒店，无论对酒店本身还是对酒店所在的城市而言，都是一个文化亮点。而文化一旦渗透到经济的肌体中就会产生强大的附加值，对酒店的投资和设计的定位来说，如果能够在建筑风格、服务风格等方面形成自己的特色，并产生长期的品牌效应，不论是自身发展还是市场竞争中都有事半功倍的效果。

三、特色的价值

优秀的设计带给人不一样的感受,也带来了独特的价值。所谓的酒店特色,也即酒店通过外在的建筑风格、装修特点、标识品牌,以及内在的核心价值观、企业文化、顾客服务等表现形式,针对不同的消费群体呈现出不同于其他酒店的独特的价值,满足不同人除了遮风避雨之外的高层次住宿需求。其中"特色"是特色酒店的核心。在价值观的层面上,我们将特色酒店定义为:通过引入独特的自然、文化资源以及现代科技成果赋予酒店外形、氛围或者服务产品某种与传统酒店相区别,能够给消费者带来独特感受的酒店。

随着酒店业的快速发展和业内竞争的加剧,特色酒店的话题越来越多地引起人们的关注,多一分特色就多一分竞争力的观点,已经为大家认同。在经济快速发展的时期,特色实际上已成为一种强大的生产力。在同等投资条件下,缺乏特色的通俗酒店一定竞争不过具有某种深厚区域特征的特色酒店,这是一个不争的事实,也终将被国内外酒店市场发展实践所检验。就目前看来,以全面科技化为特色的智慧酒店;以当地文化风情为特色的民宿业、以产权红利为特色的产权式酒店已经受到大量消费者的青睐。21世纪,特色不仅展现出创新酒店业态的行业价值,更在吸引投资、吸收顾客、引领行业发展等方面展现惊人的经济价值。具体来说,有如下三个方面的价值。

(一)引发注意力、深化记忆力

市场经济日益发达,各地酒店多如牛毛,几乎每一个人都曾是酒店的顾客或者将要成为某个酒店的顾客,在这种情况下,酒店创造特色的首要价值就是引发注意力。作为一个酒店如果具有某种让人耳目一新的特色,使顾客产生"这个酒店有点意思"的想法,就是酒店特色的成功。但是仅仅"有点意思"是不够的,一个酒店可以通过一个简单的物品、一句特别的口号甚至一张特别的名片就能引发注意力,而真正让人记住的酒店恐怕屈指可数。在同质化极度严重的现在,很多酒店在当时让人觉得不错,过后却印象全无。这就要求酒店通过由外及内、内外统一的全方位特色形成自身的品牌价值.通过内在的文化的特色,达到深化记忆力的目标。

通俗地讲,"引发注意力"和"吸引头回客"有同样的意义;"深化记忆力"则相当于"培育回头客"。酒店经营追求的是"回头客",而"回头客"来自于"头回客"的良好住宿体验。所以,不管是想要引发注意力、吸引顾客,还是深化记忆力、留住顾客,都需要以酒店特色作为特殊吸引物,在"头回客"向"回头客"转变中体现价值。

(二)创造文化力、突出价值观

酒店是一个综合性的服务产业,是设施设备、空间布局等有形产品与服务接待等无形产品的结合。对于现代酒店企业来说,同等硬件条件下经营活动的关键在于无形服务的提升,与其他企业不同,酒店服务人员本身的价值观、理念、素质以及服务水平等软实力直接决定了酒店产品的质量。从这个意义上来说,酒店进行内部服务提升的最大价值莫过于创造文化力。

酒店要赢得持久的竞争优势,持续稳定的发展壮大,就必须夯实基础,构筑深厚的酒店文化。既然是文化,自然不能照搬照抄、千篇一律,因为文化意味着品位、意味着个性,尤其是对于酒店来说,旅游者往往希望在异地他乡感受到不一样的风土人情和特色服务，满足自己生理以及心理的需求。这就要求酒店不但要给他们提供热情周到的服务，还要在服务上体现出一种独特的文化，因此，在酒店文化软实力的创造上，酒店特色有其独特的价值体现。

（三）形成品牌力、培育竞争力

当今社会是一个品牌的社会，企业通过品牌树立自身形象，保证顾客的忠实度，进而在市场竞争中独树一帜，最终实现利润的最大化。品牌的核心是特色，酒店以独特的风格和新颖的服务项目吸引客人，这是最基本有力的促销方式，也是酒店竞争力的源泉。品牌说到底，无非是信息浓缩，也是交易成本的下降，消费者一旦认准某个品牌，就对它具有一定的忠诚度。很多国家化的酒店管理公司之饼以能够通行世界，最重要的原因就在于通过某种特色的打造形成固定的品牌。如认准"喜来登"的消费者，他们知道喜来登大堂的设施，房间内部的摆设，大体的价格和服务水平，即使身在异乡也倍感亲切。

一般化的经营没有品牌、特色化的经营形成品牌，从这一点来说，品牌的形成必须依靠自己，先进的生产经营模式可以学习借鉴，本质却需要企业的创新。形成品牌力的主要目的是为了提高企业在市场上的竞争力，一个牢固的品牌需要长期形成的特定人文环境来培养，有特色才能有差异，有差异才能形成品牌力，才能真正培育出酒店的核心竞争力。

四、特色酒店的未来

特色酒店作为酒店未来的一种重要发展趋势，在设计和建设的过程中既要合理地开发自身特色，又要与当地实际相结合，规避易同质化和复制化的内容，所以在讨论特色酒店的未来时，笔者认为主要有如下四条发展趋势。

（一）结合各地自然社会风情，强化特色

在中国，"风情万种"应该是旅游者给中国的风土人情下的最好的定义。越是民族的越是流行，中国的特色在于民族的多元化，由民族的多元化带来了文化的多元化。正是基于这个特点，中国的特色酒店应当注重自身的酒店的文化的建设，以酒店的文化吸引海内外的游客前来驻足与消费。同时，针对不同的地理区域，酒店的特色也应该各有千秋，对于国内外的游客来说地方特色是旅游吸引力的核心所在，也是特色酒店设计之魂。

（二）以特色餐饮拉动特色酒店

"食在丁山，住在金陵"，南京丁山饭店以餐厅创造特色。丁山饭店创造了一个餐位 1 年 14 万元的营业额，在中国为最高。民以食为天，中国本就是个美食大国，地域美食的丰富性也是当前旅游的热点，合理开发当地特色餐饮，将之打造成酒店的地方特色，即使是同一品牌酒店，也因为酒店地理位置的不同提供不同的菜肴，给游客以特色餐饮文化体验。

（三）增加特色酒店之特色服务

特色服务也是特色酒店的体现。不同的酒店可以创造出富于自身特色的服务程序、服务模式和服务氛围，如有的热情、有的细致、有的互动、有的贴心等，这对客人来说，就会形成一种鲜明的不同感受。因此，特色酒店在未来的发展历程中要注重特色服务的

培训，培养酒店工作人员的服务意识。

（四）注重对目标市场的探索与整合

目标市场，是饭店企业准备用其产品以及相应的一套市场营销组合去满足的一群特定的消费者。通过对这样的一群特定消费者的探索与整合，然后进行细分，可以找出适合自己酒店特色的消费者群体，进而对该群体进行调研以及进一步分析，以做到有目的地进行市场营销，获得"事半功倍"的效果。

第二节　绿色酒店的发展

随着绿色时代的到来，人们越来越关注资源消耗与环境保护。各个行业都在追求可持续发展和生态平衡，经济、社会、环境三种效益并举成为业界讨论的热点，酒店业的发展也应同当地社会资源和环境发展相协调。为了追求经济效益，同时做到生态可持续，创建绿色酒店成为酒店业的发展趋势和明智选择。在现有酒店资源优势的基础上，加入绿色酒店的元素，发展为一个绿色高档酒店，提升酒店价值，是酒店获得持续不断的生存与发展能力的重要战略。

一、绿色酒店

（一）绿色酒店的概念

绿色酒店是指那些为旅客提供的产品与服务，既符合充分利用资源、保护生态环境的要求，又有益于顾客身体健康的酒店。简而言之，就是环境效益和经济效益双赢的结晶。

在国外，绿色酒店被简单地翻译为"green hotel"或"ecology-efficient hotel"，在国内通常被翻译为"生态效益型酒店"或"环境友好型酒店"。从名称上，生态效益和环境友好都指向安全、健康、环保理念；在这个层面上，绿色酒店指坚持绿色管理，倡导绿色消费，保护生态和合理使用资源的酒店。与通俗型酒店相比，绿色酒店自成一套经营管理体系。在酒店产品方面，绿色酒店提倡绿色消费，为顾客提供健康、环保的绿色客房，减少一次性床品的使用，并且提供绿色、生态餐饮。在酒店日常运营和管理方面，绿色酒店关注节能、降耗和垃圾处理，关注对环境的保护和资源的合理利用，强调减少废料和污染物的生成和排放，促进酒店与周同环境相适应，降低酒店对周边环境的危害。在企业核心价值观方面，绿色酒店的内涵在于贯彻绿色理念，节能减排，增收节支，走可持续发展道路。

绿色环保宾馆（酒店）的原则是：自觉贯彻环境保护法律、法规，不对周边环境造成污染；酒店经营不产生扰民问题，采用清洁燃料，不烧原煤；不经营国明令禁止的野生动植物食品；不使用一次性发泡餐盒和造成资源浪费即一次性餐具，餐具有完备的消毒措施；积极经营绿色无污染食品，做到餐桌无公害；提倡节约，能主动建议顾客带走剩余食品；环境整洁、空气清新，体现绿色风格；服务员服饰整洁，室内外设置有环境公益宣传画或警语；推行标准化管理，符合卫生防疫标准。

（二）经营方式

作为酒店业的一个新的经营理念，绿色酒店在更新酒店的经营体系更利于环保的同时，引导公众"减量化""再使用""再循环"以及"替代"的绿色消费是一个重要内容。如建议同一个客人多次使用一套一次性用品拖鞋、清洁用品等；同一个客人可以减少床单、被套、茶杯、毛巾等洗涤次数；此外，减少塑料制品的使用，减少肥皂、口杯等包装、封条；酒店使用无污染的物品或再生物品，节约资源。绿色酒店的建设给酒店也带来了经济的效益。"绿色"标准由节能、环保、降耗、绿色服务（包括绿色采购）、绿色宣传及绿色营销等环节组成，但客人看到的往往只是一部分，而节能、环保、台账的建立、废气排放、固废处理等都是隐形的，刚开始，很多酒店认为这是搞形式文章，对实际的成效还比较怀疑，运行发现带来良性循环的经济效益，才慢慢接受了"绿色"理念。例如，之江饭店通过全面推行环保、节能的"绿色管理"，一举扭转了连续7年亏损的局面，上缴国家利税500多万元；杭州国大雷迪森广场酒店将原来50千瓦的水泵换成22千瓦的高效泵，一年节电26万千瓦时，节省电费18.98万元。

（三）绿色酒店标准及要求

1. 绿色酒店的标准

定义本标准采用下列定义

（1）绿色饭店：运用环保、健康、安全理念，倡导绿色消费，保护生态和合理使用资源的饭店，其核心是为顾客提供舒适、安全、有利于人体健康要求的绿色客房和绿色餐饮，并且在生产经营过程中加强对环境的保护和资源的合理利用

（2）绿色消费：指人们在购买商品和消费时，关注商品在生产、使用和废弃后对环境的影响问题，并在消费过程中关注环境保护的问题

3. 绿色食品：指遵循可持续发展原则，按照规定的要求进行生产，经专业机构认定，许可使用绿色食品标志的无污染、安全、优质、营养的食品等级划分及标识绿色饭店分为五个等级，根据企业在提供绿色服务，保护环境等方面做出不同程度的努力，分为A级、AA级、AAA级、AAAA级、AAAAA级共五个等级，AAAAA级为最高级。

A级：表示饭店符合国家环保、卫生、安全等方面法律法规，并已开始实施一些改进环境的措施，在关键的环境原则方面已做了时间上的承诺。

AA级：表示饭店在为消费者提供绿色服务，减少企业运营对环境的影响方面已做出了一定的努力，并取得了初步的成效。

AAA级：表示饭店通过持续不断地实践，在生态效益成果方面取得了卓有成效的进步，在本地区饭店行业处于领先地位。

AAAA级：表示饭店的服务与设施在提高生态效益的实践中，获得了社会的高度认可，并不断提出新的创举，处于国内饭店行业领先地位。

AAAAA级：表示饭店的生态效益在世界饭店业处于领先地位，其不断改进的各项举措，为国内外酒店采纳和效仿。

等级划分的依据和评定方法等级划分的依据是绿色饭店标准。

2. 评定方法

（1）企业自愿向中国饭店协会及其委派机构报名，并组织相关人员参加培训。

（2）企业参照绿色饭店标准及细则，开展实施活动，根据企业的需要，全国绿色

饭店评定机构将派专家进行具体指导。

（3）企业根据实施结果，填写有关评估材料报全国绿色饭店评定机构。

（4）全国绿色评定机构对材料进行书面审核后.委派审核组对现场进行检查评审，出具评审报告并确定等级。

（5）一个企业评定一个等级，如果企业由若干分店组成，应按各店的实际情况分别评定等级；如果是连锁店，可以统一申报，一次评定等级评定和管理原则。

（6）绿色饭店的评定采取企业自愿申请，评定为绿色饭店的企业实行强制管理制度。

（7）经评定的绿色饭店授予相应等级的绿色饭店标志牌，对本企业生产的餐饮食品经专家委员会认定准许使用"绿色美食"标志并颁发证书。

（8）绿色饭店标志牌由全国绿色饭店评定机构统一制作、颁发，任何单位或个人未经授权或认可，不得擅用。

（9）经评定的绿色饭店，由全国绿色饭店评定机构每两年进行一次年度监督，四年进行一次复评。在此期间，应企业的申请，可安排进行晋级评定。同时，中国饭店协会还将作不定期暗访，在监督、暗访、复评人员出示审核员证及绿色饭店评定机构委托书后，饭店应积极配合开展相关工作=标志的有效期为四年（自颁发证书之日起计算）。

3.绿色酒店要求

（1）酒店严格遵守建设和运营中涉及的节能、环保、卫生、防疫、安全、规划等法律、法规和标准的要求，饭店所在地有严于国家污染物排放标准的地方污染物排放标准时，应执行地方污染物排放标准。

（2）酒店有科学有效的资源节约和环境保护方针，制定了明确的目标和可量化的行动指标，并有完善的经营管理制度保障执行。

（3）酒店有相应组织机构，有经过专业培训的高层管理者具体负责绿色饭店的创建活动。

（4）酒店每年有为员工提供节约、环保、安全、健康等相关知识的教育和培训活动。

（5）酒店有提供绿色行动的预算资金及人力资源的支持。

（6）酒店有绿色行动的考核及奖励制度，并纳入饭店整体的绩效评估体系。

（7）酒店有倡导节约资源、保护环境和绿色消费的宣传行动以营造绿色消费环境的氛围，对消费者的节约、环保消费行为能够提供多项鼓励措施。

（8）酒店无安全事故和环境污染超标事故。

二、绿色酒店的发展

（一）绿色酒店的提出

工业文明的兴起，为人类提供日益增多的福利事业、丰富的物质资料和精神资料，现代生活中的每一个人都离不开这样高度发达的技术社会。然而，产业革命造成了全球严重的环境污染，如大气污染、水体污染、土壤污染、生物污染、噪声污染、农药污染以及核污染。环境污染、物种资源损失、土地破坏以及粮食和资源短缺成为人类面临的几大难题。值得庆幸的是，人类认识到了保护环境的紧迫性，在各自的领域纷纷行动起来。

欧洲一些国家的酒店经营者们就意识到了酒店业对环境造成的危害，提出了绿色酒店的概念。在概念的实施上，国外在这一领域很早就取得了不错的成果。例如，20世纪90年代初期，雅高集团为其经营和管理的2000多家酒店定制了《雅高酒店管理环保指南》手册，洲际酒店集团通过改善经营模式减少的能源成本高达27%。20世纪90年代中期，国外"绿色酒店"的理念传入我国，在北京、上海、广州等一些大城市的外资、合资饭店和一些由国外管理集团管理的饭店中实施"绿色行动"，其他也有一些酒店自发开展了活动。浙江省全省范围内开展创建"绿色饭店"的活动，这是国内首次在省级区域内开展的创建"绿色饭店"活动。此后，深圳、广西、四川、河北、山东等一些省市开展绿色饭店创建活动。

我国的酒店业发展虽然晚于欧美国家，但随着国民经济的增长和消费水平的不断提高，我国酒店业的发展速度远远超过了西方国家。受全世界环保风潮的影响，我国也开始盛行绿色酒店的概念，国家旅游局也发布了《绿色旅游饭店》行业标准，积极推进绿色酒店创建活动，目前已有超过1800家酒店被评选为绿色酒店，覆盖范围达14个省或直辖市等。

（二）绿色酒店的认证

1.ISO 14000 系列标准

ISO 14000 系列标准是由国际标准化组织下属的 ISO/TC207 环境管理技术委员会针对日益恶化的全球环境问题而制定的，它用于规范企业的环境管理行为。ISO 14001 环境管理体系标准是由 ISOfTC207 环境管理技术委员会颁布的核心标准，为企业的环境管理工作找到了一个正确途径，为企业管理体系的建立实施提供了指导。

ISO 14000 系列标准提出了新的环境管理理念，即该标准的核心思想。首先，ISO 14000 系列标准对环境管理体系建立实施提供了政策上和思想上的保证，ISO 14001 环境管理体系标准的条款明确要求企业最高管理者制定环境管理方针政策；其次，ISO 14000 系列标准对环境管理体系建立实施做出组织上和职责上的落实，环境管理体系将管理工作融合在企业的全员管理体系之中，在企业现有的组织结构中赋予了环境功能，这就为环境管理工作的发展提供了组织上的保证；最后，它将过去片面注重"尾端"治理转向全过程的污染控制，提出以预防为主、持续改进提高，在处理任何事情上都讲究文件化和程序化，以环保法律法规为依据，把工作重点摆在环境因素的控制和改善上。

2.ISO 14001 在酒店业的应用

ISO 14001 环境管理体系标准是创建绿色酒店的有效工具，它适用于任何组织的标准，在世界各地得到了广泛的发展。随着环境管理体系的不断发展，人们把目光从生产企业逐渐转向旅游行业，特别是酒店业，那些通过 ISO 14001 环境管理体系标准认证的酒店被人们认为是绿色酒店。

全球酒店业积极推行的绿色宾馆酒店活动，体现了 ISO 14000 国际标准所倡导的预防污染、节能降耗的宗旨，在酒店业实施 ISO 14000 认证已成为一种趋势，具有积极的意义。应深刻认识到 ISO 14000 认证蕴藏着巨大的市场机遇和挑战，环境形象对宾馆酒店发展战略具有越来越重大的影响。实施 ISO 14000 认证给宾馆酒店带来了效益，一方面是可以衡量的经济效益，体现在降低成本、节约费用方面；另一方面是一些无法以简单的经济手段衡量的效益,如市场竞争力的增强和市场占有率的扩大、环境管理水平的提高、企业形象的改善、守法程度的提高、员工协作的加强等。前一种效益可以使企业在短期内获得对建立体系花费的人力、物力的补偿,而后一种改变则可以在企业长期发展的过程中带来不可估量的效益。

(三)绿色酒店与提升酒店价值的内在联系

顾客让渡价值理论中指出,顾客的满意度与顾客实际得到的总价值和消耗的总成本密切相关。顾客在购买产品或服务时,总希望花费最少的货币支出、时间和精力,得到最大的价值和效用。使顾客获得更大让渡价值的途径可以通过不断创新酒店服务、提升文化品牌形象来提高顾客感受价值。同时,酒店在日常经营管理中通过节能降耗,合理利用资源,以降低酒店经营成本,减少顾客总支出成本。创建绿色酒店,建立绿色价值创造模式,提高绿色顾客让渡价值,对于酒店价值提升具有重要意义。

第一,提供绿色酒店产品。酒店向顾客提供保护环境和有益于人体健康绿色的产品和服务,符合消费的发展新趋势,满足了顾客对于绿色产品的需求。

第二,塑造绿色酒店形象,提高酒店的绿色品牌价值。随着人们环境意识的逐渐增强,通过倡导绿色消费,使绿色理念深入人心,树立酒店良好的品牌形象,赢得消费者的信任,提高顾客对绿色酒店的认知和认同感,提升顾客的感受价值。

第三,加强绿色管理。从可持续发展的角度考虑,加强酒店节能、节电、节水管理。在酒店内部大力实行节能降耗,合理、循环利用资源。另外,减少污染废弃物的排放,加大环境保护力度,降低酒店生产对周边环境的危害程度,提升酒店的社会价值。绿色管理将大大降低酒店的经营成本和日常消耗费用,进而降低酒店总成本,提升酒店价值。

三、绿色酒店发展前景

与发达国家不同,我国工业化发展起步晚,土地的过度开垦、工业废气的大量排放使得近年来雾霾、沙尘暴等恶劣气候时有发生,环境问题日益凸显,环保、低碳生活的呼声越来越高。各行各业都在制定和执行着自己的绿色行业标准,作为耗能大户的酒店业更是积极参与其中。

我国的绿色酒店处在初级阶段,制定有合理的法规政策,但落地艰难。然而,随着居民环保意识以及企业责任感的加强,绿色酒店大有可为,发展前景一片光明。酒店业作为旅游业的支柱产业,对环境保护和合理利用资源所做的努力直接关系到旅游业的发展并影响到社会的可持续发展,绿色酒店在我国的发展前景是大势所趋,符合我国发展政策、符合我国人民日益转变的消费观念。

一种新型业态的产生不是盲目的,发展绿色酒店也应选择正确的道路、正确的对策。酒店属于服务行业,所以建立绿色服务企业制度,就要遵循 5R 原则。一为研究(Research)原则,酒店将环境保护作为决策要素,就要重视研究环境的保护对策,在对策的制定上有理论和实践基础;二为循环(Recycle)原则,酒店有责任对内部产生的废旧产品进行回收处理,实现消耗品的循环利用是酒店实现可持续发展、同时减少经营成本的必由之路;三为消减(Reduce)原则,要求酒店要采用创新的工艺、技术等手段,减少或消除有害废弃物排放,从废弃物产生的根源上搞好"三废"治理;四为保护(Reserve)原则,要求酒店要积极参与所在地社区内的环境整治、真正参与到环境保护的过程中来,通过加强对员工和公众的环保宣传,树立绿色企业的良好形象;五为再开发(Rediscover)原则,酒店在经营过程中注重产品的研发,将普通商品转换为绿色商品,积极争取绿色标志。绿色酒店是一种方向和目标,是一个不断发展的概念,绿色酒店的创建、实施与保持是一个不断发展的过程,在实施过程中应与饭店其他管理体系的运行相协调,是一个与酒店各方面的发展相互促进的过程。

环保力度的加大,覆盖的范围增加,产生环境效益的同时也意味着绿色酒店所需要的绿色技术水平在不断提高。绿色酒店的改造不是一朝一夕可以完成的,不同的酒店建设年代不同,设备设施技术性能也有差别,因此在创建、实施过程中,要避免跟风、避免设备上的攀比,需要根据酒店各自的实际情况采取不同的措施,逐步引入适合自己发展的先进的环保技术和设备,获得环境绩效的持续改进。

第三节 低端市场的开拓

本章的第一节中,讲到了经济型快捷酒店的发展瓶颈,其中,定价相对低廉的经济型酒店有巨大的市场规模,但又同时面临着自身特色不足,难以满足当下个性化需求的发展瓶颈。本节将讨论酒店业低端市场的开拓,主要从低端市场占有者的角度,举例阐述低端市场独特的经营、管理以及控制模式,单从数量上来看,低端市场拥有最多的经营者和消费者,是酒店业发展中不可忽视的一支。希望本节内容能够在酒店业的创新趋势上给予读者一定的启示。

一、低端市场

(一)低端市场范畴

现有的中国酒店业市场规模宏大,根据我国第三次经济普查数据显示,我国统计内住宿机构达7.3万家,主要由旅游饭店、一般旅馆和其他住宿服务机构组成,除此之外还有大量难以计数的城市:乡村家庭旅馆等住宿设施。在酒店的分类上我国存在多重标准,根据不同的考察形式更有不同的分类方法,本节中讲述的酒店业低端市场主要以酒店价格为标准,参考2010—2014年我国居民平均消费水平。以及现有主要酒店销售网站定价系统,我们将单价在300元以下的酒店市场称为低端市场,这里面主要包括价格在100~300元之间的经济型酒店和单价低于150元的低廉旅馆。

1.经济型饭店

经济型酒店又称为有限服务酒店,其最大的特点是房价便宜,经济型酒店服务模式为"b&b"(Bed&Breakfast,即住宿+早餐)。近些年来,中国经济型酒店的扩张非常迅速,不仅有世界著名的经济型酒店品牌的陆续进入,还有本土酒店品牌的发展。这种以连锁为主,可以迅速复制扩张的酒店形式,无论在装修、服务还是信誉上都有较大的竞争优势:预订方便快捷、价格透明、不需要前台议价、干净卫生、服务和安全有保障。因此,虽然经济型酒店在创新经营管理方式上略有不足,难以吸引对当地旅游文化有浓厚兴趣的人,但它的普适性依然对传统低星级饭店形成巨大威胁并抢占其大量低端市场。

我国连锁经济型酒店巨头扩张加剧，一线城市竞争激烈，发展重心转移至二、三线城市，价格有所上涨，经济型酒店平均价格 128 元，同比上涨 10%。我国四大经济型连锁酒店的市场占有率排名，如家以 21.81%排名第一，7 天、华住（汉庭）、锦江之星分别以 13.6%、1.58%和 8.54%的市场占有率排名第二至第四位。高端酒店市场在"国八条"导致消费市场缩水以及经济型连锁酒店规模扩张的双重冲击下，难抗需求疲软，业绩呈现大幅下滑趋势，而与之形成鲜明对比的，是经济型酒店呈现一片欣欣向荣的景象。中国酒店集团规模排行榜前五强中，有 4 个是以经济型酒店为主体的酒店集团。

2. 廉价旅馆

紧随其后的廉价旅馆（budget hotel），是指房价不足百元的城市连锁饭店、青年旅舍和胶囊旅馆等，它们正如雨后春笋般快速成长，对那些小招待所、社会旅馆甚至地下旅馆也形成了很大的替代性。尤其是青年旅舍、胶囊旅馆等新型的住宿设施，它们的成长契合中国大基数、低消费的大众化需求，更能通过特殊的经营形式，使居住者与周围旅客产生情感的交流，满足了部分旅游者外出旅行的精神需求。同时，此类旅馆大都在设备设施上采用可循环使用的产品，符合低碳排放、经济实用、安全卫生、节约资源的发展理念，因此在我国未来的酒店业发展中具有广阔的成长空间。

（二）低端市场目标定位

在酒店业的细分领域，低端市场主要定位于那些住不起中高档酒店，又无法接受那些小招待所、地下旅馆的脏乱差的客户群体。不同于快捷酒店和商务酒店，这些旅店锁定的是低端酒店市场，想要解决和改善传统小型廉价居所"缺乏安全"和"卫生条件差"的现状。下面以目前低端酒店市场中运营较为成功的布丁连锁酒店和万里路中国青年旅舍（连锁）为例分别讲述这两个不同类型的低端酒店品牌的市场目标定位。

二、低端市场运营策略

（一）成本控制

以"99 旅馆连锁"为代表，99 旅馆连锁是一家以全国房价 99 元在经济型酒店里开辟全新发展空间的超经济型酒店，为在较低的定价上保证足够的经营利润，99 连锁在成本控制方面主要采取了独特的经营措施。

一是在房间设计上，以 10 平方米左右为主，只将最重要的床、洗浴卫生间、网络等置入，将电话机、电水壶、毛巾（只保留一条）等非必要设施精小化，将吹风机等可共用的设施放到房间外的公共区域共用。

二是在运营系统上，用信息化推进标准化管理和人力资源节约。除内部运营系统的信息化外，99 连锁目前正在推广自助服务机入住方式，希望将来能够成为不设前台的自助服务式酒店，客人可通过自助服务机直接取卡入住，从而使一家拥有 30 间客房的门店，员工可以精简到 4～5 人。

三是在管控模式上，99 连锁采取的是"一只狼领导一群优秀的羊"的模式，即并非每家门店都有店长，而是五家门店只设一个店长，每家店设一个驻店经理。驻店经理主要负责店内事务，而店长主要负责五家店的整体运营。

（二）经营形式

和星级酒店集团相比较，包括经济型酒店在内的低端酒店在服务器材上整体处于劣势地位，而其小而专的企业配置，以及拥有的优势的管理方式则是使其转败为胜的中坚力量。因此，经济型酒店、低廉旅馆等往往都会在经营形式上进行创新，以另辟蹊径、谋求生存，这就要求酒店持续改善服务效果，优化管理品质，逐渐实现人力资本促成物质资本最大化的理想成果。

企业的经营方面，酒店连锁的市场开拓模式是业内普遍认可的，具有优秀实操性能，简单来讲，主要有如下四种经营形式。四种方式各有利弊，但都成功实现了酒店低端市场的开拓。

1. 直营连锁

是指经济型连锁酒店各旗下分店由总部实行直接管理、直接经营、直接投资，这种经营模式主要特点就是总部与各分店的联系密切，分店对酒店没有经营权也没有管理经营权，他们需要对酒店总部直接负责，并无条件地服从总部管理。这种经营模式主要在新开发一个市场经营区域时运用，尽管这种模式需要总部投入更多的时间、人力及财力，但是它却是最有效的经营模式，只有这样才能让这些分店高效率地去实行总部的经营策略，扩大市场经营，增强竞争力，降低经营风险。

2. 特许加盟

这种经营模式主要是加盟酒店与连锁总部签订特许经营权协议，由酒店总部将分店经营权、运营模式等授权给分店，由分店自主经营，总部提供一定的技术支持。这种模式目前是我国流行最广的一种经营模式，与直营经营模式相比，这种经营模式下，分店具有自主经营权利，可以根据本地区的具体情况适当调整总部经营策略，实施更适合自己分店的经营策略。但是这种经营模式对连锁酒店总部的要求比直营模式高，它需要总部有一套完整有效的管理模式，来对旗下分店进行有效的控制，保证分店可以对总部的命令进行高效率的实施，提升酒店经营效益，以吸引更多的加盟者。这种经营模式可以使经济型酒店的品牌推广速度更快，较快地形成规模化的市场效应，这对加盟者与总部都有着很大的益处，对增加他们的市场竞争力有着很大帮助。

3. 自愿加盟

这种经营模式主要是一些已经开始经营并具有一定效益的酒店自愿加盟到某个连锁酒店的旗下，与连锁酒店总部签订一定的协议，并每年交付一定的年费。在这种模式下，总部需要向加盟店提供技术指导以及经营形式，但是分店的所有权与经营管理权仍由分店所有，分店的经营后果皆由加盟者承担，其品牌效益、技术所有权归总部所有。

4. 兼并收购

这种模式是市场经济发展的必然结果，它体现了适者生存的生存理念，它是市场细化分工以及优化资源的表现。这种经营模式的实现要求经济型连锁酒店具有较大的规模、较高的经济效益与成熟的品牌形象，具备了这些条件的连锁酒店对一些经济效益低下的经济型酒店实行收购或者兼并，占有被兼并收购酒店的技术与市场等一切资源资产，从而达到扩大自身经营规模、提升经济效益与市场竞争优势的目的。兼并模式包括两种，即横向与纵向。横向兼并主要是在不同的经济型酒店之间进行，以此来提高市场经营份额，纵向收购主要是兼并收购那些可以与酒店行业实现互补的企业，如旅游公司等。通过收购这些企业，使酒店具有完整的服务系统，将不同的产业融合一体，达到提升酒店的经营效益的效果。

三、低端市场机遇与挑战

（一）机遇

1. 入住率高，市场潜力大

低端酒店由于价格便宜、卫生、实惠，深受广大游客的喜爱，获得市场的普遍认可。前几年的低端酒店的统计数据显示，其入住率年平均达到80%以上，市场潜力巨大，备受投资者青睐。

2. 投资回报率高，资金回收周期较短

低端酒店由于入住率高，经营利润也达到了50%，一般情况下3~5年就能收回投资，投资年回报率在30%左右，吸引了众多投资商的目光。

3. 投资少，收效快，进入门槛较低

面对低端酒店的高回报率，众多的投资者把目光盯在这一行业，从出资十几万元的门头房改造到出资几百万元、几千万元改建、新建，从民间资本到社会资本，蜂拥而至。以如家酒店为例。从如家连锁酒店提供的数据显示，如家的单店投入的改造装修、房屋租赁资金在500万~1500万元，而投资一家客单价相仿的二、三星级酒店则需要几千万元甚至上亿元。不仅投资成本只有星级酒店的十分之一，如家的平均入住率一般在90%左右，四五年可以收回全部投资；每间客房出售成本在45~52元之间，利润在52%~62%之间。也正因此，低端酒店以较低的客单价在激烈的市场竞争中得以不断开拓版图。

（二）挑战

1. 缺乏行业标准

一方面，低端酒店发展迅速，然而与之相应的行业体制、行业标准、宏观管理规范尚缺。不仅没有一个政府部门能对此进行全面监控，而且在部门和部门联合管理上也处于"无法可依"的尴尬境界；另一方面，在酒店的基础设施建设上尚无标准，如房间的大小究竟应该是多大目前国家尚无统一规定，这导致公安、工商、卫生等部门抽查后经常发出整改通知等，一定程度上制约了企业发展。

2. 投资过热

由于低端酒店的高回报率、低成本、易进入等特点，导致了目前低端市场大幅度的开拓。特别是一些招待所、门头房甚至是住宅纷纷改建、扩建，一拥而上。这么多的低端酒店的存在势必会分摊客源，导致入住率下降，而物业成本却逐步升高。因此盲目跟风，忽略了市场容量以及成本的控制，势必会导致投资失败。

3. 营销乏力

相对于高端星级酒店的营销模式来讲，低端酒店大部分缺乏有效的营销手段。除了部分国际、国内知名连锁品牌，有自己的营销渠道网络外，大部分的中低端酒店旅馆对特色、品牌、质量等营销方式认知较低，仅仅以价格作为竞争手段，缺乏宣传力度和营销覆盖面。

4. 专业人才缺乏

我国现有低端酒店市场中，除了知名的连锁品牌有完善的人才培训之外，其余普遍存在专业管理人员缺乏状态，酒店只是简单地在开业前从社会上招聘一些服务人员，进行简单的培训便迅速上岗。这在一定程度上使得酒店对客服务、客房卫生质量等缺乏统一标准，难以形成文化内涵。此外，由于社会和市场对中低端酒店旅馆的认知度较低，导致大部分的酒店高层管理人员对加盟低端酒店缺乏兴趣。

第四节　产权式酒店的崛起

近几年来，在旅游和房地产两个完全不同行业的相互交叉和渗透下，应运而生了许多边缘性的全新综合结构，如产权式酒店、分时度假项目、度假公寓、景观别墅等。随着限购、限贷等调控政策的出台，我国住宅地产投资空间紧缩，相对地，旅游地产开始成为全新的投资热点。其中，产权式酒店是旅游行业里一种重要的创新模式，也是发达国家中备受中产家庭青睐的一种旅游投资方式。随着国内经济和旅游业的迅速发展，产权酒店在国内著名旅游及经济繁荣城市也将逐步形成燎原之势。

一、产权式酒店概述

（一）产权式酒店概念

产权式酒店，是由个人投资者买断酒店客房的产权，即开发商以房地产的销售模式将酒店每间客房的独立产权出售给投资者。每一套客房都各拥有独立的产权，投资者如购买商品房一样投资置业，将客房委托给酒店管理公司分取投资回报及获取该物业的增值，同时获得酒店管理公司赠送的一定期限的免费入住权。

产权酒店概念的实质就是迎合普通老百姓的不动产投资理财需求，产权酒店是指由众多普通投资者购买酒店物业项目中的一间或多间客房的一种投资模式，并不是指某单一类型的酒店住宿产品。从产权酒店的基本定位来看，主要为各类商务人员、旅游人员提供基本的住宿服务。

（二）产权式酒店的四种特征

在欧美等旅游及经贸发达的国家和地区，产权酒店通常被称为私人酒店，它是投资赚取回报，进行休闲、度假、娱乐为目的新型物业形式，属于旅游房地产类，它与旅游经济，贸易及房地产是有机结合互动发展的关系。产权式酒店的主要特征包括：

1.地域特征

目前，产权式酒店的开发一般都要以旅游和交通作为基础，项目多位于风景相对较好，具有良好休闲度假条件且交通方便的区域，这与购买产权是酒店人的追求不无关系。

2.客群特征

产权酒店的消费者集中在城市的高收入阶层。大批有"闲钱"的高收入阶层，是产权酒店瞄准的目标客户。因为相对于普通地产投资项目来说，产权式酒店一般远离原有生活圈子，为投资者提供了更好的居住环境，满足了消费者更高层次的心理需求，而这些需要往往是在人进入一定的收入阶层之后才会有的。

3.投资特征

产权式酒店既可以用来居住度假，也可以用来投资。遍植于买房人头脑中的投资意识，为产权酒店提供了土壤。人们认识到房产除了住宅的功能之外，还是进行投资的重要手段。有的购买者纯粹是用来自住，有的则是用来投资保值。不同的产权式酒店提供的回报方式也有所不同。例如，有些产权式酒店提供固定投资回报率，有些则提供免费居住天数，有些则只提供酒店经营利润。

4.销售特征

异地代理销售逐渐增多。产权式酒店本质上是一种异地地产投资，购买者大都生活在工作节奏较快的城市群中，对亲近自然、回归生态的居住环境很是向往。因此，往往非产权式酒店本地的目标群体具有购买意向，这也导致了产权式酒店在销售方式上以异地销售为主。

（三）产权酒店的五种开发类型

1.时权酒店

瑞士亚历山大·奈首先提出的"Timeshare Hotel"是产权式酒店的发端。酒店向游客、中产家庭或企业集团出售在一定时期内使用酒店住宿或娱乐设施的权利。即将酒店的每个单位分为一定的时间段（如一年产值51周，共51个时间段），出售每一个时间段的使用权。消费者拥有一定年限内在该酒店每年一定时间段（如一周）的居住权。

2.纯产权式酒店

将酒店的每一个单位分别出售给投资人，同时投资人委托酒店管理公司或分时度假网络管理，获取一定的管理回报。纯产权式酒店又分为商务型及度假型。

3.养老式酒店

投资人（往往是最终消费者）购买用于退休后养老的物业。在退休前委托管理公司经营管理直至退休后自用。委托管理期间，投资人可获取一定的投资回报。一般情况下，该物业在产权人去世后由管理公司回购，再出售，收益归其继承人所有。

4.高尔夫、登山、滑雪胜地的度假村

在高尔夫、登山、滑雪等运动胜地开发的度假别墅项目。

5.时值度假型酒店

消费者购买一定数量的分数，这些分数就成为他们选购产品的货币。他们可以在不同时间、不同地点、不同档次的度假村使用这些分数，灵活选择其分数所能负担的住宿设施。消费者不拥有使用权或产权，只是为休闲消费提供便利、优惠和更多选择。分数消费可以获取更大的折扣和免费居住时间。

（四）产权经营方式的特点

酒店式公寓意为"酒店式的服务，公寓式的管理"，是亚洲兴起的一种只做服务，没有任何酒店经营的纯服务式公寓土地性质为住宅用地，产权一般70年；拥有独立产权，配备包括厨卫在内的综合套间投资者既可以像购买普通住宅一样自住，也可以交由大厦以酒店的形式出租，获得投资回报既吸收了星级酒店的服务功能和管理模式，也吸收了信息时代写字楼的特点，拥有良好的通信条件，可针对性地提供秘书、信息、翻译等商务服务。

公寓式酒店就是设置于酒店内部，以公寓形式存在的酒店套房土地性质为旅游用地，产权通常为40年；禁止申报时是商业用地立项，销售时不能分割出售产权本质上是一种特殊酒店，与一般酒店的经营方式相同类似于公寓，有居家的格局和良好的居住功能；配有全套家具与家电，也能够为客人提供酒店的专业服务。

产权式酒店是由个人投资者买断酒店客房的产权，即开发商以房地产的销售模式将酒店每间客房的独立产权出售给投资者不属于住宅房地产开发；每一套客房都各自拥有独立的房屋产权，投资者如购买商品房一样投资置业业主每年拥有一定的时间段免费入住，其余时间段可以委托开发商或管理公司经营，并享受一定的分红，同时业主可以转卖、继承、抵押、馈赠迎合普通老百姓的不动产投资理财需求，是由投资者购买酒店物业项目中的一间或多间客房的一种投资模式，并不是指某单一类型的酒店住宿产品。

从上面的论述中我们可以看出，在服务上，酒店式公寓与公寓式酒店几乎没什么差别；它们之间的本质差别在于：酒店式公寓是提供了酒店式服务的公寓，而公寓式酒店则是在酒店客房中提供了相当家庭设备（如厨具）的酒店，它的实质还是酒店；而产权式酒店则是从产权的角度对物业的定义。

二、产权式酒店的崛起

（一）崛起背景

产权式酒店作为投资类物业的重要形式之一，近年来越来越受到广大投资人士的青睐，这与我国旅游市场以及房地产市场的客观环境分割不开。

1.国内房地产积压和饭店出租率下降

经济过热时期，我国各地建起大批房地产项目，经济回落，许多盲目开发的房地产由于价格高、市场定位不准等因素出现了严重的积压。据国家统计局城调总队对全国35个大中城市的调查结果表明，目前这些城市还有6000多万平方米的商品房空置，商品房严重积压。这些积压的房地产中，有相当大一部分位于度假地和旅游城市。

2.休闲观念逐步成熟

随着旅游消费的不断增长和旅游者的日渐成熟，经过初期单纯以观光为目的的发展阶段之后，休闲度假旅游需求已经产生，并形成了一定的市场规模。因此，我国在3～5年内，可望形成具有一定规模的旅游度假市场。这一市场的形成和扩大，将为产权式酒店创造出旺盛的需求。

3.可投资领域少，可利用资金相对充足

由于在工业技术方面与发达国家存在较大的差距，加上面临加入世界贸易组织后开放市场的威胁，工业领域的投资需求不旺。以家庭经营为基础的农业领域内虽存在较大的资金需求，但由于经营单位分散，无法吸纳大额资金。资金需求较旺的第三产业中，投入产出效益好的产业也不多。所以，在总体资金短缺的背景下，对资金的有效需求却严重不足。

（二）崛起原因

1.发展条件成熟

分析时下中国产权式酒店发展的条件，我们可以看到：首先，原来制约产权式酒店发展的条件——旅游度假地的软、硬件环境已渐趋成熟，国内旅游度假的市场气候已经形成；其次，近年来国内经济发展迅速，白领阶层急剧扩大，成为都市消费主流群体，同时全新的休闲消费观念为产权式酒店消费带来了商机；再次，旅游产业近年来发展迅速，国内新兴旅游资源越来越丰富；最后，国际产权式酒店公司进入中国，使产权式酒店和产权式酒店的概念得以在国内业界、消费圈中逐渐得到认同。可以说，产权式酒店发展的大环境已经基本成熟。

2.具有投资优势

产权式酒店有旅游业和房地产业的双重属性,作为面向消费者的酒店,它是旅游业的配套产品,提供住宿、餐饮、娱乐、商务等服务项目;而作为面向投资者的产权开发商,又具有房地产商的众多个性,提供产权服务、物业管理、委托经营等。因此,从产权式酒店的开发商角度分析,必须沿着旅游产业和房地产业两条思路运作。而这种模式既契合了产权式酒店的本质,又迎合了消费者的投资利益。站在投资者的角度具体来说,产权式酒店相比于一般的地产投资有如下两点优势:

(1)委托经营,省去麻烦。产权式酒店投资的基本形式为,业主拥有一套星级酒店客房的产权之后,再委托开发商或专门的酒店经营公司出租、打理,自己按时收取租金或年底的酒店盈利分红。这样,对于业主来说,省去了不少管理麻烦。

(2)提供包租,收益稳定。不少产权式酒店都提供相当诱人的包租服务,每年给予业主固定百分比的回报,包租年限有3年、5年,甚至10年不等。业界普遍认为,产权式酒店的投资回报相对于其他类型物业而言,是比较稳定的,并且风险相对也小一些。另外,很多产权式酒店的开发商每年都会提供给业主一定时间的免费入住权,10~30天不等,对于异地置业者而言,这一条件相当具有吸引力。

(三)发展概况

1.国外产权式酒店发展状况

产权式酒店这种新颖的经营和投资方式,目前在世界范围的旅游城市已迅速发展起来。据资料显示,全球就有540万个家庭参与了分时度假网络,全球分时度假物业销售额达到67.2亿美元。近十年来,全世界产权式酒店平均每年以15%的速度递增,所有这些表明,产权式酒店正在成为旅游经营的一种重要的经营创新模式,同时成为最受中产家庭青睐的旅游、投资形式。

2.国内产权式酒店发展状况

中国海南某些房地产商最先引入产权式酒店概念。当时,这些项目策划者之所以引进这个概念,是看到了产权式酒店房地产投资资金回流快的特点,其主要目的是尽早售出手中的楼房,与拓展自己的旅游服务客户毫不沾边。

继海南之后,产权式酒店概念开始在深圳、北京等大中城市流行。近年来,产权式酒店从大中城市向二、三线城市蔓延。据统计数据显示,我国的产权式酒店项目已经发展到200多个,遍布25个省、自治区、直辖市。无论是在风景名胜区,还是在具有一定规模的城市街头,都能发现"产权式酒店"的推销广告。目前,就项目的开发动机看,国内"产权式酒店"项目可分四种情况:一是为盘活"烂尾盘"某些房地产工程重新定位;二是某些经营遇到困难、需要资金的酒店宾馆出售房间;三是某些急于实现资金回笼的房地产项目;四是真正计划长久经营的酒店项目。

第五节 房车营地的流行

根据马斯洛的人类需求层次学说,伴随着目前我国经济的快速发展和人民生活品位的提高,走马观花式的观光旅游已经过时,人们在旅游的同时更多地是在追求精神的诉求。越来越多的"先富"人群和在大城市里的工薪层,都有渴望走出"笼子",到郊外和自然环境美好的地方,这是人们渴望拥抱自然的一种集体无意识的追求。21世纪将是中国休闲经济时代。

鉴于我国"双休日"和"黄金周"等休假制度机制的建立,私人汽车房车保有量的增加,我国高速公路系统的日渐发达,自驾游、房车露营等休闲产业迎来了难得的发展契机。虽然我国在这方面起步晚,但房车自驾市场依然彰显着巨大潜力。自驾游,是最主要的旅游方式;房车,不只是交通和住宿工具;营地,更是度假地的新升级。

一、房车营地

房车营地是指在交通发达、风景优美之地开设的,专门为自驾车爱好者提供自助或半自助服务的休闲度假区。主要服务包括住宿、露营、餐饮、娱乐、拓展、汽车保养与维护等,是满足现代人休闲时尚需求的旅游新产品。

露营作为一种健康、时尚、无污染的绿色休闲方式,顺应了人类渗透到"骨子"里的休闲情结。对于彰显人类的活力、促进大家的友好相处、开阔人们的心胸都有很大作用。自驾游房车营地作为一种露营主题的旅游模式,在发达国家甚为流行。

汽车度假村利用目前业已存在的各类旅游度假村,再针对自驾车旅游者的需求加以改造和完善,重点开发旅游度假项目,方便游客长时间逗留。建设规模较大,设施较完善,是目前各类旅游度假村转型的较好选择。

汽车营地在交通发达、风景优美之地开设的,专门为自驾车爱好者提供自助或半自助服务的休闲度假区,提供但不仅限于住宿、露营、餐饮、娱乐、拓展、汽车保养与维护等服务。其选址方便,规模适中,投入不大,往往与旅游景区互为依托,能够进行迅速推广。

汽车休闲站和高速公路直接连接的为驾车一族提供途中补给和短期休闲服务的服务设施、休闲站一般选址于风景怡人、值得停车欣赏的道路两旁。站内设有简便的车辆维护、用餐休息、闲聊观景的地方,主要目的是使旅途变得轻松、惬意。它既可以依托现有的高速公路服务站,也可以另行建设能够有效延伸和扩展现有高速公路服务站的服务内容,成为高速公路时代不可或缺的服务设施。

(一)国外房车营地的发展

追溯房车历史,它的雏形在汽车发明前就有了,即吉卜赛人的大篷车。第一次世界大战末,美国人把帐篷、床、厨房设备等加到了家用轿车上。据统计,欧洲目前拥有6000多个标准的露营地,每年的夏季都处于爆满的状态,各种文体活动也吸引了成千上万的爱好者以露营方式参与。德国是欧洲房车露营发展最快的国家,房车露营已成为德国的一项支柱经济。据统计,德国有1300万人在房车里度假,房车和露营每年总收入为100亿欧元,其中39亿欧元为停靠地花费,31亿欧元为路途花费,30亿欧元为车辆和装备。美国1/3的旅游住宿设施、1/3的旅游时间、1/3的旅游土地是以露营形式存在的,有9%~10%的家庭拥有房车,使用天数每年在50天以上,共有800万美国人常年住房车。目前在欧洲已有50 000个露营地,在日本有1000个露营地,美国露营地超过20000个。露营地的发展,也为相关国家带来巨大的经济效益,促进了其国民幸福指数的提高。

(二)我国房车营地的发展

中国房车起步较晚,2001年中国首辆拥有自主知识产权的自行式房车下线,此后中国房车行业产业在摸索中不断前进。虽然只有短短10余年的发展历程,但是迅速发展的房车旅游已经获得国内中产阶级人士的青睐,房车旅游产业发展也初具规模,北京、海南等地多建有房车小镇,国内房车露营地主要集中在环渤海经济圈、长江三角洲经济圈、珠江三角洲经济圈和两条精品旅游线上。但有体而言,我国房车营地的发展与主要房车大国仍然有较大的差距。

二、中国房车营地发展中的问题与反思

(一)发展中的问题

房车营地是未来的流行趋势,这一点毋庸置疑,但是中国房车露营地近些年的发展也存在较多问题,具体表现在以下几方面。

1.露营地选址先天不足

露营地应该是人们亲近自然,与自然亲密接触的场所,所以营地选址要有很好的生态环境。一般都会远离现有城市建成区,甚至远离人口聚集的村镇。现阶段,我国部分露营地距离旅游景区较远,游客在景区游览结束后需要较长时间才能到达露营地,距离问题可能会降低游客的参观游览欲望。

2.露营地缺乏配套的设施项目

我国汽车营地建设尚处于起步和探索阶段,由于前期建设的问题,很多营地其实还只能起到停车场的作用,配套设施和相应服务还没有跟上,安全保障能力也有欠缺,对营地的功能定位也还没有从观光转到休闲娱乐上来,因此还远不能发挥汽车营地强大的辐射带动作用。现阶段大部分自驾游房车露营地的配套基础设施都处于建设完善中。

3.露营地缺乏专业性的营地规划和营地标准

部分露营地的规划者、建设者与运营商的目标存在一些差异,导致规划建设不专业,尚未实现良好的经济效益、社会效益与生态效益的统一。目前汽车营地数量有限,缺乏相应的规划建设标准,并没有对现有的汽车营地硬件软件进行分等定级,不利于自驾车旅游者的选择。同时,汽车营地的宣传推广、汽车营地的信息化也存在很多不足,不利于自驾车旅游者搜索预订。

4.露营地缺乏游客体验项目

部分露营地是以完成"指标""任务"式的心态建设的。追求投资规模和高档大气,却忽视了露营旅游者的体验。营位、道路设计不合理,娱乐休闲活动项目、高峰期游客公共安全应急预案、服务人员专业培训的缺乏等,都会给客户带来不良的体验。露营地能留住旅游者是营地发展壮大的关键,让游客真正亲自参与体验活动、感受营地的乐趣是留住游客的最佳选择。要有一些必要的休闲娱乐项目,满足各类人群的需求,这样的营地才有可能实现盈利。

5.露营地建设缺乏生态保护理念

部分营地在建设时,会大面积硬化路面,迫于经营和收回成本的压力,甚至会违规建设酒店、固定结构木屋等,这些行为对土地的破坏是永久的、不可恢复的。人类与大自然应该实现和谐共生,汽车营地的流行体现的是人们亲近自然、逃离城市的思想,因

此，在投资建设一个营地时，企业应承担社会责任，尽可能少地破坏和污染环境、植被、生态等，只有生态型、环境友好型的营地才是可持续的。

（二）问题反思

1.规划先行，实时衔接

房车营地是汽车露营旅游服务中重要的一环，房车营地的规划建设必须要有专业、实力雄厚的公司对房车营地进行一个总体规划，并和专业的运营公司不断进行衔接、商洽，力求做出让运营商、游客都满意的自驾游房车露营地。

2.政府为主，企业为辅

中国房车露营地需要靠政府部门的大力支持才能长期发展，资金、用地、审核上都需要政府主导，企业进行投资运营才能确保自驾游房车露营地的正常运营和盈利。

3.业态并举，智慧运营

营地度假旅游本身是属于高消费型产品，游客滞留时间长，对餐饮、住宿、购物、娱乐进行综合性消费。所以营地周边一定要有多种业态，把露营地建设成集露营、景观、休闲、娱乐于一体的休闲场所，并配有独特的主题，彰显个性，尽可能满足游客休闲娱乐方面的需求。在营地产业链里面，还有木屋、租赁、亲子游、教育、餐饮、衍生品等多个环节和元素可做文章。此外，为了解决营地成为停车场这一问题，可以采取智慧化措施，如IC卡门锁，一辆车只能占一个营地。

4.房车自驾游为主、销售为辅

营地经营者要有一种观念，不能以自驾车销售为主，因为中国传统观念的制约，对房子具有浓厚的感情，房子给人以安全感，所以不会有太多人买房车，营地经营者应该以自驾游为主来揽客源，配合房车展示、房车升级改装、房车体验、房车线路推荐等，就像是房产界的4S店。房车销售和露营本身并不是目的，只是给民众户外旅行提供一个渠道。

5.生态优先，合理布局

保护原有生态环境为原则，并与自然环境相融合、配套；合理确定露营地建设规模和等级；合理布局、体现特点；建筑因地制宜；确保环境舒适、安全；全面考虑不同游客的需求。

6.细分市场，人文关怀

自驾游房车露营地根据其所在的地区、服务对象、管理方式等条件，合理确定露营地建设规模和等级，以满足各种类别的露营者对露营地设施的各种需求，内部的配套设施要根据不同游客的需求，人性化地制定，可以适当区分中档和高档。营地要针对客人的需求，大力推进多元化运营，用养生、休闲、娱乐活动等特色来招徕和留住客人，以微信互动推介，每天推出房车的资讯和营地动态，吸引眼球。

三、房车露营地流行趋势

（一）自驾游淡季，营地变多业务接待场地

营地一般拥有大面积空闲之地，在开展营地活动之余，可将场地出租用于会展业务，收取租金并招徕游客来此消费。如房车营地办理房车展销会、户外营地办理户外用品展览会等，或出租会议场地承接企事业单位的会议及个人婚礼包办等事宜。但营地必须注

意环境问题,尤其对于展览业务的接待,尤其需要考虑场地容量。

(二)自驾游房车营地结合旅游地产进行开发

营地在发展过程中,应同时注意地产的开发。营地与主题公园类似,都具有聚揽人气的作用,能够提高该地区知名度,使得一个鲜为人知的区域为人们所熟知,从而带动原本低廉的地产增值。因此可对旅游地产进行开发,如木屋别墅、野奢饭店等,作为营地的配套品出售,从而加速资金回流。

(三)自驾游房车营地发展成为房车界的"4S"店

营地是房车制造、展示、定制、体验、销售、养护最好的平台,故可将营地发展为房车俱乐部,各房车拥有者定期或不定期地会聚于此交流沟通,从而形成房车界的4S店。另外,不同于4S店,此地还可以租赁房车,因为由于中国传统农耕文明的根深蒂固,国人的"家"观念比较浓厚,房车在普通人家普及的现象目前还不能实现,有能力购买房车的家庭毕竟是少数,更为广阔的房车交易市场应该是通过租赁房车的形式实现。

(四)多业态并举,成为旅游爱好者的集散地

为吸引除房车旅游者外的游客来营地,营地除了应做到环境良好、风景优美之外,必须建设大量的游乐项目来丰富营地活动,只有这样,才能留住游客,让游客体会到营地的快乐。根据营地周边丰富的旅游资源,可开发多项游乐项目,水上、林间、草地等皆可建收费性游乐设施,形成娱乐区和运动休闲区。例如,动物喂养、射击运动、篝火晚会、BBQ、露天影院等,这些游乐项目可以让游客亲自参与其中,感受到体验式旅游的乐趣,同时也能为营地带来丰厚的经济收益。

(五)智慧化解说、服务、消费系统

自驾游房车露营地的智慧化体现在导视与解说系统、IC卡服务系统、消费系统等方面。因为房车用户的智能手机普及程度很高,对科技的依赖较强,智慧化的运营能得到用户的支持,也能增加其满意度。

从宏观层面,房车露营地用户能够轻松通过网站、APP、地图手册,或纸质或数字,轻松获得房车营地的区位和信息;从中观角度,用户在路上,能够根据道路交通解说和指示系统,前往房车营地;从微观角度,进入房车露营地后,能容易停车,容易找到自己的房车/露营地位置,营地内WiFi和营地APP,能帮助用户快速、及时了解营地内和周边即将举办的活动,并将房车露营地APP当成了解周边和目的地的窗口,从而增加房车营地的潜在收益。

(六)营地走向标准化、连锁化和集团化

露营旅游在西方之所以能蓬勃发展,一些优秀的房车露营地连锁机构功不可没。西方的一些房车露营地连锁除了实现如"异地还车"等基本管理功能外,还在整合宣传渠道,构建露营文化、制定统一的标准等方面起到巨大作用。有组织地针对不同地域、不同地貌、不同文脉,制定差异化的主题标准,有利于避免同质和无序竞争,对于稳定产业机构和健全的市场环境发挥重要作用。

一方面,未来具有中国特色和中国基因的房车连锁集团或本土旅游集团的房车业务模块,在中国房车露营地发展中将发挥极大的作用。这些企业了解用户和市场的需求,并且清楚国外房车露营地优劣,能根据中国用户的需求和市场发展,对房车露营地结合

本土实情进行创新，从而促进房车旅游市场的快速发展。

另一方面，综合型的房车营地必然是未来的发展主流。台湾的自驾游房车露营地比内陆要成熟很多，但是现在台湾的营地正面临着发展的瓶颈：大型营地的主要经营业务是青少年的户外教育项目。因此，我们欣慰于汽车营地正流行的同时，也应当对其进行冷思考，在建设初期就转变发展思路，避免陷入台湾倒闭营地的发展困局。

1.中国的酒店走过了完全功能化的生成阶段，又经历了标准规范化的成熟期。为了适应市场形势，中国酒店业创新之风兴起，主要表现在三个方面：经营创新、产品创新和管理创新。其中经营创新主要有四大类，分别是主题酒店、绿色酒店、产权式酒店和会展经济，其中主题酒店和绿色酒店又是特色酒店的一种表现形式。

2.特色酒店是指瞄准特定的细分市场，采用一次性的高端设计，为商业和休闲旅游者提供别致的住宿服务，或者是指通过引入独特的自然、文化资源以及现代科技成果赋予酒店外形、氛围或者服务产品某种与传统酒店相区别，能够给消费者带来独特感受的酒店。

3.绿色酒店是指那些为旅客提供的产品与服务既符合充分利用资源、又保护生态环境的要求和有益于顾客身体健康的酒店。简而言之，就是环境效益和经济效益双赢的结晶。

4.汽车营地是指在交通发达、风景优美之地开设的，专门为自驾车爱好者提供自助或半自助服务的休闲度假区。主要服务包括住宿、露营、餐饮、娱乐、拓展、汽车保养与维护等，是满足现代人休闲时尚需求的旅游新产品。

5.产权式酒店是由个人投资者买断酒店客房的产权，即开发商以房地产的销售模式将酒店每间客房的独立产权出售给投资者。每一套客房都各拥有独立的产权，投资者如购买商品房一样投资置业，将客房委托给酒店管理公司分取投资回报及获取该物业的增值，同时还获得酒店管理公司赠送的一定期限的免费入住权。

参考文献

[1]洪琴著.酒店及旅游业管理系列教材酒店及旅游业研究方法[M].杭州：浙江大学出版社.2019.

[2]李雪著.酒店管理与营销研究[M].北京：现代出版社.2019.

[3]潘虹著.中国酒店的管理与品牌建设研究[M].哈尔滨：东北林业大学出版社.2019.

[4]尚云峰著.酒店管理实训及效能评价体系研究[M].哈尔滨：哈尔滨工业大学出版社.2019.

[5]张满林.旅游管理专业新视野教材旅游企业人力资源管理第4版[M].北京：中国旅游出版社.2019.

[6]黄萍著.旅游管理与市场营销研究[M].吉林出版集团股份有限公司.2019.

[7]王宠著.大数据背景下智慧旅游管理模式研究[M].吉林科学技术出版社.2019.

[8]贝凤岩，冯丹，姜玲玲主编.餐饮服务与管理[M].北京邮电大学出版社.2019.

[9]蒋晓东著.现代酒店管理与服务创新研究[M].长春：吉林人民出版社.2019.

[10]魏爱萍著.应用型本科院校酒店管理专业建设研究[M].北京：现代出版社.2019.

[11]谢春山，邹本涛主编.酒店文化[M].北京：北京理工大学出版社.2019.

[12]王书侠著.线上酒店客户关系管理研究[M].中国原子能出版社.2020.

[13]党印主编.酒店收益管理[M].北京：经济科学出版社.2020.

[14]罗晓黎著.酒店服务礼仪的规范与培训研究[M].长春：吉林文史出版社.2020.

[15]陶凤，杨勤，尚云峰主编.浙江越秀外国语学院酒店管理学院2017-2019学年学生风采汇编[M].北京：现代出版社.2020.

[16]刘刚，杨辉，湛杰主编.中国旅游地理[M].北京：中国言实出版社.2020.

[17]王丽华.中国旅游协会推荐教材旅游管理专业新视野教材服务管理[M].北京：中国旅游出版社.2020.

[18]王晶晶著.视频监控系统工程实用技术研究[M].西安：西安交通大学出版社.2020.

[19]唐秀丽主编.旅游心理学[M].重庆：重庆大学出版社.2020.

[20]吴茂钊主编.贵州名菜[M].重庆：重庆大学出版社.2020.